資本主義の次に来る世界

LESS IS MORE
HOW DEGROWTH WILL SAVE THE WORLD
Jason Hickel

ジェイソン・ヒッケル
野中香方子〔訳〕

東洋経済新報社

「地に呪われたる者」に捧ぐ（*pour les damnés de la terre*）

〔『地に呪われたる者』は
革命家フランツ・ファノン（1925-1961）による
ポスト植民地主義の書〕

First published as LESS IS MORE in 2020 by William Heinemann, an imprint of Cornerstone.
Cornerstone is part of the Penguin Random House group of companies.

Japanese translation published by arrangement with Cornerstone a division of
The Random House Group Limited through The English Agency (Japan) Ltd.

資本主義の次に来る世界

目次

はじめに　人新世と資本主義　9

第1部　多いほうが貧しい

第1章　資本主義——その血塗られた創造の物語　46

第2章 ジャガノート(圧倒的破壊力)の台頭 88

第3章

テクノロジーはわたしたちを救うか？ 132

第2部 少ないほうが豊か

わたしたちには、「うまくやっていけるだろうか」と問う権利はない。問うべきは「何をすべきか」である。この地球で生き続けることを望むわたしたちに、地球は何を求めているだろうか。

——ウェンデル・ベリー

はじめに　人新世と資本主義

わたしには救うことのできないすべてが、わたしの心を震わせる。あまりにも多くが破壊されている。特別な力は持たないが、長い年月をかけて辛抱強く世界をつくり直そうとする人々と、わたしは運命を共にする。

——アドリエンヌ・リッチ

時々、何かがおかしいことを知らせるわずかな気配が、音の無い記憶のように忍び寄ってくる。わたしはアフリカ南部の小国エスワティニで育った。当時、その国はスワジランドと呼ばれていた。家には古びたトヨタのピックアップトラックがあった。1980年代にその地域でよく見かけた旧型車だ。長いドライブの後でフロントグリルに積もった虫の死骸を掃除するのが、わたしの役目だった。虫の層は三重になっていることもあった。蝶、蛾、ハチ、バッタ、カブトムシなど、色もサイズもさまざまで、何百種とまではいかなくても、数十種はいた。

「地球上の昆虫の総重量は、人間を含めた他のすべての動物の総重量より重いのだよ」と父から教わったことを覚えている。わたしは驚き、なぜか励まされるように感じた。幼い頃のわたしは生物の運命が気がかりで、他の子供もきっと同じように心配していると思っていた。だから、その話を聞いて、ほっとした。生物はいくらでもいるから心配しなくていい、と思ったのだ。暑い夕べに、ブリキ屋根のわが家のポーチで涼風を待ちながら、照明に群がる蛾やカブトムシをながめたり、それらを目当てに急降下してくるコウモリをよけたりしていると、改めて虫はいくらでもいると思えた。わたしは次第に虫に魅了されていった。ある時、家の周囲にいるすべての虫の種類を確認したくなり、ペンとメモ帳を手に走り回った。しかし結局、あきらめた。多すぎて把握しきれなかったからだ。

父は今も時々、例の昆虫の総重量についての豆知識を、まるで今知ったばかりのように興奮した口振りで披露する。しかし最近では、父の話は真実とは思えなくなった。何かが違うように感じられるのだ。近年、調査のためにアフリカ南部に戻った時、長旅をしても車はあまり汚れなかった。あちこちで虫を数匹、見かけたが、以前とは大違いだ。おそらく子供の頃の記憶の中で、虫は大きな存在になっていたのだろう。あるいは何かもっと厄介なことが進行しているのだろうか。

＊

２０１７年末、科学者のチームが少々奇妙でかなり心配な発見を報告した。彼らはドイツ自然保護区に生息する昆虫の数を数十年にわたって計測してきた。虫は大量にいて、そのような調査は不要だと思えるので、こうした研究に時間を費やす科学者はごくわずかだ。そのため、この珍しい調査の結果に誰もが注目した。それは衝撃的だった。ドイツの自然保護区では、この25年間で飛ぶ昆虫の4分の3が消えたのだ。原因は、周辺の森林が農地に変えられ、農薬が大量に使用されたことだと彼らは結論づけた。

この研究結果は急速に広まり、世界中で話題になった。「わたしたちは広大な土地を生物の大半が棲むに適さない場所に変え、今や生態学《エコロジー》的アルマゲドンに向かっているようだ」と科学者の一人は言った。「昆虫がいなくなったらすべて崩壊する」[1]。昆虫は植物の受粉と繁殖に欠かせないだけでなく、有機廃棄物を分解して土に変えている。他の数千種の生物の食料にもなっている。取るに足らない存在のようでいて、生命の網の重要な節《ノード》なのだ。人々の不安を裏づけるかのように、数か月後、二つの研究が、フランスの農業地域における昆虫の減少が鳥の激減をもたらしたことを報告した。わずか15年間で、鳥の平均個体数は3分の1に減り、いくつかの種――マキバタヒバリやヤマウズラなど――は80%も減少した[2]。同じ年、中国のニュースは、昆虫の死が受粉の危機を招いたことを伝えた。労働者が作物の間を歩いて手作業で受粉させるという不気味な写真が流布した。

この問題はこれらの地域に限ったことではない。昆虫の減少は広域で起きている。大陸や地球規模で把握するのは難しいが、見えてきた証拠には暗澹とした気持ちにさせられる。研究者たちは、陸上昆虫の数が10年ごとに9%減少してきたことを発見した[3]。少なくとも10種に1種は絶滅の危機にある[4]。驚くべき数字であり、「連鎖的絶滅」の可能性も懸念される。それは、ある種の絶滅が別の種の絶滅を導くことで、そうなると生物多様性が予想できないスピードで失われていく[5]。この危機は非常に深刻で、２０２０年に科学者たちは昆虫の運命について「人類への警告」を発表した。「昆虫が絶滅すると種をはるかに超えるものが失われる。生命の木の大部分が失われるのだ」と彼らは書いている。そのような損失は「人類が依存する重要な生態系サービスの衰退につながる」[6]。こうした意見に応じて、近年、昆虫の生物多様性の世界的専門家によるシンポジウムが開かれた。その報告書は、シンプルだが不吉な次の言葉から始まった。「自然は危機に瀕している」[7]

＊

本書が語るのは破滅ではない。語りたいのは希望だ。どうすれば、支配と採取を軸とする経済から生物界との互恵に根差した経済へ移行できるかを語ろう。だが、その旅を始める前に、何が危機に瀕しているのかを理解しておくことが重要だ。わたしたちの周囲で起きている生態系の危機は一般に考えられているよりはるかに深刻だ。一つや二つの問題ではないので、あちらこちらに介入し他はすべて通常通り、というようなやり方で解決できるものではない。今起きつつあるのは、相互に関連する複数のシステムの崩壊であり、人間は基本的にそれらのシステムに依存している。今何が起きているかをすでによくご存じの方は、このパートは読み飛ばしてもかまわない。そうでなければ覚悟を決めてほしい。昆虫だけの話ではないのだ。

大量絶滅の時代に生きる

土地を大企業に委ね、草や木をすべて根こそぎにして単一の作物を栽培し、飛行機で農薬を散布し、巨大なコンバインで収穫する。おそらく当初は良いアイデアだと思えただろう。20世紀の中頃から、産業界の全体主義的論理に従って、風景全体が作り替えられた。利益の最大化という目標のもと、作物の大半は家畜の飼料になった。これは「緑の革命《グリーンレボリューション》」と呼ばれたが、エコロジーの観点からは少しも「グリーン」ではなかった。複雑な生態系を一元化した結果、他のすべてが見えなくなった。昆虫と鳥に何が起きているか、さらには土壌そのものに何が起きているかに誰も気づかなかった。

豊かで香りの良い黒い土を手に取ったことがあれば、その中にたくさんの生物がうごめいていることをご存じだろう。土の中にはミミズ、地虫、昆虫、菌類、無数の微生物がいる。それらは、回復力のある肥沃な土を育てている。しかし過去半世紀にわたって、工業型農業は強引な耕作と化学物質の投入に依存し、土壌の生態系を猛烈な勢いで破壊してきた。工業型農業の土壌は、形成される100倍以上のスピードで侵食されている。[8] 2018年、日本の科学者がミミズの個体数に関する世界各地の調査をまとめ、工業型農場ではミミズのバイオマス〔生物量〕が83%も減ったことを明らかにした。ミミズが死滅するにつれて土壌が含有する有機物は半減した。土壌は死んだ土塊《つちくれ》になりつつある。[9]

同じことは海でも起きている。スーパーマーケットに行けばあらゆる魚介類を目にし、わたしたちはそれを当たり前だと思っている。タラ、コダラ、メルルーサ、サーモン、マグロ――これらの種は世界中で日々食卓にのぼっている。しかし、この状況も崩れ始めている。最近の統計によると、現在、世界の海洋水産資源の34%が過剰利用または枯渇状態にある。1970年代の3倍以上だ。[10] イギリスでは、コダラの資源量は19世紀の量の1%、巨体を誇るオヒョウはわずか0・2%にまで落ち込んでいる。[11] 有史以来初めて、世界中で漁獲高が減少し始めた。[12] このまま行けば、アジア太平洋地域の利用可能な水産資源は2048年までにゼロになる恐れがある。[13]

原因の大半は強引な乱獲にある。農業の場合と同様に、企業は漁業を戦争に変えてしまった。希少になる一方の「市場価値」のあるわずかな種を捕獲するために、工業用の大型トロール船で無数の種を根こそぎ引き上げ、その過程でサンゴ礁や色鮮やかな生態系を破壊し、生命のない平地にしている。この利益をめぐる戦争のせいで、海の景観全体が破壊されている。だが、それだけではない。農薬に含まれる窒素やリンなどの化学物質が、川から海へ流れ込み、大量の藻を発生させ、海中の生態系への酸素供給を妨げているのだ。ヨーロッパやアメリカなどの工業地帯の沿岸には「デッドゾーン」が広がっている。かつて生命が躍動していた海は、魚よりプラスチックのほうが多い、不気味なほど閑散とした場所になりつつある。

海は気候変動の影響も受けている。地球温暖化がもたらす熱の90%以上を海は吸収している。[14] 海は緩衝材となって、人間によるCO_2排出がもたらす最悪の影響からわたしたちを守っているのだ。しかし、その結果として海は苦しんでいる。海温が上昇するにつれて栄養のサイクルは乱れ、食物連鎖は断ち切られ、海洋生物の生息地の多くが消滅しつつある。[15] 同時に、排出されるCO_2のせいで海洋の酸性度が高まっている。これは問題だ。と言うのも、海洋の酸性化は、過去に何度も大量絶滅を招いているからだ。6600万年前に起きた最近の絶滅の主な原因にもなったが、その時、海水のpH（水素イオン濃度）は0・25低下した。その小さな変化によって、海生生物種の75％が絶滅した。現在のCO_2排出のペースが続けば、海水のpHは今世紀末までに0・4低下するだろう。[16]

わたしたちはこれがどのような問題を引き起こし得るかを知っている。起こりそうな気配を感じている。実際、それはもう始まっている。海生生物は陸生動物の2倍のスピードで消えているのだ。[17] 数多くのサンゴ礁が、生命のない白骨と化している。ダイバーたちは、かつて生命にあふれていた遠くのサンゴ礁さえ、今や腐臭の漂う場所になった、と報告する。

*

蛾やカブトムシにまつわる幼い頃の記憶からうすうす気づいていたことが破壊的な現実となり、みぞおちを殴られたような気分だ。わたしたちは夢遊病者のように絶滅に向かって歩んでいる——地球の歴史上6度目の絶滅で、人間の経済活動に起因する初めてのものだ。現在、通常の1000倍のスピードで種が絶滅している。[18]

数年前まで、このことについて語る人はほとんどいなかった。昆虫について語ったわたしの父のように、誰もが生命の網が傷つくことはないと信じていた。しかし現在の状況はきわめて深刻であり、国連は監視するために特別なタスクフォースを立ち上げた。「生物多様性及び生態系サービスに関する政府間の科学－政策プラットフォーム」（IPBES）である。2019年、IPBESは最初の包括的な報告書を発表した。それは地球上の生物種に関する画期的な評価報告で、全世界の1万5000件の研究を引用し、数百名の科学者のコンセンサスを代表していた。それによると、1970年以来、鳥類、哺乳類、爬虫類、両生類の数は半分以下になった。100万種ほどが数十年以内に絶滅する危険性があるそうだ[19]。

この数字を見つめていても、実感が湧かない。あまりにも非現実的で、熱に浮かされた夢の中で、奇妙で見慣れないアンバランスな世界を見ているような気がする。IPBESの議長ロバート・ワトソンはその報告書を「不吉」と評した。「わたしたちと他のすべての種が依存している生態系の健全性が、かつてないスピードで悪化している」と彼は言う。「わたしたちは自らの経済、生活、食の安全性、健康と生活の質のまさに基盤となるものを、世界規模で蝕んでいる」。IPBESの事務局長であるアン・ラリゴーデリーはいっそう率直にこう述べる。「わたしたちは現在、組織的な方法で人間以外の全生物を根絶やしにしている」

科学者は本来、感情的な表現を避け、中立的で客観的な論調で書くことを好む。しかし、これらの報告書を読むと、科学者の多くが、ボキャブラリーを変更せざるを得ないと感じていることに気づかされる。権威ある『米国科学アカデミー紀要』――真面目で堅い機関誌――に掲載された最近の研究は、その絶滅の危機を「生物学的殲滅《せんめつ》」と表現し、「人間文明の基盤に対する恐ろしい襲撃」だと結論づけた。「人類はいずれ非常に高い代価を支払うことになるだろう」と著者は記している。「知られる限り宇宙で唯一の生物群に対して大量殺りくを行ったことへの代価を[20]」

＊

これは生態系《エコロジー》についての話であり、すべては相互につながっている。わたしたちにとって、この仕組みを理解するのは難しい。なぜなら、わたしたちは世界を複雑な全体としてではなく、部分として考えがちだからだ。自分についてもそのように——個人として——考えるよう導かれてきた。物事のつながりに注意を払うことをわたしたちは忘れている。昆虫は受粉に欠かせず、鳥は作物の害虫を食べてくれる。ミミズは土壌を肥沃にし、マングローブは水を浄化し、サンゴ礁は魚の群れを養う。これらの生きているシステムは、人類と切り離された「外」に存在するのではない。それどころか、このシステムは、わたしたちの運命と絡みあっている。ある意味で、わたしたちなのだ。

生態系の危機を還元主義的思考によって正しく理解することはできない。そもそもこの危機を招いたのは還元主義的思考なのだから。気候変動に関して、それはきわめて明白であり、わたしたちは気候変動を主に気温の問題として捉えがちだ。そもそも多くの人は気候変動にあまり関心を持っていない。なぜなら、気温が数度違っても、日常生活への影響はたいして感じられないからだ。しかし、気温の上昇はほんの始まり、言うなればセーターのほつれた糸にすぎない。

気温の上昇がもたらす結果のいくつかは明らかで、わたしたちは直接見たり経験したりしている。年間に発生する強大な嵐の数は、1980年代の2倍になった。[21] 現在ではあまりにも頻繁に襲ってくるので、異常な光景の記憶が、どの嵐のものかわからなくなるほどだ。読者も覚えていると思うが、2017年には破壊的なハリケーンがいくつもアメリカを襲った。ハービーはテキサス州の広域を破壊し、イルマはバーブーダ島を居住できなくし、マリアはプエルトリコ全島を数か月間にわたって停電させ、島の農産物の80％に壊滅的な被害をもたらした。これらはカテゴリー5と呼ばれる最も猛烈なタイプのハリケーンで、かつては一生に1度しか経験しないはずのものだった。しかし、２０１７年にはそのような嵐が次々にやって来て、混乱と破壊の深い爪痕を残した。

気温の上昇は致命的な熱波も引き起こす。２００３年にヨーロッパを襲った熱波は、ほんの数日で7万人もの命を奪った。最も被害が大きかったのはフランスで、40℃を超す気温が1週間以上続いた。ヨーロッパ全体が干ばつに見舞われ、小麦の収穫量は10％落ちた。モルドバではあらゆる農産物が大打撃を受けた。3年後、再び熱波が発生し、北ヨーロッパ全域で最高気温が更新された。２０１５年にはインドとパキスタンを熱波が襲い、45℃を超す気温が続いて５０００人以上が亡くなった。２０１７年、ポルトガルでは熱波による山火事が発生し、あちこちの森林を焼き払った。車で逃れようとした人々が車ごと焼かれ、道路は墓場と化した。煙は遠く離れたロンドンの空まで黒く覆った。２０２０年にはオーストラリアで森林火災が発生し、住民は海岸まで避難した。その時の光景は黙示録的な映画を思わせた。10億匹もの野生動物が死んだ。黒焦げになったカンガルーやコアラが散乱するさまが映像に残されている。

これらの出来事は現実であり、具体的に感じられ、メディアでも取り上げられている。しかし気候変動のもっと危険な側面はそうではない。少なくとも今のところは。現在、気温は産業化以前のレベルをわずか1℃超えたところだ。しかし、２０２０年までの上昇率がこのまま続けば、今世紀末には４℃上昇すると言われる。パリ協定での各国の温室効果ガス排出削減目標――任意であって拘束力はない

——を計算に入れても、地球の気温は３・３℃上昇するだろう。しかもそれは徐々に起きる変化ではない。人類はそのような惑星で暮らしたことがない。２００３年にヨーロッパを襲った恐ろしい熱波は普通の夏になるだろう。スペイン、イタリア、ギリシャは地中海気候ではなくなり、サハラ砂漠のようになる。中東は恒常的な干ばつに陥るはずだ。

同時に、海面の上昇によって世界はすっかり様変わりする。１９００年から現在までに、海面は約20センチメートル上昇した。この、一見わずかに思える上昇さえ、より頻繁な洪水と、より危険な高潮をもたらしている。ハリケーン・マイケルが２０１８年にアメリカに上陸した時には高さ４・２メートルの高潮が発生し、フロリダの海岸は潰れた家とねじれた金属が入り乱れる地獄絵図のようになった。わたしたちがこれまで通りの道を歩めば、事態はさらに悪化するだろう。仮に気温上昇を２℃以下に抑えるというパリ協定の目標が達成されたとしても、海面は今世紀末までにさらに30センチメートルから90センチメートル上昇すると予測される。[22] 20センチメートルの上昇がもたらした害を考えると、それが4倍になったらどうなるかは想像が及ばない。高潮だけでも壊滅的な被害をもたらすだろう。それに比べると、ハリケーン・マイケルが引き起こした波の壁さえ平凡に思えるかもしれない。さらに、気温が3℃か4℃上がれば、海面は1メートルから2メートル上昇する可能性がある。そうなったら海岸地域の多くが海面下に沈むだろう。1億６４００万人が暮らすバングラデシュは消える。巨大な防潮堤を築かなければニューヨークやアムステルダムなどの都市は水没し、ジャカルタ、マイアミ、リオデジャネイロ、大阪も同じ運命を辿る。そうなると無数の人々が居住地からの立ち退きを余儀なくされるだろう。すべては今世紀中に起きることだ。

なおかつ、おそらくこのすべてと同等に破壊的で、最も懸念される気候変動の影響は、もっと日常的なものと関係がある。それは食料だ。アジア人口の半分はヒマラヤ山脈の氷河に由来する水に頼っている。飲み水や家事に使う水だけでなく、農業用水もである。何千年もの間、氷河から流れ出る水は、毎年新たな氷ができることで補充されてきた。しかし現在、氷河は補充が追いつかないスピードで溶けている。気温が3℃か4℃上昇すれば、氷河の大半は今世紀末には消滅し、その地域のフードシステムの根幹を破壊し、8億人を苦境に陥れるだろう。ヨーロッパ南部、それにイラク、シリアなど中東のほとんどの国では、深刻な干ばつと砂漠化が進み、国全体が農業に適さなくなる可能性がある。アメリカと中国の主要な食料生産地域も打撃を受ける。NASAによると、アメリカの草原地帯と南西部で干ばつが発生すると、これらの地域は黄塵地帯になる恐れがある。[23]

気温上昇が作物に与える影響は品種や地域によって異なるが、小麦、米、トウモロコシ、大豆などの主要作物の年間生産量は平均で3〜7%減少する。[24] これにより、特に熱帯地方で問題が起きる可能性がある。通常、ある地域が食料不足になっても、他の地域の余剰でカバーすることができる。しかし、気候が破綻すると、複数の大陸で同時に食料不足が起こり得る。「気候変動に関する政府間パネル」（IPCC）の報告書は、気温上昇が2℃を超えると「世界規模の長期的な食料不足」が起きると予測する。報告書の筆頭著者はこう述べる。「複数の穀倉地帯が不作になる潜在的リスクが高まっている」。これと土壌の劣化、受粉を助ける昆虫や鳥の死滅、漁業の衰退からなる食料危機に向かう負のスパイラルを、わたしたちは目撃しているのだ。

そうなると世界の政治的安定は深刻な打撃を受けるだろう。食料不足に陥った地域では大量の難民が発生し、安定した食料供給を求めて大移動する。実のところ、それはもう始まっている。[25] グアテマラやソマリアなどから多くの人が逃れているのは農地で作物が育たなくなったからだ。すでに戦争や干ばつのせいで６５００万人が難民になり、国際システムに多大な負荷をかけている。その数は第二次世界大戦後のどの時期よりも多い。移民の圧力が高まると、政治は二極化し、ファシズムが台頭し、国際的な同盟関係はほころび始める。この上さらに、飢饉、嵐、海面上昇、農地の減少によって難民や移民が増えると、どのような事態になるか想像が及ばない。

*

生態系は複雑なネットワークを成し、驚くほど回復力があるが、重要なノードが機能しなくなると、その影響は連鎖的に生命の網全体に及ぶ。過去の大量絶滅イベントは、そうして起きた。外的要因——隕石や火山——によってではなく、続いて次々に起きた内部の故障によって起きたのだ。このたぐいのことがどう展開するかは、予測が難しい。転換点《ティッピングポイント》やフィードバックループなどがすべてのリスクをいっそう高める。気候崩壊が非常に懸念されるのはそのためだ。

たとえば極地の氷冠について考えてみよう。氷は巨大な鏡のようになって、太陽からの光を跳ね返している。これはアルベド効果と呼ばれる。しかし、氷床が消え、その下にある黒い地面や海が現れると、太陽エネルギーはすべて吸収され、熱として大気中に放射される。これがさらなる温暖化をもたらし、氷はさらに急速に溶けていく——このことは人間の排出ガスとは無関係だ。１９８０年代、北極の海氷の面積は、平均で約７００万平方キロメートルだった。しかし本書を執筆している時点で、約４００万平方キロメートルにまで減少している。

森林にもフィードバックループが働く。地球の温度が高くなるにつれて、森林は乾燥し、燃えやすくなる。森林が燃えると大気中にCO_2が放出されるが、同時にCO_2の吸収剤である森林が失われる。これは地球温暖化を加速させるだけでなく、雨量にも直接影響する。森林は文字通り、雨を生み出しているからだ。たとえば、アマゾンは毎日約２００億トンの水蒸気を大気中に吐き出している。目に見えない巨大な川が空に浮かんでいるようなものだ。水蒸気のほとんどは雨になって森林に戻るが、遠く離れた場所に——南アメリカ全土だけでなく、はるか北のカナダにまで——多くの雨を降らせる。森林は生命の源となる水を世界中に送り出す巨大な心臓のようなもので、地球の循環系にとって非常に重要なのだ。[26]森林が枯れたら、干ばつは日常的になり、森林は火災に対していっそう脆弱になる。これは驚異的なスピードで進んでいる。このまま行けば今世紀末までに森林の大半はサバンナに変わるだろう。

いくつかのシステムでは、ティッピングポイントがあまりにも早く訪れ、ほんの短期間で全体が崩壊する可能性がある。科学者が特に心配しているのは海洋性氷崖不安定と呼ばれる現象だ。これまでの気候モデルの大半は、温暖化のせいで西南極の氷床がすべて融解するとしても、数百年かかると想定していた。しかし、２０１６年にアメリカの２人の科学者——ロバート・デコントとデヴィッド・ポラード——が、『ネイチャー』誌に発表した論文において、それははるかに早く起きると予測した。氷床は端よりも中央部が厚いので、氷床の端が崩れると、より高い氷崖が現れる。そこに問題が生じる。より高い氷崖は自重を支えられないので、ドミノ式に崩れて後退していく。その結果、氷床は数百年ではなく数十年――おそらくわずか20年から50年――以内に融解する恐れがあるというのだ。[27]

もしそのようなことが起きたら、わたしたちが生きている間に、西南極氷床の融解だけで海面が1メートル以上、上昇する可能性がある。同じことがグリーンランドで起きると、事態はさらに悪化する。世界中の沿海都市は対処する間もなく水没するだろう。カルカッタ、上海、ムンバイ、ロンドン――そのすべてが世界経済のインフラの大半を道連れにして海に沈む。想像も及ばない規模の大惨事になるはずだ。わたしたちはそれが起こり得ることを知っている。なぜなら、同じことがすでに起きたからだ。最終氷河期の終わりにそれは起きた。氷崖のダイナミクスを研究する科学者は、政府の気候モデルがこのリスクを考慮していないことを声高に批判する。

これらの複雑な問題のすべてが、わたしたちは地球の気温をコントロールできるだろうか、という真の問いにつながる。科学者の中には、気温上昇をパリ協定が前提とする2℃に「とどまらせる」のは不可能だろう、と危惧する人もいる。もし、2℃上昇すれば、制御不能なカスケードが発生し、地球を恒常的な「温室状態」に追いやるかもしれない。しかし、気温は目標値をはるかに超えて上昇する可能性があり、そうなったらわたしたちは無力だ。[28] これらのリスクを考えると、唯一、理にかなう対策は、あらゆる手を尽くして気温の上昇を1・5℃以下に保つことだ。そのためには現在のどの計画よりはるかに早く、全世界の排出量をゼロにしなければならない。

エコ・ファクトの裏側

もちろん皆さんはこれらの話をすでに聞いたことがあるだろう。そもそもこの本を読んでいるのは、そうしたことに関心があるからだ。わたしたちが直面している危機に関する胃が痛くなるような事実《ファクト》をたくさん読んでいる。そして、何かが恐ろしく間違っていることに気づいている。そんな皆さんを説得する必要はない。本書はそのための本ではない。

哲学者ティモシー・モートンは、わたしたちがエコ・ファクトに執着するさまを、心的外傷後ストレス障害（ＰＴＳＤ）の人が見る悪夢に喩えた。ＰＴＳＤ患者は夢の中でトラウマを追体験し、本能的な恐怖を感じ、汗をかいて震えながら目を覚ます。どういうわけか同じ悪夢を何度も見る。ジークムント・フロイトはこの悪夢について、「トラウマが起きる直前の状況に身を置くことで恐怖を和らげようとしている」と説明した。トラウマを予期できたら、避けることができる――少なくとも心の準備ができる、という考え方だ。モートンは、エコ・ファクトも同様の役割を果たしていると言う。恐ろしいエコ・ファクトを繰り返し聞くことで、無意識のうちに崩壊が起きる直前の状況に身を置き、来るべきものを見据えて何らかの対処ができると思う。少なくとも、その時のために心の準備ができているような気分になれる、というのだ[29]。

この意味でエコ・ファクトは二重のメッセージを含んでいる。一方では、今すぐ目を覚まして行動するよう強く訴える。しかし同時に、トラウマはまだ起きていない、災難を回避する時間はある、と語る。

わたしたちが不思議にもエコ・ファクトに惹かれ、安心感を求め、もっと知りたいと渇望するのはそのためだ。それが危険なのは、偽りの安堵に浸り、エコ・ファクトがもっと極端になるのを待つようになるからだ。究極のエコ・ファクトが訪れた時にはどうにかする、と自分に言い聞かせる。だが、その時は決して訪れない。エコ・ファクトが十分になることはないのだ。また、PTSDの夢と同じように、エコ・ファクトは決して思い通りにならない。わたしたちは真夜中に泣きながら目覚め、言いようのない恐怖に震える。なぜなら、心の奥底では、トラウマがすでに到来していることに気づいているからだ。わたしたちはすでにその渦中にいる。死にゆく世界に生きているのだ。

ファクトは何十年も前から積み重ねられ、年を追うごとにより精密になり、より懸念されるようになった。しかしどういうわけか、わたしたちは軌道修正ができていない。過去半世紀は無為無策のうちに過ぎた。1970年代半ばに形成され始め、人間の活動が気候変動をもたらしているという科学的コンセンサスは1979年には初の国際気候サミットが開かれた。わたしが生まれる3年前のことだ。NASAの気候科学者ジェームズ・ハンセンは1988年にアメリカ議会で画期的な証言を行い、化石燃料の燃焼がいかにして気候を崩壊させるかを説明した。1992年には「国連気候変動枠組条約」(UNFCCC)が採択され、温室効果ガス排出に削減目標が設定されたが、拘束力はなかった。国際気候サミット──「国連気候変動枠組条約締約国会議」(COP)──は1995年以降、排出削減交渉を目的として毎年開催されている。COPの枠組みは、1997年の京都議定書、2009年のコペンハーゲン合意、2015年のパリ協定、と3回にわたって拡大されてきた。それでも世界全体のCO_2排出量は年々増え続け、生態系は恐ろしいスピードで崩壊している。

つまりわたしたちは、人間の文明が危機に瀕していることをほぼ半世紀前から知っていたのに、生態系の崩壊を食い止めることに関して、まったく進歩が見られないのだ。まったく、である。驚くべきパラドックスだ。未来の世代はこの時代を振り返って、何が起きているかを正確かつ詳細に知りながら、なぜ問題を解決できなかったのか、と驚くだろう。

この惰性をどう説明すればよいだろうか。化石燃料企業とそれらが政治システムにかける圧力を指摘する人もいる。確かにそれは事実だ。いくつかの大企業は、世間で議論されるずっと前から、気候崩壊の危険性を知っていたにもかかわらず、科学を否定し有意義な行動を全力で妨害しようとする政治家を支援してきた。国際的な気候条約が法的拘束力を持たないのは、主に政治家の努力の結果だ。彼らがそうした動きに反対するロビー活動を熱心に行ってきたせいなのだ。さらに彼らは数十年にわたって虚偽の情報を流し、気候変動対策への公衆の支援を損なうことに多大な成功を収めた。特に世界的な転換をリードできるはずのアメリカにおいてそれは顕著だ。

苦境を招いたことに関して、化石燃料企業と買収された政治家の責任は重い。しかし、それだけでは無為無策の説明にはならない。他に何か——もっと深い何かがある。社会が石油燃料に依存していることと、化石燃料企業の異常な行動は、より深刻な問題の症状にすぎない。その問題とは、過去数世紀にわたって多かれ少なかれ地球全体を支配するようになった経済システム、資本主義である。

永遠に続く経済成長という資本主義の幻想

わたしたちは資本主義という言葉に敏感だ。資本主義については誰もが強い感情を抱いていて、好悪のどちらであれ、もっともな理由がある。しかし資本主義をどう思っていたとしても、それがどのようなもので、どのように機能するかをはっきり見定めることが重要だ。

資本主義は「市場」や「取引」といった馴染みのある平凡な言葉で説明されがちだが、その説明は正確ではない。市場と取引は資本主義が始まる数千年前から存在し、それらに罪はない。資本主義が歴史上の他の経済システムの大半と異なるのは、それが絶え間ない拡大、すなわち「成長」の要求を中心として組織されているからだ。産業の生産と消費は増え続け、国内総生産（GDP）という単位で計測される。[30] 成長は資本主義の最優先命令だ。資本主義における生産の増大が目的とするのは、人間のニーズを満たすことでも、社会を向上させることでもなく、利益を引き出し蓄積することだ。それが何より重要な目的なのだ。このシステムは一種の全体主義的論理の上に成り立っている。その論理とは、すべての産業、すべての部門、すべての国の経済は、終着点がないまま常に成長し続けなければならない、というものだ。

この意味を理解するのは難しいかもしれない。「成長」という概念はとても自然に思えるので、わたしたちは当たり前と見なしがちだ。成長は自然な現象であり、あらゆる生物は成長する。しかし自然界の成長には限界があり、生物はあるところまで成長すると、健全な均衡状態を維持する。成長が止まらないのは、言うなればコーディング・エラーで、がんなどで起きる。細胞が成長そのものを目的として複製し続け、やがて死をもたらすのだ。

資本主義のもとでは、世界のGDPは毎年少なくとも2%から3%成長し続けなければならない。大企業が総収益を維持するには、どうしてもそれだけの成長が必要とされる。[31] 2%から3%の成長はわずかに思えるかもしれないが、これが指数関数的な成長で、グラフは急カーブを描いて上昇することを忘れてはならない。3%の成長は、世界経済が23年ごとに倍の規模になることを意味し、倍増した経済は再び倍になり、それが何度も繰り返される。もしGDPがどこからともなく生まれるのであれば問題はない。だが、そうではない。GDPは、エネルギーおよび資源の消費と連動しており、この連動は資本主義の歴史を通じて続いてきた。両者がきっちり連動しているわけではないが、生産量が増えるにつれて、世界経済は年々より多くのエネルギーと資源を消費し、大量の廃棄物を生み出してきた。現在では、科学者が「プラネタリー・バウンダリー」〔地球の限界——地球上で人間が安全に生存できる限界〕として定量化した限界を大幅に超え、生物界に破壊的な影響を及ぼしている。[32]

もっとも、人新世という言葉の意味とは裏腹に、生態系の危機は「全人類」によって引き起こされているわけではない。これは重要なポイントだ。第2章で見ていくように、低所得国(実質、グローバル・サウスのほとんどの国)は、自国に課されたプラネタリー・バウンダリーをまだ超えていない。実のところ、そうした国の多くは、国民のニーズを満たすためにエネルギーと資源の消費を増やす必要がある。問題を引き起こしているのは高所得国で、そこでは成長が「必要」という概念から完全に遊離し、人間が繁栄するために必要な量をはるかに超える成長が長く続いている。地球規模の生態系崩壊のほぼすべての原因は、高所得国の過剰な成長、とりわけ超富裕層による過剰な蓄財にあり、グローバル・サウスと貧困層は不当に傷つけられている。[33] 結局のところ、これは不平等がもたらす危機なのだ。

＊

わたしたちは気候変動を回避するために何をすべきかをよく知っている。化石燃料の消費を大幅に削減し、クリーンエネルギーを急速に普及させ、世界の排出量を10年間で半減し、２０５０年までにゼロにする、すなわち、世界規模のグリーン・ニューディールを推し進めるのだ。もっとも、これが世界の平均目標であることを忘れてはならない。高所得国は、長年に及ぶ排出に多大な責任を負っているため、より速く実行し、２０３０年までに排出量をゼロにするべきだ。[34] それがいかに大変かは、いくら強調しても強調したりないだろう。人類がこれまで直面した中で最も困難な任務である。

良いニュースは、この目標の達成は可能であることだ。だが、問題が一つある。科学者たちは、高所得国が成長を追求し続けるのであれば、気温の上昇を1・5℃以下、ましてや2℃以下に抑えるのは不可能だ、と指摘する。[35] なぜなら、さらに成長しようとするとエネルギー需要が高まり、残された短い時間で、クリーンエネルギーでカバーするのは難しく、実際のところ不可能だからだ。[36]

たとえそれが問題でなかったとしても、わたしたちは自問しなければならない。もし１００％クリーンなエネルギーを手に入れたら、それを使って何をするだろう？　経済の仕組みを変えない限り、化石燃料を使って行っていたのと同じことをし続けるだろう。クリーンエネルギーを資源採取と生産に注ぎ、ますます急速かつ強いプレッシャーを生物界にかけていくだろう。なぜなら資本主義がそうすることを要求するからだ。クリーンエネルギーは排出削減に役立つかもしれないが、森林破壊、乱獲、土壌劣化、大量絶滅を防ぐためには何の効果もない。動力源をクリーンエネルギーに変えても、成長に取り憑かれた経済は依然としてわたしたちを生態系破壊へと邁進させるのだ。

この件に関して厄介なのは、選択肢がほぼないように思えることだ。資本主義は基本的に成長に依存している。経済が成長しなければ、不況に陥り、債務が積み重なり、人々は仕事と家を失い、生活が破綻する。そうした危機を回避するために、政府は産業活動を継続的に成長させようと奔走する。こうしてわたしたちは罠に囚われる。成長は構造上の必然であり、鉄則である。その上、鉄壁のイデオロギーに支えられている。右派と左派の政治家は、成長がもたらす配当の分配については言い争うかもしれないが、成長の追求に関して、両者に隔たりはない。成長主義とでも呼ぶべきものは、近代史において最も強力なイデオロギーの一つになっており、誰も立ち止まってそれを疑おうとしないのだ。

政治家はこの成長主義を信奉しているので、生態系崩壊を食い止めるための有意義な行動を起こすことができない。問題解決のためのアイデアは多くあるが、わたしたちが実行する気になれないのは、経済成長を損なう恐れがあるからだ。成長に依存する経済では、そのようなことは許されない。実のところ、生態系崩壊に関する悲惨な記事を載せている新聞が、同じ紙面で4半期ごとのGDP成長を興奮気味に報道し、気候崩壊を嘆く政治家が、毎年の産業の成長を熱心に要求し続けている。この認知的不協和には驚かされる。

中には、テクノロジーが人類を救い、イノベーションが成長を「グリーン」にする、と考えることで、この緊張を和らげようとする人もいる。「効率を向上させれば、ＧＤＰを生態系への影響から切り離すことができる。そうなれば、資本主義を変更することなく、世界経済を永久に成長させ続けることができる。仮にうまくいかなくても、大規模な地球工学計画に頼ればいい」という考え方だ。

これは気休めの幻想だ。正直言って、わたし自身かつてはそう信じていた。しかし、聞こえの良い言葉の層をはがしていくうちに、それが単なる幻想にすぎないことを悟った。数年前からわたしは生態経済学の同僚と共に、グリーン成長について研究してきた。２０１９年には既存の証拠に関するレビューを発表し、２０２０年には、科学者たちが何百もの研究から得たデータをメタ分析した[37]。詳細は第３章で説明するが、結論は次のように要約できる。「グリーン成長は存在しない。実験も経験もグリーン成長を支持しない」。そう悟ったわたしは、自分の立場を変えざるを得なかった。生態系が緊急事態に陥っている時代に、幻想に基づく政策を構築している暇はない。

誤解しないでほしい。生態系の崩壊を防ぐにはテクノロジーが欠かせない。ありとあらゆる効率の向上が必要だ。しかし科学者たちは、テクノロジーは問題を解決しないことをはっきり理解している。なぜなら成長志向の経済では、人間の影響を減らすのに役立つはずの効率向上が、成長目標を推進するために利用され、ますます多くの自然を原料採取と生産のサイクルに放り込むからだ。テクノロジーではなく、成長が問題なのだ。

世界中で高まる資本主義への反感

アメリカの思想家フレドリック・ジェイムソンの有名な言葉に、「世界の終わりを想像するより、資本主義の終わりを想像するほうが難しい」というものがある。驚くには値しない。結局、わたしたちは資本主義しか知らないのだ。仮に資本主義を終わらせたとして、その後はどうなるだろう。代わりになるのは何だろう。革命の次の日、わたしたちは何をするだろう。それを何と呼ぶだろう。わたしたちの思考は――言葉さえ――資本主義の枠内にとどまり、その枠を超えた先には、身のすくむような深い淵が待ち構えている。

わたしたちの文化は新しいものに惹かれ、発明や革新が大好きで、創造的で型にはまらない考えを称賛する。たとえば、スマートフォンや芸術作品について、「これまでに作られた中で最高の装置、あるいは絵画であって、これを超えるものは決して現れないだろうし、超えようとすべきでもない！」と言ったりはしない。そんなことを言えば、人間の創造力を過小評価する愚か者と見なされるだろう。では、なぜ、経済システムに関しては、資本主義が唯一の選択肢で、資本主義を超えるものの創出は想像さえすべきでないという考えを、わたしたちは鵜呑みにするのだろう？　なぜ、16世紀の埃をかぶった古めかしい教義《ドグマ》にこれほどこだわり、明らかに資本主義がフィットしない未来にまで、執拗にそれを引きずろうとするのだろう。

しかし、おそらく何かが変わりつつある。２０１７年、テレビ中継されたニューヨークのタウンホール・ミーティングで、トレバー・ヒルという名の大学2年生が立ち上がり、世界有数の権力者で、当時、アメリカ下院議長だったナンシー・ペロシに率直な質問を投げかけた。この若者は、18歳から29歳までのアメリカ人の51%が資本主義を支持していないことを示すハーバード大学の研究を引用し、ペロシが属する民主党はこの急速な変化を受け入れ、資本主義に代わる経済のビジョンを示すことができるだろうか、と尋ねたのだ[38]。

ペロシは明らかに当惑していた。「ご質問に感謝します」と彼女は言った。「けれども残念ながら、わたしたちは資本主義者であり、これが現実なのです」

この映像は瞬く間に拡散した。それが人々に強いインパクトを与えたのは、資本主義を公然と疑問視するのはタブーだということを浮き彫りにしたからだ。トレバー・ヒルは筋金入りの左翼というわけではない。平均的なミレニアル世代で、聡明で、情報に通じ、世界に興味があり、より良い世界を想像したがっている。彼は真摯に質問したが、ペロシは受け止めることができず、言葉に詰まり、身構え、自分の立場を正しいとする理由を述べることさえできなかった。資本主義はあまりにも当たり前になっているので、支持者たちは、資本主義を正当化する方法さえ知らないのだ。ペロシの回答――「これが現実」――は、質問を封じることを意図していた。しかし逆効果だった。疲弊したイデオロギーの脆さが露呈したのだ。あたかも『オズの魔法使い』でカーテンが開き、真実が暴露された時のように。

しかし、この映像は人々の想像力をかきたてた。と言うのも、若い人たちには別の考え方ができること、すなわち、古い定説を疑う用意ができていることを明らかにしたからだ。若者だけではない。ほとんどの人は自らを反資本主義者とは呼ばないだろうが、調査結果は、資本主義経済の核となる信条に多くの人が疑問を抱いていることを示している。イギリスの調査会社ＹｏｕＧｏｖ社による２０１５年の世論調査では、イギリス人の64％が資本主義は不公平だと考えていることがわかった。アメリカでさえ、その割合は55％にのぼる。ドイツでは77％という大多数だ。エデルマン・トラストバロメーターによる２０２０年の調査では、世界の過半数の人（56％）が「資本主義は良いことより悪いことのほうが多い」という文章に同意することがわかった。フランスでは69％と高く、インドでは74％という驚異的な数字だ[39]。加えて、主要な資本主義国では4人のうち3人が、企業は腐敗していると述べている[40]。

世論調査の質問が経済成長という観点から組み立てられている場合、資本主義に対する反感は、より強くなる。イェール大学による２０１８年の世論調査では、アメリカ人の70％が「環境保護は成長より重要だ」という文章に同意することがわかった。この割合は、ディープサウス（アメリカ最南部）を含む、共和党を支持する保守的な州でも維持された。オクラホマ、アーカンソー、ウェストバージニアではやや低くなるが、そうした州でも有権者の圧倒的多数（64％）は、成長より環境保護のほうが重要だと考えている[41]。この結果は、アメリカ人の経済に対する態度について、長年の仮定を根底から覆した。

２０１９年、欧州外交問題評議会は、ＥＵ14か国の人々により厳しい質問を投げかけた。「環境を優先することで経済成長が損なわれても、そうすべきだと思うか？」人々はこうした取引に応じるのをためらうと予測された。ところが、ほぼすべてのケースで大多数（55％〜70％）が「イエス」と答えた。例外はわずか2グループで、そこでの支持は50％をわずかに下回った。西ヨーロッパと北アメリカ以外でも同様の結果が見られた。これらの調査に関する科学的レビューは、環境保護と成長のどちらかを選ばなければならない場合、「ほとんどの調査と国において環境保護が優先される」ことを明らかにした[42]。

いくつかの調査では、人々がさらに先へ進もうとしていることが明らかになった。ある大規模な消費者調査研究によると、全世界の中・高所得国では、平均で約70%の人が、「過剰消費は地球と社会を危険にさらす」「自分たちは購入と所有を減らすべきだ」「そうしても幸福感や充足感は損なわれない」と考えている。[43] 驚くべき結果だ。政治的立場は人それぞれかもしれないが、彼らは資本主義の核心に真っ向から対立する原則を明らかにした。この衝撃的な話は、これまでほぼ完全に隠されていた。世界中の人がもっと良い何かを静かに待ち望んでいるのだ。

脱成長によってもたらされるもの

時として、科学的証拠が文明社会の支配的な見解と食い違うことがある。そうなると、わたしたちは選択を迫られる。科学を無視するか、世界観を変えるか、と。チャールズ・ダーウィンが、人間を含むあらゆる種が共通の祖先から進化したことを説明した時、世間は彼を嘲笑した。当時は、「人間は神によって神の写し身として造られたのではなく、人間以外のものから進化した」という考えや、「この地球の生命の歴史は聖書が示唆する数千年よりはるかに長い」という考えは、受け入れがたいものであった。中には、奇抜な代替理論を考案して、ダーウィンの説明を排除し、現状を維持しようとする者もいた。しかし、真実は明かされてしまった。間もなくダーウィンの主張は科学的コンセンサスとなり、人々の世界観を永遠に変えた。

同じようなことが今、起こりつつある。ＧＤＰの成長と生態系破壊の関連を示す証拠が増えるにつれて、世界中の科学者は自らのアプローチを変えてきた。2018年には、238名の科学者が、「GDP成長を放棄し、人間の幸福と生態系の安定に重点を置くこと」を欧州委員会に要求した。[44] 翌年、150か国以上の1万1000名を超える科学者が、「GDP成長と富の追求から、生態系の維持と幸福の向上にシフトすること」を各国政府に求める論文を発表した。[45] ほんの数年前まで、こうしたことは主流派では起こり得なかったが、今では驚くような新しいコンセンサスが形成されつつある。

成長からの脱却というアイデアは、思うほど荒唐無稽なものではない。わたしたちは数十年にわたって、人々の生活を向上させるには成長が必要だと教えられてきた。しかし、実はそうでないことがわかってきた。あるポイントを超えると――高所得国はそのポイントをとっくに超えている――GDPと社会的成果《アウトカム》の関係は破綻し始める。これは特に驚くようなことではない。GDPは実質的な市場価格で測定された総生産の指標である。第4章で見ていくが、問題を引き起こしているのは総生産量の増加ではない。わたしたちが何を生産しているか、人々が生活に必要なものにアクセスできているか、所得がどのように分配されているか、が問題なのだ。

特に重要なのは所得の分配で、現在、それはきわめて不平等だ。考えてみよう。最も富裕な1％（全員が億万長者）の年収の合計は約19兆ドルで、世界のGDPのほぼ4分の1に相当する。[46] 驚くべきことだ。わたしたちの全労働、採取される全資源、排出される全CO_2の4分の1は、金持ちをいっそう金持ちにするためのものなのだ。

高所得国は、人々の生活を向上させるために、さらなる成長を必要としない。必要なのは、資本蓄積のためではなく人々の幸福のために、経済を組み立て直すことだ。それに気づけば、わたしたちははるかに自由に、かつ合理的に、考えられるようになる。地球温暖化を1・5℃以下に保ち、生態系の破壊を逆行させるための唯一実行可能な方法は、高所得国が過剰な資源採取とエネルギー利用を減速させることだと、科学者たちははっきり述べている。[47] 資源の消費を減らせば、生態系にかかる圧力が減り、生命の網は、つながりを取り戻すチャンスを得る。併せて、エネルギーの消費を減らせば、より簡単かつ迅速に、つまり数十年ではなく数年ほどで、クリーンエネルギーに移行でき、連鎖反応が始まる危険なティッピングポイントに至らずにすむだろう。どうすればそうできるだろうか。ポスト成長経済では、その一部は効率の向上によって成し遂げられるだろう。しかし、必要性の低い生産形態を縮小することも不可欠だ。

これが「脱成長」と呼ばれる概念で、経済と生物界とのバランスを取り戻すために、安全・公正・公平な方法で、エネルギーと資源の過剰消費を計画的に削減することを意味する。[48] 脱成長の素晴らしい点は、経済を成長させないまま、貧困を終わらせ、人々をより幸福にし、すべての人に良い生活を保障できることだ。[49] それこそが脱成長の核心である。

では、実際には、どうすればよいのだろう。実に簡単なことだ。現在の経済学では、必要であってもなくても経済の全部門は常に成長しなければならないという考え方が支配的だ。そのような経済運営は、良い時代にあっても非合理的であり、生態系が緊急事態に陥っている時代にあっては明らかに危険だ。その考え方から脱却し、成長させるべき部門（クリーンエネルギー、公的医療、公共事業、環境再生型農業など）と、必要性が低いか、生態系を破壊しているので根本的に縮小すべき部門（化石燃料、プライベートジェット、武器、ＳＵＶ車など）を見極めるべきだ。また、人間の必要を満たすためではなく、利益を最大化するために設計された生産様式を縮小することもできる。製品の寿命をあえて短くする計画的陳腐化や、わたしたちの感情を操作し、現状に不満を抱かせる広告戦略などがその例だ。

過剰な生産を減速し、不要な労働から人々を解放すれば、週間労働時間を短縮しながら完全雇用を維持し、所得と富をより公平に分配して、国民皆保険制度、教育、手頃な価格の住宅といった重要な公共サービスへのアクセスを拡大できる。第5章で見ていくが、これらの方策が人々の健康と福利に強いプラスの影響を与えることは繰り返し証明されてきた。それらは社会の繁栄のカギであり、経済成長と社会の進歩を切り離すことを可能にする。その証拠は実に啓発的だ。

ここで強調しておきたいのは、脱成長はGDPを減らすことではないということだ。GDPというダイヤルを逆方向に回せばいいというわけではない。当然ながら、不必要な生産を減らし、公共サービスを非商品化すれば、GDPの成長はスローダウンしたり止まったり、ことによるとマイナスに転じたりするだろう。だが、そうなっても問題はない。通常、マイナス成長は不況を招くが、不況とは、成長に依存する経済が成長を止めた時に起きるものだ。不況は無秩序で悲惨だ。しかし、今わたしが訴えているのは根本的な変革である。経済をこれまでとはまったく異なる経済へ――成長を必要としない経済へ――シフトすることなのだ。それを実現するには、債務システムから銀行システムまでのすべてを見直し、人々、企業、国家、さらにはイノベーションそのものを、成長に取り憑かれた息苦しい状態から解放し、より高い次元の目標に取り組めるようにしなければならない。

実践的にこの方向へ進んでいくと、新たなエキサイティングな可能性が見えてくる。際限のない資本の蓄積ではなく、人間の繁栄を中心に組織された経済、ポスト資本主義経済が誕生する。より公正で、公平で、思いやりのある経済だ。

過去数十年間に、こうした考え方は希望のささやきのように、さまざまな大陸に浸透してきた。先達になったのは、生態経済学の先駆者ハーマン・デイリーとドネラ・メドウズ、哲学者ヴァンダナ・シヴァとアンドレ・ゴルツ、社会学者アルトゥーロ・エスコバルとマリア・ミース、経済学者セルジュ・ラトゥーシュとヨルゴス・カリス、先住民族の作家にして活動家のアユトン・クレナックとベルタ・カセレスといった人々だ。[50]現在、この考え方は突如として主流になり、科学界に驚くべき変化を引き起こしている。今、わたしたちは岐路に立っている。科学を無視して旧来の世界観を維持するか、それとも世界観を根底から変えるか。賭け金はダーウィンの時代よりはるかに高額だ。科学から目を背ける時間の余裕はない。今回の選択には、わたしたちの命がかかっている。

アニミズムから二元論、そして再びアニミズムへ

進むべき道を見つけるには、まず、わたしたちがどのように成長要求に組み込まれているかを理解する必要がある。それには資本主義の歴史を辿り、その機能を支えるロジックと、資本主義がどのように全世界に広まったかを理解しなければならない。第1章はそこから出発しよう。旅の途中で、思いがけない問題が関わっていることを知るだろう。資本主義の成長の軸になっている採取のプロセスは、最終的にはある種の存在論《オントロジー》に依拠する。根本的な問題はそこにあるのだ。

現在の資本主義社会に生きる人々は、人間社会は他の生物の世界とは根本的に異なると教えられてき

た。人間は「自然」とは切り離された優れた存在で、精神と心と主体性を備えているが、自然は不活発で機械的な存在である、と。この世界観は二元論と呼ばれる。プラトンからデカルトに至る歴代の思想家から受け継いだ考え方だ。彼らは、人間には自然を支配し利用する当然の権利がある、と説いた。しかし、わたしたちは元々そう考えていたわけではなかった。16世紀に資本主義に進む道を切り開こうとした人々は、全体論的な世界観を打ち壊し、二元論者になるよう市井の人々を説得したり強制したりしなければならなかった。二元論は成長のために生命を犠牲にすることに利用されてきたので、現在の生態系の危機に対して深いレベルで責任がある。

しかし二元論はわたしたちが利用できる唯一の考え方ではない。人類学者たちは、歴史の大半を通じて人間は二元論とはまったく異なる存在論、すなわち、広義に精霊信仰《アニミズム》と呼ばれるものに依拠してきたことを、ずいぶん前から指摘している。長い年月、人間は他の生物界との間に根本的な隔たりを感じていなかった。川、森、動物、植物、さらには地球そのものと相互依存の関係にあると考えていた。それらを人間と同様に感情を持ち、同じ精神によって動くものと見なし、場合によっては、親類のような近しさを感じていた。

今もアマゾン盆地、ボリビアの高地、マレーシアの森林に生きる人々には、この考え方が脈々と伝わっており、彼らは人間以外の存在——ジャガーから川まで——を「自然」ではなく親類と見なし、関わりあっている。世界をそのように見るようになると、行動は根本的に変わる。すべての生き物は人間と道義的に同等だという前提から始めれば、それらから何かを簡単に奪ったりできなくなる。人間の利益のために自然を「資源」として消費することは、道義的に非難されるべき行いであり、奴隷制や人喰いに等しい。そうする代わりに互恵の精神を持ち、相互扶助の関係を築かなければならない。少なくとも、受け取る以上のものを与える必要がある。

この論理はエコロジー的には価値があるが、資本主義の中心的ロジックに真っ向から対立する。そのロジックとは、奪うこと。さらに重要なこととして、与えるより多くを奪うことだ。これから見ていくように、このロジックは成長のメカニズムの土台になっている。

かつて啓蒙思想家はアニミズムを、時代遅れで非科学的だとして軽蔑した。さらには資本主義拡大の障壁と見なし、懸命に排除しようとした。しかし現在では、科学がアニミズムに追いつきつつある。生物学者は、人間は孤立した生き物ではなく、膨大な数の微生物を体に宿らせ、生理機能をそれらに依存していることを発見した。精神科医は、植物に囲まれて過ごすことは精神の健康に欠かせず、ある種の植物が複雑なトラウマを癒すことを学んだ。生態学者《エコロジスト》は、木は不活発などころか、互いとコミュニケーションを取り、土壌中の目に見えない菌糸ネットワークを通じて養分や薬用成分を分かちあっていることを知りつつある。量子物理学者は、バラバラに見える粒子どうしが、非常に離れていても複雑に絡みあっていることを語る。地球システム科学者は、地球そのものが超生物のように活動していることを発見した。

これらの知見はすべて、生命の網における人類のポジションについて、わたしたちの考え方を変え、新しい存在論への道を開いた。地球が生態系の破局へと突き進んでいる今、わたしたちは他の生物界とのつながりという観点から人間を見ることを学び、遠い昔に忘れてしまった神秘を思い出し始めている。祖先のささやきのようなその秘密は、わたしたちの心の中でいつまでも消えようとしない。

20世紀に環境主義者が唱えていた古めかしい呪文とは大違いだ。環境主義者は「限界」、乏しさ、個人的厳格主義という言葉で自らの考えを語ろうとした。しかし、限界という概念は、最初からわたしたちを間違った方向へ向かわせる。その概念は、自然は人間と切り離された「外」に存在し、必然的に人間と対峙することを前提とする。この種の考え方は、人間を苦境に陥らせた二元論的存在論から生まれた。今わたしたちが必要としているのはまったく別の概念だ。それは限界ではなく相互関連性であり、他の生物との親密さを取り戻すことだ。厳格主義ではなく喜びと友好と楽しさだ。乏しさではなく大きさであり、人間のコミュニティ、言語、意識の境界を広げることなのだ。[51]

変化を求められているのは経済だけではない。世界と人間の位置づけについて、わたしたちの見方も変えていく必要がある。

素晴らしい未来を垣間見る

時として、新たな考え方を知ったせいで、すべてが違って見えることがある。古い神話は崩れ、新たな可能性が見えてくる。難問は消えるか、容易に解決できるようになる。かつては思いもよらなかったことが、突然、当たり前になる。世界全体が変わることさえある。

わたしはいつか故郷のエスワティニに戻って、再び虫の多さに驚くことを想像するのが好きだ。老いたわたしは、夕暮れのポーチに座って、子供の頃と同じように畏怖の念を抱きながら虫たちを見て、それらの音に耳を傾ける。この空想の中では、世界は大きく変わっている。高所得国は資源とエネルギーの消費量を持続可能なレベルに下げた。民主主義の実現に真剣に取り組み、所得と富をより公平に配分するようになり、貧困を終わらせた。豊かな国と貧しい国の差は縮まった。「億万長者」という言葉はボキャブラリーから消えた。週40時間だった労働時間は、30時間から20時間にまで減り、人々はコミュニティ、子育て、生活の質を向上させるためにより多くの時間を使えるようになった。質の高い公的な医療や教育を誰もが利用できる。人々はより長く幸福で有意義な人生を送っている。人間についての考え方も変わり始めた。他の生物界と切り離されているのではなく、相互につながっていると考えるようになった。

地球はどうかと言うと、驚くべき変化が起きた。アマゾンからコンゴ、インドネシアに至るまで、熱帯雨林が再び成長して元の姿を取り戻し、濃い緑の森には生命があふれるようになった。ヨーロッパとカナダでは温帯林が再び広がった。川は清流になり、魚が戻ってきた。生態系全体が息を吹き返した。クリーンエネルギーへの速やかな移行が成し遂げられ、地球の気温は安定し、気候システムは太古のパターンに戻り始めた。一言で言えば、物事が治癒し始め、わたしたちも治癒し始めたのだ。しかも、誰も予想しなかったスピードで。わたしたちは、少なく取ることによって、はるかに多くを得たのである。

本書では、この夢について語ろう。その旅では５００年に及ぶ歴史を辿ることになる。まずは現在の経済システムのルーツを探究し、このシステムが何を原動力として、どのように定着したのかを見ていこう。その後、生態系の崩壊を逆行させ、ポスト資本主義経済を構築するための堅牢で実践的なステップについて検討する。さらには大陸を横断し、わたしたちの想像の限界をはるかに超える方法で生物界と交流している文化やコミュニティを訪ねよう。

今はまだ、その可能性はかすかなささやきにすぎないが、ささやきはやがて風となり、いずれは世界に旋風を巻き起こすだろう。

第1部

多いほうが貧しい

第1章

資本主義——その血塗られた創造の物語

アニミズムはモノに魂を授けたが、産業は魂をモノに変えた。
——マックス・ホルクハイマー、テオドール・アドルノ

人類はこの惑星に30万年近く生きている。その間に十分な進化を遂げて知的になった。その年月のおよそ97%の間、人類は地球の生態系と相対的な調和を保って生きてきた。もっとも、初期の人類社会が生態系を変化させなかったわけではなく、問題がなかったわけでもない。たとえばケナガマンモス、巨大ナマケモノ、サーベルタイガーといった古代メガファウナ〔巨型動物類〕の絶滅には、特定の人類社会が関与したことがわかっている。しかし、今日わたしたちが目撃しているような生態系の多面的な崩壊を、彼らは決して引き起こさなかった。

地球規模でバランスが崩れ始めたのは、この数百年間に資本主義が台頭し、1950年代から産業化が驚異的に加速するようになってからだ。それを理解すれば、問題に対する考え方が変わる。この人間の時代は「人新世」と呼ばれるが、この危機は人間が引き起こしたわけではない。真の原因は、ある経済システムにある。このシステムは最近になって始まり、歴史上の特定の時代に特定の場所で発展し

た。社会学者のジェイソン・ムーアが指摘するように、現代は人新世（アントロポセン）ではなく――資本新世（キャピタロセン）と呼ぶべきなのだ。[1]

最初は理解しにくいだろう。わたしたちは資本主義を当たり前と見なし、少なくともその初歩的な形態は古代から社会に浸透していたと思い込んでいる。結局、資本主義は市場のことであり、市場は古くからあるからだ。しかし、資本主義イコール市場ではない。市場は何千年にもわたって、さまざまな時代や場所に存在したが、資本主義が誕生したのはわずか５００年前だ。[2]資本主義の特徴は、市場の存在ではなく、永続的な成長を軸にしていることだ。事実、資本主義は史上初の、拡張主義的な経済システムであり、常にますます多くの資源と労働を商品生産の回路に取り込む。資本の目的は、余剰価値の抽出と蓄積であるため、資源と労働をできるだけ安く手に入れなくてはならない。言い換えれば、資本主義は、「自然と労働から多く取り、少なく返せ」という単純な法則に従って機能しているのだ。

生態系の危機は、このシステムが必然的にもたらす結果だ。資本主義は生物界とのバランスをわたしたちから奪った。この事実を理解すると、新たな疑問が浮かんでくる。なぜそんなことになったのか？資本主義はどこから来たのか？　なぜ定着したのか？

その理由としてよく言われるのは、人間は本質的に利己的で、自分の利益を最大化しようとする、ということだ。人間を「ホモ・エコノミクス」と呼ぶ人もいる。すなわちミクロ経済学の教科書に載っている、利益のみを追求する自動機械《オートマトン》だ。この性向が封建制の束縛を徐々に打ち破り、農奴制を終わらせ、現在のような資本主義を生み出した、とわたしたちは教わった。それが人間の物語であり、創世記だ。この物語はあまりにも頻繁に語られるので、誰もが真実だと思い込んでいる。資本主義の起源は利己的で強欲な人間の本性にあるのだから、不平等や環境破壊などの問題は避けがたく、軌道修正は不可能だと、誰もが考えている。しかし意外なことに、わたしたちの文化にこれほど深く根づいているこの物語は、何一つ真実ではない。資本主義はどこからともなく「出現」したわけではなかった。資本主義へのスムーズで自然な「移行」は起きなかったし、資本主義は人間の本質とは何の関係もない。歴史家が語るのは、はるかに興味深く暗い物語であり、この経済の本質について驚くべき真実を明かす。この物語を理解すれば、生態系の危機の深い動因を知り、自分たちに何ができるかについて重要な手がかりを得ることができるだろう。

封建社会を覆した忘れられた革命

封建社会は野蛮なシステムで、人々は惨めな暮らしをしていた、と学校では教わった。それは事実だ。領主や貴族が土地を支配し、そこに住む人々——農奴——は、地代、税金、十分の一税（寄付金）、無報酬の労働という形で領主や貴族に貢ぐことを強いられた。しかし、よく聞く話とは裏腹に、このシステムを終わらせたのは資本主義ではなかった。驚くべきことに封建社会を覆したのは、市井の革命家たちの長年に及ぶ勇気ある闘いだったのだ。だが、どういうわけか、彼らの貢献は完全に忘れられた。

1300年代の初め、ヨーロッパ各地で平民が封建制に反旗を翻すようになった。無償の労働を拒み、領主が課す税や教会の十分の一税を拒否し、自らが耕す土地を直接管理することを要求し始めたのだ。この抵抗は、あちらこちらで小さな不満が噴出するというようなものではなく、組織的なものだった。地域によっては軍事衝突に発展した。1323年、フランドル地方の小作農と労働者は武器を取り、貴族に敗北するまで5年間戦った。同様の反乱はヨーロッパの至るところ——ブルッヘ、ゲント、フィレンツェ、リエージュ、パリ——で勃発した。[3]

しかし、初期の反乱はあまり成功しなかった。そのほとんどは完全武装した軍隊に鎮圧された。1347年に黒死病（腺ペスト）が流行すると、事態はさらに悪化したように見えた。腺ペストはヨーロッパの人口の3分の1を死に追いやり、未曽有の社会的・政治的危機をもたらしたのだ。

この災厄の後、思いがけないことが起きた。労働力が不足し、一方、土地は豊富にあったので、小作農と労働者が交渉力を持つようになったのだ。彼らはより安い地代と、より高い労働賃金を要求し、領主は気がつけば劣勢になっていた。数世代で初めて、パワーバランスが平民に有利なほうに傾いたのである。平民はチャンスの到来に気づき始めた。社会と政治の秩序を根底から変える好機が訪れたのだ。彼らは以前より希望と自信を持つようになり、反乱は勢いを増していった。[4]

イギリスでは、1381年にワット・タイラーが急進的な司祭ジョン・ボールに触発され、小作農を率いて反乱を起こした。ボールは、「（皆さんにその意思があるなら）束縛のくびきを捨てて、自由を取り戻す時が訪れた」と呼びかけたことで知られる。1378年、イタリアのフィレンツェで起きたチョンピの乱は政権奪取に成功した。パリでは1413年に「労働者のデモクラシー」（民衆蜂起）が勃発し、権力を掌握した。1450年には、イギリスの小作農と労働者からなる軍隊がロンドンへ進軍し、「ジャック・ケイドの反乱」として知られるようになる。この時代、ヨーロッパ各地で暴動が起こり、集会が開かれ、軍隊が募集された。

1400年代中頃まで、西ヨーロッパ各地で小作農と領主との戦争が勃発し、反乱の動きが拡大するにつれて、小作農の要求は高まっていった。彼らが求めたのは、末端システムの微調整ではなく、革命的な変化だった。中世の政治経済を専門とする歴史家のシルヴィア・フェデリーチによれば、「反逆者たちの目的は、封建的支配に少々の制限を加えることでも、自分たちの生活を向上させることでもなかった。領主による支配に終止符を打つことを望んでいたのだ[5]」

ほとんどの反乱は鎮圧された（ワット・タイラーとジョン・ボールは1500人の支持者と共に処刑された）。しかし最終的にこれらの運動は、ヨーロッパ大陸の大部分で農奴制を廃止することにつながった。イギリスではワット・タイラーの反乱を受けて、農奴制はほぼ完全に廃止された。農奴は自由農民になり、自分の土地で生計を立て、共有地《コモンズ》を自由に活用できるようになった。放牧のために牧草地を、狩猟や木材調達のために森林を、釣りや灌漑のために河川を利用できるようになったのだ。臨時収入を得たい場合は賃仕事をしたが、強制されることはめったになかった。ドイツでは、農民が国土の90%までを支配するようになった。封建的な関係が残っているところでも、小作農の状況は大幅に改善された。

封建制が崩壊すると、自由農民はそれに代わるものを築き始めた。自給自足を原則とする平等で協働的な社会だ。この改革は、平民の福利〔幸福と利益〕に驚くべき影響を及ぼした。賃金のレベルは歴史上かつてないほど上昇し、ほとんどの地域で2倍から3倍になり、6倍になるケースもあった[6]。地代は下がり、食料は安くなり、栄養状態は向上した。労働者は、労働時間の短縮や週末の休暇、さらには、仕事中の食事や、職場への交通費などについて交渉できるようになった。女性の賃金も上昇し、封建制度下では顕著だった男女の賃金格差は狭まっていった。歴史家は、この１３５０年から１５００年までを「ヨーロッパ労働者階級の黄金時代」と呼ぶ。[7]

この時代はヨーロッパの生態系にとっても黄金時代だった。封建制は生態系にとって災厄だった。領主は、土地と森から利益を抽出するよう小作農に圧力をかける一方、土地と森には何一つ返さなかった。これは森林破壊と過放牧をもたらし、土壌は次第に肥沃さを失っていった。しかし、１３５０年以降に現れた政治運動はこの傾向を逆転させ、生態系は再生し始めた。土地を直接管理する権利を勝ち取った自由農民は、自然との間に互恵的な関係を築けるようになった。民主的な集会を開き、耕作、放牧、森林の使用に関するきめ細かなルールを定め、牧草地やコモンズを集団で管理した。[8] ヨーロッパの土壌は回復し始め、森林は再生した。

上流階級によって叩き潰された平等主義の社会

当然ながら、ヨーロッパの上流階級はこの変化を喜ばなかった。彼らは高賃金を「けしからん」と考え、平民が短期間や限定的な仕事のためだけに雇われ、十分な収入を得るとすぐ辞めてしまうことに苛立った。「今や召使いが主人で、主人が召使いだ」と、中世イングランドの詩人ジョン・ガワーは『瞑想する者の鏡』（１３８０年）で嘆いている。ある作家は１５００年代初期にこう記した。「小作農は裕福になりすぎて……服従の意味を知らない。法律を考慮せず、貴族がいなくなることを望み……我々が自らの土地に対して得るはずの地代を勝手に決めようとする」。[9] また、別の人はこう述べている。「小作農は自由民のようにふるまい、そのような服装をしている」[10]

1350年から1500年までの革命の時代、上流階級は歴史家が「慢性的な非蓄積[11]」と呼ぶ危機に見舞われた。国民所得（全国民が得る所得の総額）がより均等に国民に分配されるようになるにつれて、上流階級が封建制のもとで享受していた富の蓄積は難しくなった。ここが肝心なところだ。わたしたちは、資本主義は封建制の崩壊から自然に出現したと考えがちだが、そのような移行は起きなかった。資本主義は上流階級による富の蓄積、つまり大規模な投資のために富を過剰に溜め込むことを必要とする。しかし封建制が崩れた後に生まれた平等主義の社会は、自給自足、高賃金、草の根民主主義、資源の共同管理を軸とし、上流階級による富の蓄積を阻んだ。上流階級の不満の核心はそこにあった。

この平等主義の社会が、その後どのように発展していったかを、わたしたちは知り得ない。なぜなら、容赦なく潰されたからだ。貴族、教会、中産階級の商人は団結し、農民の自治を終わらせ、賃金を引き下げようとした。もっとも、そのために小作農を再び農奴にしたわけではない――そうすることは不可能だとわかっていた。その代わりに、ヨーロッパ全土で暴力的な立ち退き作戦を展開し、小作農を土地から追い出した。農民が共同管理していたコモンズ、すなわち、牧草地、森林、川は柵で囲われ、上流階級に私有化された。つまり、私有財産になったのだ。

このプロセスは、囲い込み《エンクロージャー》と呼ばれる[12]。囲い込みによって、数千もの農村コミュニティが破壊された。作物は荒らされ、焼かれ、村全体が破壊された。農民は、生きるために欠かせない資源である土地、森、獲物、木材、水、魚に近づけなくなった。また、その改革は「所領没収」に拍車をかけた。イギリスやアイルランドではカトリック修道院が解体され、その土地はすぐさま貴族に払い下げられ、そこに暮らしていた人々は立ち退きを強いられた。

もちろん、農民のコミュニティは戦わずに屈服したわけではない。しかし彼らの抵抗は成功しなかった。ドイツでは1524年に農民戦争（大規模な農民の反乱）が始まったが、翌年には鎮圧され、農民の死者は10万人を超えた。世界史上、最も多くの血が流れた虐殺の一つだ。1549年にはイングランド東部でロバート・ケット率いる反乱軍が、同国で2番目に大きい都市ノリッジを掌握したものの、国の軍隊に制圧された。反乱軍の3500人が虐殺され、指導者はノリッジの城壁に吊るされた。1607年に起きたミッドランドの反乱は、ニュートンでの暴動でピークに達したが、やはり囲い込みをする側との戦いに敗れ、50人が処刑された。

3世紀にわたってイギリスを始めとするヨーロッパの広域で囲い込みが行われ、数百万の人々が土地を追われ、国内避難民になった。この時代の特徴である激変は、筆舌に尽くしがたい。まさに人道上の大惨事だった。歴史上初めて、平民は生存に欠かせない基本的資源へのアクセスを組織的に拒否された。人々は家も食料も奪われ、見捨てられた。囲い込みがもたらした状況を、ぎりぎりの生活と呼ぶのは美化がすぎる。それははるかに過酷で、農奴の生活のほうがずっとましだった。イングランドでは、囲い込みによって生まれた大勢の「貧民」や「放浪者」を表す「貧困」（poverty）という言葉が普及した。この時代以前には、書物に登場することはあっても、日常ではめったに使われなかった言葉だ。

しかし、ヨーロッパの資本家にとっては、囲い込みは魔法のように作用した。以前は手が届かなかった大量の土地や資源を独占できるようになったのだ。経済学者が認める通り、資本主義が台頭するには、まず資本を蓄積することが必要だった。アダム・スミスはこれを「先行的蓄積」と呼び、「少数の人が懸命に働いて稼ぎを蓄えたために生じた」と主張した。この長閑《のどか》な物語は、今も経済学の教科書で繰り返される。しかし、歴史家はその見方は無邪気すぎると考えている。この資本蓄積は、無害な貯蓄のプロセスではなく、略奪のプロセスだった。カール・マルクスは、暴力的で野蛮な性質を強調するために、「本源的蓄積」と呼ぶことにこだわった。

もっとも、資本主義が台頭するにはもう一つ必要なものがあった。労働である。それも大量の安い労働だ。囲い込みはこの問題も解決した。自給自足経済が破綻し、コモンズが囲われると、人々は賃金を得るために労働力を売るしかなくなった。以前のように臨時収入を得るためではなく、農奴制の時のように領主の要求を満たすためでもなく、ただ生き延びるために。要するに彼らは賃金労働者《プロレタリア》になったのだ。世界史上、前例のないことだった。当時、彼らは「自由労働者」と呼ばれたが、この言葉は誤解を招く。彼らは奴隷や農奴のように働くことを強制されたわけではないが、選択の余地はほとんどなく、働かなければ飢えるしかなかった。生産手段を所有する者が、最低賃金を払えばよいとされるのであれば、人々はそれを受け入れるしかない。どれほど少ない賃金でも、死ぬよりましだった。

*

今語ったすべては、資本主義の台頭について通常語られている物語を覆す。資本主義の台頭は決して自然で必然的なプロセスではなかった。一般に考えられているような、穏やかな「移行」ではなく、平和的でもない。資本主義は、組織的な暴力、大衆の貧困化、自給自足経済の組織的破壊を背景として生まれたのだ。資本主義は農奴制を終わらせたのではなく、農奴制を終わらせた進歩的改革に終止符を打った。資本家は農奴制の原理を採用し、新しい極端なやり方で、その原理を再利用した。すなわち、生産手段をほぼ完全にコントロールし、小作農と労働者を、資本家に依存しなければ生きられないようにしたのだ。民衆は当然ながらこの新たなシステムを歓迎しなかった。彼らは反抗した。産業革命に向かう1500年から1800年代までは、世界史上きわだって多くの血が流れた激動の時代であった。

囲い込みは人間の幸福を破壊し尽くした。自由農民が勝ち取ったあらゆる利益を、囲い込みは無効にした。経済学者ヘンリー・フェルプス・ブラウンとシーラ・ホプキンスによれば、1500年代から1700年代にかけて、実質賃金は70％も減少している[13]。栄養状態は悪化し、飢餓が蔓延した。1500年代には、自給自足経済は破綻し、同時にヨーロッパ史上最悪の飢饉のいくつかが起きた。社会基盤はずたずたに破壊され、1600年から1650年にかけて西ヨーロッパ全体の人口は減少した。イングランドではこの大惨事の痕跡が、歴史的な公衆衛生記録にはっきり残されている。平均寿命は1500年代には43歳だったが、1700年代には30歳にまで低下したのだ[14]。

トマス・ホッブズの有名な言葉に、「自然状態」の人生は「卑劣で、残酷で、短い」というのがある。この言葉が書かれたのは1651年のことだ。わたしたちは、ホッブズがそのように表現したのは資本主義以前の人生で、資本主義がそうした悲惨さを解消した、と捉えている。しかし事実は逆だ。ホッブズが描写した悲惨さは、資本主義の台頭によってもたらされたのだ。当時のヨーロッパは、少なくとも平民にとっては、世界で最も貧しく病んだ場所だった[15]。ホッブズは知り得なかったが、その状況はさらに悪化していく。

囲い込みは特にイギリスにおいて強引に推し進められた。当初、イギリス王家は囲い込みがもたらす社会危機を懸念し、制限しようとした。しかし1640年代のイングランド内戦と1688年の名誉革命によって、そうした制限は撤廃された。中産階級《ブルジョワジー》が議会の支配権を握り、思い通りに政治を動かす力を手に入れたのだ。彼らは国家権力を駆使して、一連の法律——議会エンクロージャー——を導入した。その法律は、より急速でより広範に及ぶ奪取の波を引き起こした。1760年から1870年までの間に、イングランドの約6分の1に相当する約700万エーカーの土地が議会の法令によって囲い込まれた。この時期が終わる頃には、イングランドのコモンズはほぼ消えていた。

イギリスの農民システム崩壊の最終章と時期を同じくして、産業革命が始まった。土地を奪われ、絶望し、呆然となった人々は、都市に流れ込み、安価な労働力を提供した。ウィリアム・ブレイクの詩に詠われて不滅のものになる「闇のサタンの工場」〔産業革命で出現した工場群〕の燃料になったのだ。

こうして産業資本主義が始まったが、とてつもない人的犠牲が伴った。公衆衛生データの世界的専門家サイモン・スレーターによると、産業革命の最初の100年間、平均寿命は著しく低下し、14世紀の黒死病以来、経験したことのないレベルにまで下がった。産業革命を代表する2大都市、マンチェスターとリバプールでは、国内の産業化されていない地域に比べて、平均寿命がかなり落ち込み、マンチェスターではわずか25歳になった。イギリスに限ったことではない。研究されている他のヨーロッパ諸国でも同様の影響が見られる。資本主義の最初の数百年は、資本主義以前の時代には誰も経験したことがないほどの悲惨な状況をもたらしたのである[16]。

植民地化による「成長」

歴史家は、資本主義が囲い込みに依存して発展したことをよく知っている。しかし、この物語は、同じ時代に同じプロセスの一環としてヨーロッパの外で起きた本源的蓄積を無視することがあまりにも多い。グローバル・サウスでは、ヨーロッパで起きたことが些細に思えるほど徹底的に、自然と人間が囲い込まれた。

1492年以来、ヨーロッパ人はアメリカを植民地にし始めたが、わたしたちが教科書で習ったように「探検」や「発見」のロマンに駆り立てられてそうしたわけではなかった。植民地化は、ヨーロッパで農民革命が起きて、上流階級が富を蓄積できなくなったことに対する反応、すなわち「解決策」だったのだ。上流階級は国内で囲い込みを始める一方、クリストファー・コロンブスのアメリカへの航海を皮切りに、強奪するための新たなフロンティアを海外で探し始めた。この二つのプロセスは同時進行した。1525年、ドイツの貴族が10万人の農民を虐殺したその年に、スペイン王カルロス1世は征服者《コンキスタドール》のエルナン・コルテスに王国最高の栄誉を与えた。コルテスはメキシコに遠征し、アステカ王国の首都テノチティトランを破壊し、10万人のインディオを殺したのだ。囲い込みと植民地化が同時に起きたのは偶然ではない。資本主義が台頭し始めた頃の数十年間、この二つのプロセスは同じ戦略の一環として展開された。

植民地化による強奪がもたらす利益は驚異的だった。1500年代初期から1800年代初期までに、1億キログラムの銀がアンデス山脈からヨーロッパの港へ運ばれた。次のように考えれば、この富の規模が実感できるだろう。1800年に1億キログラムの銀を投資し、その価値が平均金利で増えたとしたら、現在では165兆ドルになっている。世界のGDPの2倍以上だ。また、同じ時期に南アメリカでは金も採取された。この棚ぼた式に得た利益は、ヨーロッパ資本主義の台頭に重要な役割を果たした。その一部は産業革命に投資された。その莫大な利益で東洋の産物を買えるようになったため、ヨーロッパの生産活動は農業から工業へシフトした。また、さらなる植民地征服のための軍拡の資金源にもなった[17]。

植民地化は産業革命の推進力になる原料ももたらした。たとえば綿と砂糖だ。綿はイギリスの産業革命を支える最も重要な商品であり、綿工業の象徴であるランカシャーの工場の生命線だった。一方、砂糖は、イギリスの工場労働者に安価なカロリーを提供した。しかし綿も砂糖もヨーロッパでは育たない。それらを手に入れるために、ヨーロッパ人は広大な土地を収用して大規模農園《プランテーション》にした。ブラジル、西インド、北アメリカでは数百万エーカーもの土地が収用され、1830年までにイギリスだけで新世界の植民地から2500万エーカーから3000万エーカーに相当する土地を取り上げた[18]。その収用は、規制された良心的な「抽出」ではなかった。植民地における資源採掘、森林伐採、プランテーションでの単一栽培は、当時としては過去に例を見ない大規模なダメージを生態系にもたらした。実を言えば、資本家にとって植民地開拓が魅力的だった一番の理由は、その土地とそこに住む人々をどう扱っても咎められなかったことにあった。

植民地の鉱山やプランテーションに労働力を提供したのは、500万人を超える先住民だった。彼らはこの目的のために奴隷にされ、きわめて暴力的に扱われたため、人口が激減した。[19] しかし先住民だけでは足りなかった。ヨーロッパ列強による国際的な人身売買が行われ、1500年代から1800年代までの300年間で、1500万人がアフリカから大西洋を越えて新大陸に輸送された。アメリカでは、奴隷にされたアフリカ人から膨大な労働力が搾取された。仮にアメリカの最低賃金が彼らに支払われたとして、控え目な金利で計算すると、現在、その合計額は97兆ドルになる——アメリカのGDPの4倍に相当する金額だ。[20] しかも、これはアメリカだけの話で、カリブ海諸国とブラジルは含まれない。奴隷貿易は労働力の異常な強奪であり、アメリカ先住民や、アフリカから輸送された人々の労働力がもたらす利益は、ヨーロッパ実業家の懐に入った。

しかし、もっと微妙な形での強奪も行われた。インドでは、植民地を支配するイギリス人が狡猾な税を課し、現地の農民や職人から多額の資金や資源を搾取した。1765年から1938年までの間に、今日の45兆ドルに相当する資金をインドから吸い上げ、イギリスの金庫へ送り込んだ。イギリスはこの財源によって鉄、タール、木材などの戦略物資を購入し、自国の工業化を支えた。インドからの資金は、カナダやオーストラリアなどの白人入植地の工業化を進めるためにも使われ、また、囲い込みがもたらした貧困に対処するために1870年代になってようやく始まった福祉制度の費用にも充てられた（19世紀末には、イギリスの国内予算の半分以上がインドやその他の植民地から吸い上げた資金によって賄われた）。[21] 今日、イギリスの政治家はしばしば、イギリスはインドの「発展」を支援した、と主張して、植民地主義を擁護する。だが、事実は逆だ。イギリスは自国の発展のためにインドから搾取したのだ。

ここで重要なのは、ヨーロッパの資本主義と産業革命は「無から」生じたわけではないことだ。資本主義と産業革命は、奴隷にされた労働者が入植者に奪われた土地で生産したものと、囲い込みでコモンズを剥奪された農民が工場で加工した製品に支えられていた。わたしたちは、この二つを別々のプロセスと見なしがちだが、両者は同じプロジェクトの一部であり、同じ論理で動いていた。囲い込みは国内の植民地化であり、植民地化は国外での囲い込みだった。ヨーロッパの農民は、アメリカ先住民と同様に自らの土地を追われた（しかし、明らかにアメリカ先住民のほうがはるかにひどい扱いを受け、権利はもとより人間性まで剥奪された）。そして、奴隷貿易は身体の囲い込みと植民地化に他ならない。身体は土地と同様に、余剰を蓄積するために強奪され、資産として扱われたのだ。

こうした暴力的な時期を、資本主義の歴史における一時的な逸脱として片づけることができれば、気は楽だ。だが、そうではなかった。植民地化と囲い込みは資本主義の基盤だったのだ。資本主義のもとでは成長は常に、対価を支払うことなく利益を抽出できる新たなフロンティアを必要とする。資本主義は本質的に、植民地支配的な性質を備えているのだ。

資本主義というパズルの最後のピースになったのは、植民地経済への介入だった。ヨーロッパの資本家は大量生産のシステムを構築したが、できあがった大量の製品を売る場所を必要とした。そのすべてを誰が買ってくれるだろう？　囲い込みは部分的な解決策になった。自給自足経済を破壊することによって、大量の労働者だけでなく大量の消費者、つまり、食物、衣服、その他の必需品を、資本家に依存する人々をつくり出したからだ。しかし、それだけでは不十分で、海外に新たな市場を開拓する必要があった。問題はグローバル・サウスの多くの地域、とりわけアジアでは、独自の手工業が発達しており、世界最高レベルとも評される製品を作っていたことだ。そうした国々は、自国で作れる物をあえて輸入しようとはしなかった。そこでヨーロッパの資本家は、非対称貿易のルールによってサウスの地域産業を破壊し、植民地に、原料の供給源だけでなくヨーロッパの大量生産商品の市場になることを強いた。これで回路は完結した。サウスにとって結果は壊滅的だった。ヨーロッパ資本が成長するにつれて、世界の製造業におけるサウスのシェアは激減し、１７５０年の77％から１９００年には13％にまで落ち込んだ[22]。

人為的希少性というパラドックス

囲い込みの結果、ヨーロッパの農民――都市に移住せず、農村にとどまった人々――は、気がつくと新たな経済体制に組み込まれていた。彼らは再び地主に支配されたが、今回の立場はいっそう不利だった。かつての農奴制では少なくとも農地の利用は保障されていたが、今や農地は一時的にしか借りられなくなった。しかも生産性に応じて割り当てられた。農地を使い続けるために農民は、生産性を高める工夫をし、より長く働いて、年々収穫量を増やさなければならなかった。この競争に負けると借地権を失い、飢えに直面する。農民は互いと競争し、親類や隣人とも張り合うようになった。かつての協力的なシステムは、絶望的な敵対を中心とするシステムへと変わっていった。

生産性の論理を土地と農業に適用したことは、人類の歴史に根本的な変化をもたらした。人々の生活が「生産性を高め、生産量を最大化する」という要求に支配されるようになったのだ[23]。生産は、もはや必要を満たすためのものでも、地域の充足を目的とするものでもなくなった。利益を中心に計画され、資本家の利益を増やすためのものになったのだ。これはきわめて重要なポイントだ。わたしたちが人間の本性に刻み込まれていると思っていた「ホモ・エコノミクス」の性質は、囲い込みによって導入されたのだ。[24]

同じ圧力は都市にもかかった。囲い込みで村を追われ、都市のスラムで暮らすようになった難民は、低賃金の仕事を引き受けるしかなかった。難民は多く、仕事は少なかったので、労働者間の競争は激しかった。労働コストは引き下げられ、熟練職人の暮らしを守っていたギルド制は崩壊した。労働者は仕事を奪われることを恐れて、物理的限界まで生産するようになった。通常、1日に16時間働いた。囲い込み以前の労働時間よりかなり長い。

競争を強いるこの体制は生産性を劇的に高めた。1500年から1900年までの間に、1エーカーの土地から穫れる穀物の量は4倍になった。当時、向上《インプルーヴメント》と呼ばれたこの成果ゆえに、囲い込みは正当化された。イギリスの下級地主《ジェントリ》で哲学者のジョン・ロックは、囲い込みが平民からコモンズを盗む行為であったことを認めながらも、「この盗みは集約農業への移行を可能にし、農業生産を高めたので、道徳的に正当化される」と論じた。[25]「総生産高を増やすことはすべて人類の向上というより大きな善への貢献だ」と彼は述べた。同じ論理は植民地化を正当化するためにも使われ、ロック自身、この論理を後ろ盾にして植民地政策を擁護した。「向上」は強奪の言い訳になったのだ。

現在、同じ言い訳が、新たな囲い込みと植民地化を正当化するために日常的に使われている。今回、囲い込みと植民地化の対象になっているのは土地、森林、漁場、大気である。もっとも、わたしたちはその成果を「向上」ではなく、「開発」あるいは「成長」と呼ぶ。GDPの成長に貢献するものは事実上すべて正当化される。成長は人類の進歩にとって必要不可欠であり、人類全体に利益をもたらす、とわたしたちは信じきっている。しかし、ロックの時代においてさえ、この論理は明らかに欺瞞だった。当時、農業の商業化は総生産高を増加させたが、「向上」させたのは地主の資産だけだった。生産高が急増する一方で、農民は2世紀にわたって飢饉に苦しんだ。工場でも同じだった。労働生産性の向上による利益が労働者に還元されることはなかった。それどころか、囲い込みの時期に賃金は減少した。利益を得たのは生産手段の所有者だけだった。

ここで理解しておくべき重要なポイントは、資本主義の特徴であるきわめて高い生産能力は、人為的希少性の創出と維持に依存していたことだ。希少性——および、飢餓の脅威——は、資本主義を成長させる原動力になった。実際には資源は不足していなかったので、その希少性は人為的なものだった。土地、森、水源は以前と同じだったが、突如として、利用を制限されたのだ。希少性は、上流階級が富を蓄積するためにつくり出したものだった。人為的希少性は国によって暴力的に強制され、勇気を奮って自分たちと土地を隔てる柵を壊そうとした農民は虐殺された。[26]

*

囲い込みはヨーロッパの資本家による巧妙な戦略だった。イギリスの歴史的文献には地主や商人のコメントが数多く記されている。彼らは、革命期にコモンズを利用できるようになった農民は怠惰で「傲慢」になった、と不満を述べ、囲い込みを大衆の「生産性」を高めるツールと見なしていた。

「森と広大なコモンズは、そこに住む貧民をインディアンのようにしている」と、イギリスの教育理論家でクエーカー教徒のジョン・ベラーズは1695年に記した。「(彼らは) 産業の障害であり、怠惰と傲慢さの温床でもある」。ジョン・ビション卿はシュロップシャーの農業に関する1794年の報告書でこう述べている。「コモンズの使用は一種の独立心を生じさせる」。囲い込みによって「労働者は一年中働き、その子供たちは早くから働きに出されるようになる。……したがって、現在非常に望まれている下層階級の隷属はかなり保たれるだろう」

1771年、農学者のアーサー・ヤングは、「愚か者以外は知っているはずだが、下層階級は貧しいままにしておかなければならない。そうしなければ彼らは決して勤勉にならないだろう」と記した。牧師のジョセフ・タウンゼントは1786年に「彼らを刺激し、労働へ駆り立てることができるのは飢えだけだ」と強く訴え、こう続ける。「法による拘束には多大な困難と暴力と雑音が伴う……一方、飢えは、平和的で静かで絶え間ない圧力を彼らにかけるだけでなく、きわめて自然に彼らを勤勉にし、最大限の労働を引き出す。……飢えは、獰猛な動物をおとなしくさせ、最も野蛮で頑固でひねくれた者に慎みと礼儀を教えるだろう」

有力なスコットランドの商人、パトリック・コフーンは、貧困を産業化のための必須条件と見なし、次のように述べている。


貧困とは、個人が余剰労働力〔必要労働時間を超えての労働。余剰価値を生み出す〕を持たない状態、すなわち、個人が財産を持たず、生計を立てるには勤勉に働き続けるしかない状態を指す。ゆえに貧困は社会において必要不可欠な要素であり、貧困がなければ、国家とコミュニティは文化的な状態を維持できないだろう。それが世の習いだ。貧困は富の源である。なぜなら、貧困でなければ人々は働かず、金持ちは存在せず、富の所有者たるべき人々にとって、改良、快適さ、利益は存在し得ないからだ。

哲学者デイヴィッド・ヒュームは『政治論集』（1752年）において、同じような考えに基づいて、「希少性」の理論を説明した。「常に観察されることだが、欠乏が何年も続き、それが極端でない場合、貧民はより勤勉になり、より良く生きるようになる」[27]。これらのコメントは、驚くべきパラドックスを明らかにする。資本主義の支持者たちは、富を生み出すには人々を貧しくする必要があると考えていたのだ。

ヨーロッパ諸国が各地の植民地化を進めた時代には、同様の戦略が世界の至るところで展開された。インドでは植民地支配者は農民に圧力をかけ、自給自足農業からイギリスに輸出するための換金作物、すなわちアヘン、藍、綿、小麦、米の生産へ移行させようとした。しかし、インド人は抵抗した。そこでイギリス当局は農民に高額の税を課して借金を負わせ、従わざるを得ないようにした。イギリス東インド会社と後のイギリス領インド帝国は、この移行を早めるために、民衆が頼みにしていた地域の支援システムを解体した。穀倉地帯を荒廃させ、灌漑システムを私有化し、民衆に材木、家畜の餌、狩猟の場を提供していた共有地《コモンズ》を囲い込んだ。その理屈はこうだ。「これらの伝統的な福祉システムは民衆を怠惰にし、食物や余暇を容易に得ることに慣れさせる。このシステムを撤廃すれば、飢餓の脅威によって民衆を矯正し、より高い収穫高を得るために互いに競わせることができる」

農業の生産性という観点から見れば、これはうまくいった。しかし、自給自足農業と地域支援システムが破壊されたせいで、農民は市場の変動と干ばつに対して脆弱になった。大英帝国最盛期の19世紀末の25年間で、30万のインド人が無駄に飢え死にした。歴史家のマイク・デイヴィスはそれを「後期ヴィクトリア朝のホロコースト」と呼ぶ。「無駄に」と言うのは、彼らが飢餓に苦しんでいた時も、食料はふんだんにあったからだ。この時期のインドの穀物輸出量は、1875年の300万トンから1900年には1000万トンへと3倍に増えた。これは未曽有の人為的希少性であり、ヨーロッパで起きたものよりはるかにひどかった。[28]

アフリカでは、植民地支配者は「労働問題」と公然と呼ばれるものに直面した。それは、炭鉱やプランテーションでアフリカ人を低賃金で働かせるにはどうすればよいか、という問題だ。アフリカ人は一般に自給自足のライフスタイルを好み、ヨーロッパ産業の骨の折れる労働に興味を示さなかった。約束された賃金は総じて、彼らが不必要と見なす労働に引き込むには十分でなかった。ヨーロッパ人はこの抵抗に憤り、彼らを強制的に立ち退かせるか（南アフリカの原住民土地法は、黒人を国土のわずか13％の土地に押し込めた）、あるいは欧州通貨での納税を強制した。いずれの場合も、アフリカ人は賃金を得るために自分を売るしかなくなった。

同様の囲い込みと強制的なプロレタリア化は、ヨーロッパ諸国（イギリスだけでなくスペイン、ポルトガル、フランス、オランダも含む）が植民地政策を進めた時代に繰り返し行われた。その事例はあまりに多く、ここには書ききれない。そのすべてにおいて、資本主義の拡大のために、希少性が意図的に生み出された。

*

資本主義は並外れた物質的生産性をもたらしたが、その歴史が絶え間ない希少性の創出を特徴とし、破滅的な飢饉と数百年に及ぶ貧困化のプロセスにまみれているのは、なんと奇妙なことだろう。この明らかな矛盾に最初に気づいたのは、第８代ローダーデール伯爵ジェームズ・メイトランドで、１８０４年のことだった。[29] メイトランドは、「私富」と「公富」すなわちコモンズには負の相関があり、前者の増加は後者の犠牲の上にのみ成り立つ、と指摘した。

　メイトランドはこう書いている。「公富は、人が、自分にとって有用で望ましいと感じ、欲するすべてのものから成る、と定義できるだろう」。言い換えれば、豊富にあっても固有の価値を持つもので、空気、水、食料が含まれる。私富も、「人が、自分にとって有用で望ましいと感じ、欲するすべてのものから成るが、こちらは希少性ゆえに価値を持つ」。希少であればあるほど、それを必要とする人々からより多くの金を強奪できる。たとえば水のように豊富な資源を囲い込んで独占したら、人々に使用料を請求して、私富を増やすことができる。これはメイトランドが「私有財産の総額」と呼ぶもの――現在のＧＤＰ――も増やす。しかし私富を増やすには、豊富にある無料のものを利用する権利を人々から奪う必要がある。結果、私富は増えるが、公富は減る。これは後に、「ローダーデールのパラドックス」と呼ばれるようになった。

メイトランドは、植民地でそうしたことが起きているのを知っていた。たとえば果実やナッツが実る天然の果樹園を入植者が焼き払ったため、その土地の豊かさに依存して暮らしていた人々は、働いて賃金を得て、ヨーロッパ人から食物を買わなければならなくなった。植民地政府が私富を増やすには、豊富にあるものを希少にしなければならなかった。その典型は、イギリス領インド帝国がインドに課した塩税だろう。インドでは、塩は海岸で自由に手に入れることができた。腰をかがめて海水をすくいとればよいのだ。しかし、イギリスはこれを行う権利を人々に買わせて、植民地政府の歳入を増やした。私富を増やすには公富を犠牲にする必要があった。コモンズは成長のために破壊されたのだ。

二元論による人間と自然の分断

囲い込みと植民地化は、ヨーロッパで資本主義が台頭するための前提条件だった。その二つは資源を強奪するための新たなフロンティアを開き、自給自足経済を破壊し、安価な労働力を大量に生み出し、人為的希少性を生み出すことで競争的な生産性を作動させた。これらの力はパワフルだったが、依然として上流階級による富の蓄積を阻む障壁が存在した。その壁を崩すには、別の何か――もっとさりげないが、等しく暴力的な何かが必要だった。初期の資本家は、人々を強制的に働かせる方法を見つけるだけでなく、人々の考え方を変えなければならなかった。生物界に対する見方を変える必要があったのだ。最終的に、資本主義は自然についての新しい物語を必要としたのである。

*

人類は、30万年に及ぶ歴史の大半を通じて、他の生物と親密な関係を保ってきた。初期の社会に生きる人々は、数千ではないとしても数百の植物、昆虫、動物、川、山、土の名前と性質と特徴を説明できたと考えられている。現代人が俳優、有名人、政治家、製品ブランドについて詳しく知っているのと同じだ。彼らは自らの生存が周囲の生物システムに依存していることを知っていたので、そうしたシステムの働きに細心の注意を払った。人間は生物コミュニティの一員であり、本質的な特性は他の生物と同じだと彼らは考えていた。遠い祖先たちが世界中の岩壁に描いた絵画からは、人間と他の動物との間に精神的交流があると信じていたことがうかがえる。

人類学者はこの世界観を精霊信仰《アニミズム》と呼ぶ。アニミズムでは、すべての生物は互いとつながっていて、同じ精神あるいは霊的本質を共有するとされる。アニミズムを信仰する人々は、基本的に人間と自然を区別しない。両者は根本的につながっていると考えており、動物を親類と見なすことさえある。そのため、他の生物システムからの搾取を抑制する強力な道徳律を持っている。現代のアニミズムの文化圏では、人々は当然ながら漁業や狩猟、植物採集、畜産を行うが、根底にあるのは抽出ではなく「互恵」の精神だ。人と人が贈り物を交換するように、他の生物との取引においても敬意と礼儀が重んじられる。わたしたちが親類から搾取しないのと同様に、アニミズムを信仰する人々は、生態系が再生できる量より多くは取らないよう注意を払い、土地を守り修復することで生態系にお返しをしている。

近年、人類学者は、これは単なる文化の違いではないと考えるようになった。もっと根深い違いだ。アニミズムの人間観は、二元論とは根本的に異なる。アニミズムはインター・ビーイング（相互依存）の存在論《オントロジー》なのだ。

アニミズムの存在論は、帝国が台頭するに従って攻撃を受けるようになった。次第に世界は二つに分かれたものと見なされるようになり、神は生物から切り離され、それらの上に位置づけられた。この新たな秩序において、人間は神の写し身と見なされ、特権、すなわち他の生物を支配する権利を与えられた。この「支配」という原則は、枢軸時代（紀元前５００年頃）に、ユーラシア大陸の主要な地域で超越的な哲学や宗教——中国では儒教、インドではヒンドゥー教、ペルシャではゾロアスター教、レヴァントではユダヤ教、ギリシャではソフィズム（詭弁）——が生まれるに従って、より確固になっていった。人間を自然界の支配者と見なす考え方は３０００年前の古代メソポタミアの文献にすでに詳述されている。おそらく最もはっきり記しているのは、創世記そのものだ。

神は言われた、「我々にかたどり、我々に似せて、人を造ろう。そして海の魚、空の鳥、家畜と、地の獣と、地を這うものすべてを支配させよう」

（『聖書　新共同訳』創世記1：26）

紀元前5世紀、この新たな世界観はプラトンによって補強された。プラトンの哲学は、現実世界と分離した超越的な天上界という概念に基づいて構築された。イデア《イデア》は抽象的な「真実」と「実在」の源で、物事の完全な本質とされる。一方、現実世界はイデアの下手な模倣、ただの影にすぎない。この哲学の影響を受けて、キリスト教は精神的な世界を、物質からなる世俗的世界――罪深く、腐敗した、かりそめの世界――の対極に位置づけた。教会と、ヨーロッパ全土に拡大したキリスト教ローマ帝国は、プラトンの哲学を強力に後押しし、「コンテムツス・ムンヂ」（世を厭う）という教義に昇華させた。

しかし、この考え方が台頭した時代にあっても、ほとんどの人は相互依存の存在論を支持していた。哲学者さえ反発した。プラトンの最も有名な弟子アリストテレスは、イデア論を公然と批判し「物事の本質はどこか他の幽玄な場所にではなく、その物の内にある。あらゆる存在は魂を持ち、同じ精神を共有する」と主張した。アリストテレスの流れをくむ多くの哲学者が、生物界を知的な有機体と見なし、さらには神とさえ見なした。キケロは紀元前2世紀に、「世界は命ある賢明な存在だ」と記し、世界は論理的な思考と感情を持ち、そのすべての部分は相互に支え合っている、と説いた。1世紀のアテネで大きな影響力を持ったストア派の哲学者は、神と物質は同義であり、物質は神性な秩序に従って拍動していると考えた。ローマの哲学者セネカは地球を生命体と見なし、泉と川は血液のようにその体内を流れ、金属と鉱物はその子宮でゆっくりと形成され、朝露はその皮膚に浮かぶ汗のようなものだ、と説いた[30]。

ヨーロッパ各地のいわゆる異教徒の文化は、この考え方を受け継ぎ、聖と俗を区別するキリスト教の見方を拒絶した。異教徒たちは生物界――植物と動物、山と森、川と雨――を、精霊や神のエネルギーが宿る魅惑的な存在と捉えた。キリスト教は、ヨーロッパで拡大するにつれて、こうした思想を抑圧し、ケルト族のドルイド僧を迫害したりしたが、完全に排除することはできなかった。その後も、アニミズム的思想は農民の間に広く浸透し続けた。そして１２００年以降、アニミズム的思想は目覚ましい復活を遂げた。アリストテレスの著作の新訳がヨーロッパで出回るようになり、農民の信念に正当性を与えたのだ。[31] さらには１３５０年以降、農民の反乱をきっかけとして封建制が崩壊し、平民が封建領主から土地の支配権を奪取すると、アニミズム的思想は広く受け入れられるようになった。

アニミズム的な存在論の起源はルネサンス期まで遡ることができる。当時、主流になっていた見方は、物質世界には生命が宿り、地球は万物の育ての母である、というものだった。15世紀のイタリアの哲学者ピコ・デラ・ミランドラは次のように記している。

> この世界という巨大な実体は、知性と神に満ちた一つの魂であり、神はその内外を満たし、万物を活気づける……世界は生きていて、あらゆる物質に生命が満ちあふれ、……物質と身体と物体は……神のエネルギーである。万物の中に、神でないものは存在しない。

しかし、その後、何かが起きた。１５００年代、ヨーロッパ社会では二つの強力なグループが、アニミズム的思想の目覚ましい復活を憂い、その破壊に乗り出した。

その一つは教会だ。物質世界に精霊が満ちているという考え方は、自らが神に通じる唯一のパイプであり神の正当な代理人である、という聖職者の主張を脅かした。聖職者だけでなく、聖職者による信任を権威の根拠とする王や貴族にとっても由々しき問題だった。彼らから見れば、アニミズム的思想は反体制的であり、打破しなければならなかった。もし精霊が至るところに存在するのであれば、神は存在しない。神が存在しなければ、司祭も王も存在しない。そのような世界では、「神から授かった王権」はデタラメと見なされる。[32]そして、まさにそうなった。中世の農民はアリストテレスの思想に刺激されて反乱を起こし、封建制を打倒しようとしたのだ。彼らは教会から異端者として糾弾され、異端の処罰という名目のもとで残忍な暴力が振るわれた。

アニミズム的思想を問題視する強力なグループがもう一つあった。資本家たちだ。1500年以降、優勢になったその新しい経済システムは、土地、土壌、地中の鉱物との新しい関係を必要とした。その関係は、所有、抽出、商品化、成長し続ける生産性（当時の言葉では「向上」）を原則として築かれた。しかし、何かを所有したり搾取したりするには、まず、その何かをモノと見なさなくてはならない。あらゆるものが生きていて精霊や主体性《エージェンシー》を内包する世界では、万物は権利を持つ存在と見なされ、所有および搾取――すなわち、財産化――は倫理的に許されない。

歴史家のキャロリン・マーチャントは、アニミズム的思想は人々が地球から搾取しても許されると考える範囲を限定した、と論じる。「生命体にして育ての母という地球のイメージは、人間の行動を制限する文化的制約になった」と彼女は記している。「人は母親を殺したり、内臓をえぐって金を探したり、その身体を切断したりはしない……地球が感覚を持つ生命体と見なされている限り、地球を破壊する行為は、倫理にもとる行為と見なされるだろう」[33]

だからといって、アニミズムを信仰する人々が土地からの採取や山での採掘を行わなかったわけではない。彼らも行ったが、常に慎みと礼儀を忘れなかったのだ。鉱山労働者、鍛冶屋、農民は地球に供物を捧げた。贈り物を受け取ることが許されるように、地球からの採取は許されると彼らは考えたが、過剰に採ったり乱暴に採ったりすると災いが起きる、と信じていた。ローマの博物学者プリニウスは1世紀に、地震は人間が必要からではなく欲に駆られて採掘したことに対する大地の怒りの表れだと記している。

地球のあらゆる鉱脈を調べていくと……時折、裂けたり震動したりした形跡があることに驚かされる。これらは守護神の怒りの表れに違いない！　我々はその内臓に押し入り、宝物を探し求める……あちこちを踏みつけ、なおもその土地がもたらす恵みと豊穣さに満足できないかのように！

資本主義を推し進めようとする人々は、農民から土地を奪うだけでなく、注目を集め始めていたアニミズム的思想を破壊しなければならなかった。大地から精神性を奪い、人間が搾取する「天然資源」の貯蔵庫に格下げするために。

＊

彼らはそうするための答えを、「近代科学の父」と称されるイギリスの哲学者フランシス・ベーコン（1561－1626）に見出した。

現在、ベーコンの業績は教科書で称賛されているが、それにはもっともな理由がある。彼は実験と経験を重視し、近代科学の基礎を築いたのだ。しかし、彼の物語には、一般には知られていない罪深い一面がある。ベーコンは「生きている自然界」という概念を破壊し、自然の採取を認めるだけでなく称賛する新たな倫理観を打ち立てようとした。この目的のために彼は、自然を女性と見なす古来の考え方を取り入れたが、「育ての母」とは見なさず、「公の娼婦」と呼び、自然は邪悪で無秩序で野蛮な獣であり、「抑制」し、「束縛」し、「取り締まる必要がある」とした。

ベーコンにとって科学と技術はそのための道具だった。「科学とは自然を拷問にかけてその秘密を吐かせるようなものだ」と、彼は記している。科学によって得た知識を用いて、「人間」は「自然の成り行きを穏やかに導く」だけでなく、「自然を征服し、服従させ、その根幹を揺さぶることができる」。自然は、「束縛して奉仕させ」、人間の「奴隷」にし、人間の目的のために「自然な状態から力ずくで引き離し、押し潰し、型にはめる」必要がある。

ベーコンが拷問を比喩に用いたのは、ジェームズ1世のもとで司法長官を務めていた彼自身、反乱を起こした農民や異教徒に対して拷問を行い、国家を守る手段として拷問を合法化しようとしていたからだ。彼は、拷問を農民反乱に対抗する武器と見なしたように、科学を自然に対抗する武器と見なした。農民と同じく自然も、あまりにも長い間、支配に抵抗してきた。彼から見れば、科学はそのような自然に勝つための決定的な手段だったのだ。

ベーコンの著作には、もう一つの思想の兆しも見られる。彼は自然を、支配と操作の対象と見なしただけでなく、生きている生命体から不活発な物質へと変えた。「自然は生きて動いているように見えるかもしれないが、その動きは機械の動きのようなものとして理解すべきだ」と彼は述べ、「ポンプ、ばね、歯車などのシステムと何ら違いはない」とした。自然を機械と見なすベーコンのビジョンを、わずか数年後に一貫性のある哲学にしたのは別の人物だった。フランスの思想家ルネ・デカルトだ。

デカルトは、ベーコンが主張する自然の支配は、自然が生命を持たない場合にのみ正当化できることに気づいた。そこで彼は、世界を天上界《イデア》と現実世界に二分したプラトンの哲学に立ち返り、新たな解釈を加えて、こう論じた。――精神と物質は基本的に二分される。人間はすべての生物の中で唯一、神との特別なつながりの証である精神（あるいは魂）を持っている。一方、人間以外の生物は思考力のない物質にすぎない。植物や動物は、精神も主体性も、意志も動機も持たない。単なる自動機械《オートマトン》で、予測可能な機械的法則によって時計のようにカチカチと動いているだけだ――（デカルトが時計に夢中だったことはよく知られる）。

デカルトは自らの主張が正しいことを証明するために、生きた動物を解剖した。動物の四肢を板に釘で打ちつけ、臓器や神経を調べた――とりわけグロテスクなのは、妻の飼いイヌも解剖したことだ。動物は痛みにもがき苦しんだが、彼はそうした反応を、痛みの「外見」にすぎず、物理的刺激に対して筋肉や腱が自動的に反応しているだけだと主張した。「感覚や知性のように見えるものにだまされてはいけない」と彼は人々に呼びかけ、こう述べた。「分析の対象にすべきはシカやフクロウそのものではない。自然が機械的なものであることを理解するには、その全体ではなく部分を掘り下げる必要がある。生命のように見えるものは、実は不活発な物質でしかない。モノなのだ」

デカルトによって、人間と他の生物界とのつながりは断たれ、二者の間には埋めがたい溝が刻まれた。このビジョンは「二元論」、デカルトの物質論は「機械論哲学」とそれぞれ呼ばれるようになった。それは世界の目を覚まさせようとする試みであり、依然として残るアニミズム思想を真正面から攻撃した。

1630年代以降、この考え方が科学を支配するようになった。わたしたちは、教会と科学は敵対していたと考えがちだが、実際には、科学革命の立役者たちは皆、信心深く、聖職者と同じ目的を持っていた。それは自然から精神を剥ぎ取ることだ。

啓蒙運動の時代に二元論は史上初めて主流になった。二元論は共有地の囲い込みと私有化に許可を与え、土地は所有されるモノになった。そして今度は、その囲い込みが、二元論を支配的な考え方にした。土地を追われ、森林の生態系から引き離された平民は、自分たちは他の生物界と根本的に切り離されていると考え、他の生物をモノと見なすようになったのだ。

当然ながら、機械論哲学の誤った論理は長く続かなかった。1世紀も経たないうちに、「不活発な物質」という概念は否定された。動物や植物は実際に生きていることを科学者たちが明らかにしたからだ[34]。しかし、ダメージは大きかった。二元論はすでにヨーロッパ文化に定着していた。なぜなら、世界を二分しようとする強力なグループの要求を二元論は満たしたからだ。自然をモノと見なすことができれば、それをどう扱ってもいいはずだ。資源の所有と採取を縛る倫理的制約が取り除かれることは、資本家にとって大いに喜ばしいことだった。こうして土地は財産になり、生物はモノになり、生態系は資源になった。

西洋哲学における最も有名な倫理学者の一人であるイマヌエル・カントは、1700年代の末にこう記している。「人間以外の存在に関して、わたしたちに直接的な義務はない。それらは目的のための手段としてのみ存在する。その目的とは人間である[35]」

身体という「資源」

ヨーロッパの支配階級は、デカルトの二元論を利用して、自然についての人々の考え方を変えた。しかし彼らはさらに一歩進んで、労働についての考え方も変えようとした。

革命期の農民たちは、実業家から見れば不規則で身勝手なリズムに従って働いていた。労働時間は天候や季節、祭りや祝祭日に左右された。生活は充足と欲求を軸とし、必要なだけ働くと、残りの時間はダンスをしたり、談笑したり、ビールを飲んだり、とにかく「楽しむ」ことに費やした。社会学者ジュリエット・ショアは当時の暮らしぶりを次のように述べている。

中世の暦は祝日で埋め尽くされている……クリスマス、イースター、真夏の長い「休暇」、それに、聖人の日や休息日が数多くある。公の祝日に加えて、結婚式や葬式といった重要なライフイベントのために一週間分のビールが用意されることもある。それほどでもないイベントにもビール（スコッチエール、ラムエール、ホックエール）が用意された。このようにイギリスではおそらく1年の3分の1が休日だった。それでも近隣諸国に比べると、まだ勤勉なほうだった。革命以前の旧体制のフランスでは、52日の日曜日、90日の安息日、38日の祝祭日が保証されていた。スペインを旅行した人は、当地では1年のうち5か月が休暇だ、と書いている。[36]

イギリスの歴史家E・P・トムスンによれば、これらの祝祭やお祭り騒ぎは、「重要なこととして、男にとっても女にとっても生きがいだった[37]」

しかし、1500年代の支配階級にとっては問題だった。支配階級は農民の祭りを苦々しく思い、彼らの「勝手気ままな行動と自由」を非難した[38]。農民の生活様式は、資本を蓄積するために必要な労働とは両立しない。必要を満たすだけの労働では到底足りない。労働は生活のすべてになる必要があった。囲い込みはこの問題をある程度解決し、農民は飢餓を恐れて互いと競いあうようになった。だが、それだけでは足りなかった。囲い込みの結果、ヨーロッパには「貧民」と「浮浪者」があふれた。土地を追われ仕事を失った人々や、新たに誕生した資本主義的な農場や工場の過酷な環境で働くことを拒否した人々だ。彼らは物乞いや行商をしたり、食物を盗んだりして生き延びた。

この状況はおよそ3世紀にわたって、ヨーロッパ諸国の政府を悩ませた。増える一方の下層階級が政治的脅威になるのでは、という支配階級の恐れを和らげるために、国は労働を強制する法律を導入し始めた。1531年、イングランド王ヘンリー8世は最初の「浮浪者取締法」を制定し、「怠惰」を「あらゆる悪徳の根源」と呼び、浮浪者を拘束し、鞭打ち、強制的に「労働に従事」させることを命じた。その後、次々に浮浪者取締法が制定されたが、それぞれ前のものより厳しくなっていった。1547年にエドワード6世が定めた取締法では、初犯の浮浪者は「V」の焼き印を押され、2年間の強制労働を科された。2度違反した者は死刑に処された。

これらの法律は、持たざる人々に対する国家的暴力の行使を招いた。イングランドでは、ヘンリー8

世の治世に7万2000人を超す浮浪者が絞首刑になった。1570年代には、10年間で約4万人が処刑された。[39] 目的は、庶民の労働に対する考え方を根本的に変えることだった。支配階級は人々を文字通り鞭打ち、聞き分けがよく従順で生産的な労働者にしようとしたのだ。この時代、哲学者と政治理論家は人間の身体に特別な関心を寄せ、利益の余剰を生み出す原動力、労働力の宝庫と見なすようになった。問題は、その中に眠る価値をどうすれば最も効率的に引き出せるか、ということだった。

ここでもデカルトが解決策を提供した。二元論は人間と自然、主体と客体を区別した。しかし、この新しいシステムで客体と見なされたのは自然だけではなかった。身体も、自然の一部として客体と見なされるようになったのだ。デカルトは著書『人間論』において、「人間は二つの明確な要素、非物質的精神と物質的身体に分けることができる。身体は――自然と同様に――野蛮な物質であり、その働きは機械の機能とほぼ同じだ」と論じた。デカルトは取り憑かれたかのように解剖実験に励み、公衆の面前で人間や動物の体を切り刻み、それらが粗野で精神を持たない肉の塊にすぎず、ロープと滑車と車輪に相当するもので構成されていることを示そうとした。「わたしは、わたしの身体ではない。身体から切り離された思考、あるいは精神、あるいは理性であり、それが人格をつくるのだ」とデカルトは主張した。誰もが知る彼の名言、「我思う、ゆえに我あり」は、こうして生まれた。

デカルトは精神を身体と分離させただけでなく、両者の上下関係の確立にも成功した。支配階級が生産性を高めるために自然を支配しコントロールするのと同様に、精神も同じ目的のために身体を支配すべきである、と主張したのだ。

1600年代、デカルトの思想は、衝動や欲望に打ち勝ち、規則正しく生産的な秩序を身体に課すために利用された。喜び、遊び、自然な衝動など、身体的快楽を求めることはすべて不道徳と見なされた。1700年代には、この考えは「怠惰は罪」「多産は美徳」という明確な価値観に統合された。当時の西洋キリスト教社会で支配的だったカルヴァン主義の神学は、「利益」を道徳的成功の象徴にして「救済の証」と見なし、利益を最大化するために、生産性向上を第一の目的として生活することを奨励した。[40] 生産性をめぐる競争に負けたり、貧困に陥ったりした人は、罪人の烙印を押された。貧困は強奪された結果ではなく、個人の道徳的失敗と見なされるようになったのだ。

こうした規律と自制の倫理が資本主義文化の中心となり、イギリス全土に、「怠惰」な貧民を収容するための「救貧院」（ワークハウス）が建てられた。それは工場として機能すると同時に、文化的再教育の場にもなり、生産性と時間を重視し支配者を敬うことを貧民に教え込み、残っていた抵抗精神を根絶やしにしていった。1800年代になると、工場では時間割《タイムテーブル》と組み立てラインが開発された。いずれも目的は個々の労働者から最大限の生産量を搾り取ることにあった。1900年代初頭にはテイラー主義（科学的管理法）が登場し、労働者の細かな動作一つ一つについて、可能な限りの効率向上が目指されるようになった。仕事から意味、喜び、才能、熟練が次々に奪われていった。

わたしたちが「ホモ・エコノミクス」と呼ぶ生産主義的行動は、自然なものでも生得的なものでもない。5世紀に及ぶ文化的再プログラミングの産物なのだ。

デカルトの身体論は、人間の労働を自己から切り離し、抽象化し、自然と同じく市場で交換できるものにした。土地や自然と同じように、労働も単なる商品に変貌したのだ。デカルトが登場する1世紀前には考えられなかったことだ。こうして、囲い込みが生み出した難民は、権利を持つ主体ではなく、大量の労働者と見なされ、資本主義の成長のために訓練され、支配されるようになった。

経済の「外」に存在する「安い自然」

1600年代には新たな自然観が生まれ、自然を社会から切り離された他のもの《アザー》と見なすようになった。その自然には、土地、土壌、森、山だけでなく、人間の身体も含まれた。この世界観は、資本家が自然を客体と見なして、資本蓄積の回路に引き込むことを可能にした。しかし、別のことも可能になった。この世界観ゆえに、資本家は自然を経済の「外」に存在するものと見なせるようになったのだ。外に存在する自然は、安くすることができた。

成長のための利益を生み出すために、資本家は自然をできるだけ安く――理想としては、無料で――利用しようとし始めた[41]。1500年以降にヨーロッパで起きた支配階級によるコモンズの囲い込みは、大規模でしかも代価を支払わない自然の強奪と見なすことができる。植民地化も同様で、ヨーロッパ人はグローバル・サウスの広大な地域を強奪し、ヨーロッパで得られるより多くの土地と資源を手に入れた。南アメリカからは金と銀、カリブからは綿と砂糖、インドの森からは燃料と船の建材、1885年以降のアフリカ分割の時期にはダイヤモンド、ゴム、ココア、コーヒー、その他、無数の商品を手に入れた。これらはすべて事実上、無料だった。ここで言う「無料」とは、単に代価を支払わなかっただけでなく、何一つ返さなかったという意味だ。植民地との間に互恵関係はなかった。まさに抽出であり、盗みそのものだった。自然が「外」に存在するシステムでは、略奪のコストを「外」に負わすことができた。

囲い込みと植民地化は労働の強奪も可能にした。資本家は、ヨーロッパのプロレタリアートの労働者（主に男性）には、わずかながら賃金を支払ったが、労働者を生み育てる労働者、すなわち、食事を作り、病気の時は看病し、次世代の労働者を生み育てる女性には賃金を支払わなかった。実のところ、今日まで続く専業主婦という形態を最初につくり出したのは囲い込みだった。それによって女性は生計の手段からだけでなく賃金労働からも切り離され、出産の役割に閉じ込められたのだ。この新しい資本主義システムでは、多数の隠れた女性労働者が実質的に無料で支配階級に利用された。ここでもデカルトの二元論が採用された。二元論の枠組みにおいて身体は優劣を測られ、女性は男性より「自然」に近いと見なされた。そのため、その地位にふさわしく扱われ、従属させられ、支配され、搾取された[42]。報酬は不要だった。「自然」というカテゴリーに押し込まれた他のすべてと同じく、抽出のコストは外在化されたのだ。

似たようなことは植民地でも起きたが、そこではさらに進んだことが行われた。植民地化の時代、グローバル・サウスの人々は常に「自然」で、「野蛮」で、「野生的」な、人間以下の存在と見なされた。現に、スペイン人はアメリカ先住民族を「naturales」（自然）と呼んだ。二元論は、植民地における土地の強奪だけでなく、人々の身体の強奪を正当化するためにも利用された。それはヨーロッパの奴隷貿易に顕著に表れている。誰かを奴隷にするには、まずその人の人間性を否定しなければならない。アフリカ人とアメリカ先住民族は、ヨーロッパ人の頭の中ではモノと見なされ、そのように扱われた。カリブ海マルティニーク島出身の著述家エメ・セゼールが言うように、植民地化は人間や自然を「モノ化」

するプロセスだった[43]。

だが、それだけではなかった。植民地の先住民は、人間と自然を分離する二元論を受け入れなかったので、「原始的」と見なされた[44]。植民地の支配者や宣教師は、「驚くべきことに自分たちが出会った先住民の多くは、世界は生きていて、山、川、動物、植物、さらには土地までもが主体性と精神を備えていると信じている」と著している。ヨーロッパの支配階級は、ヨーロッパと同様に植民地でもアニミズム思想は資本主義の障害になると考え、その根絶を図った。この取り組みは「文明化」の名のもとに行われた。先住民は、文明化した完全な人間になるために（そして資本主義世界経済に自ら進んで参加するために）、アニミズム思想を捨て、自然をモノと見なすことを強制された。

よく知られる通り、ヨーロッパの支配階級は、植民地化という暴力を「文明化の使命」の一環として正当化した。わたしたちが見過ごしがちなのは、この使命の主な目標の一つがアニミズム思想を根絶やしにすることであったことだ。目的は、先住民を二元論者に変えることであり、土地と身体だけでなく、精神まで植民地化することだった。ケニアの作家グギ・ワ・ジオンゴはこう述べている。「植民地主義は、武力による征服とそれに続く独裁政治によって、植民地における富の生産を支配した。しかし、その支配が及んだ最も重要な領域は、先住民の精神世界であった。先住民が自分自身と、自分と世界との関係をどう捉えるかを、文化を通じて操作したのだ[45]」

自然を打ち負かし、征服せよ

わたしたちは皆、二元論的存在論の継承者だ。証拠は自然に関して使う言葉のあちこちに見ることができる。わたしたちは日常的に、生物界を「天然資源」、「原材料」、さらには――従属性と隷属性を強調するかのように――「生態系サービス」〔生物・生態系に由来する人間の利益になる機能〕と呼ぶ。廃棄物、汚染、気候変動を「外部要因」として論じるのは、基本的に自然界で起きることは人間の関心事の外にあると考えているからだ。わたしたちはこれらの言葉にあまりにも馴染んでいて、改めて考えようともしない。二元論は非常に深く根づいているため、避けようとしても言葉に出てしまうのだ。まさに「環境」(environment)という、わたしたちが心配しているとされる概念さえ、受動的な容器にすぎない生物界を背景として人間の物語が展開することを前提としている。

「環境」という一見無害に思える言葉が内包する矛盾は、スペイン語「ambiente」に翻訳すると明らかになる。「ambiente」は「雰囲気」という意味だ。つまり、征服者《コンキスタドール》に言わせれば生物界はムード照明にすぎないのだ。アニミズムの存在論《オントロジー》の観点に立てば、それは自分の母親や兄弟姉妹を壁に飾られた肖像画と見なすに等しく、あり得ないことだろう。

二元論はベーコンとデカルトで終わったわけではない。後に続く大勢の哲学者がリツイートし、磨きをかけた。二元論的前提はポストモダニズム思想にさえ表れている。ポストモダニズムは、「精神と自己と真実」の傲慢さを批判し、人類の進歩を語る壮大な物語《メタナラティブ》を疑問視する。しかし結局のところ、それは二元論を新しい極端なものに書き換えただけだった。ポストモダニズムは次のように説く――世界は実際には存在しない。あるいは、存在しているが、それ自体が何であるかは重要ではない。なぜなら現実は、人間があるべきものとしてつくり上げるものだからだ。人間によって現実化され、人間の言語の一部になり、名前と意味を与えられ、人間の象徴的世界に組み込まれるまで、どんなものも現実には存在しない――。ポストモダニストは、わたしたちの経験の外にある現実を文字通り無意味なものに貶めた。ポストモダニストはモダニズムを批判するが、大前提としてモダニズムの基本条件を受け入れているのだ[46]。

大量絶滅が進行中であることを示す統計は増える一方だが、そうした情報をわたしたちはほとんど気にかけようとせず、驚くほど冷静に受け止めている。嘆き悲しんだり、感情的になったりしない。それは、基本的に人間を生物コミュニティから切り離された存在と見ているからだ。絶滅しかけている種は向こう側の、環境の中にいて、わたしたちの一部ではなく、ここにはいない[47]。そう考えるのも無理はない。結局のところそれが資本主義の核心なのだ。世界は生きておらず、わたしたちの親類などではなく、採取と廃棄の対象にすぎない――その世界には、そこに生きる人間の大半も含まれる。資本主義はその原則を打ち立てた時から、生命そのものと争ってきたのだ。

デカルトは、科学の目的は「人間を自然の支配者、所有者にすること」だと主張した。400年を経た今も、この倫理観はわたしたちの文化に深く根づいている。わたしたちは生物界を他者と見なすだけでなく、敵――科学と理性によって戦い、征服すべきもの――と見なしている。2015年、グーグルはライフサイエンス企業を新たに興し、「ベリリー」(Verily)〔「真実」という意味の古語〕と名づけた。

ベリリーのＣＥＯアンディ・コンラッドは、この奇妙な名前を選んだ理由を尋ねられて、こう答えた。

「真実によってのみ、わたしたちは『母なる自然』を打ち負かすことができるからだ」

第2章 ジャガノート（圧倒的破壊力）の台頭

成長を止めるよう資本主義を「説得」することはできない。呼吸を止めるよう人間を「説得」できないのと同じだ。
――マレイ・ブクチン

資本主義の歴史を学校で初めて学んだ時のことは、今でも覚えている。それは18世紀の蒸気機関の発明に始まり、フライングシャトル〔織物に使う画期的な道具〕からパーソナルコンピューターまで、数々の技術革新をつづる希望にあふれる物語だった。教科書に描かれた輝かしい絵に、わたしは目を見張った。もしこの話の通りなら、経済成長はテクノロジーから湧き出る金の泉のようなものだ。実に素晴らしい物語であり、必要なテクノロジーさえあれば何もないところから成長を引き出せる、という希望をわたしたちに抱かせた。

しかし、資本主義の長い歴史を振り返ると、この物語には欠落があることがわかる。囲い込み、植民地化、強奪、奴隷貿易……この物語に欠落しているのは、資本主義の歴史において、成長は常に強奪のプロセスであったことだ。自然と（ある種の）人間からの、エネルギーと労働の強奪である。確かに、資本主義はいくつかの驚くべき技術革新をもたらし、それらは驚異的なまでに成長を加速させた。しかし、テクノロジーが成長のために果たした最大の貢献は、無からお金を生み出すことではなく、資本家が強奪のプロセスを拡大・強化できるようにしたことだった[1]。

これは蒸気機関が登場するかなり前から起きていた。早くも1500年代初期には、製糖技術の革新により、農園主はより多くの土地をサトウキビ畑にして、より多くの砂糖を生産できるようになった。同様に、綿織機の発明は、綿花のプランテーションの拡大を可能にした。また、風車による揚水ポンプは、ヨーロッパの湿地の排水に利用され、広大な農地をもたらした。大型の溶鉱炉は、鉄の製錬をスピードアップし、採鉱の規模を拡大した。溶鉱炉を燃やすために、より多くの木材が必要になり、ヨーロッパの森林の多くが伐採された。つまり、テクノロジーの力は資本家と労働者の生産性を高め、より多く速く、生産できるようにしたのだ。しかし同時に、自然からの強奪も加速させた。

19世紀と20世紀には、このプロセスは、まずは石炭、次に石油という、化石燃料の大規模な発見と、それらを採取し利用するテクノロジー（蒸気機関など）の発明によって加速した。1バレルの原油は、約1700キロワットアワーの仕事をする。人間の労働4・5年分に等しい。資本家から見れば、地下に眠る油田の開発は、2度目の南北アメリカ大陸植民地化、あるいは2度目の大西洋奴隷貿易のようなものだった――まさに強奪による大儲けだ。化石燃料は、強奪のプロセス自体にも、過剰なほどエネルギーを提供した。より深く採掘するための巨大なドリル、遠洋漁業向けのトロール船、集約農業のためのトラクターやコンバイン、高速で伐採するチェーンソー、加えてこれらの資材を信じられないほどのスピードで世界中に運ぶ船やトラックや飛行機に、化石燃料は動力を供給した。つまり、テクノロジーのおかげで強奪のプロセスは指数関数的に加速・拡大してきたのだ。

この加速を反映して、20世紀にはＧＤＰが驚異的なスピードで急成長した。しかし、化石燃料とテクノロジーがこの成長を牽引したと考えるのは間違いだろう。化石燃料とテクノロジーが成長を促進したのは確かだ。しかし、わたしたちは自問しなくてはならない。より深い動機は何だろう、資本主義の成長の原動力は何なのか、と。

資本の鉄則

数か月前、わたしは生放送されるテレビ討論会のステージにいた。テーマは資本主義の未来だ。観客《オーディエンス》が注視する中、論敵は立ち上がってこう言った。――資本主義自体には、問題はまったくない。問題は、強欲なＣＥＯと金で動く政治家のせいで資本主義が腐敗していることだ。わたしたちがすべきことは腐ったリンゴを取り除くことだ。そうすれば、すべてうまくいく。資本主義とは、突き詰めれば市場で物を売り買いしている人々のことだ。地元のファーマーズマーケットであれ、モロッコの青空市場《スーク》であれ、彼らは、自分の技能を活かして生計を立てている罪なき人々だ。それのどこが間違っているというのか？

聞こえのいい話だし、筋が通っているように思える。しかし、ファーマーズマーケットやスークの小さな店は、資本主義とは何の関係もない。その喩えは間違っている。しかも資本主義がなぜ生態系を破壊しているのかを理解するためには何の役にも立たない。資本主義の仕組みを本当に理解したいのであれば、もっと深く掘り下げる必要がある。

その第一歩は、人間の歴史の大半を通じて、経済は「使用価値」〔人間の必要《ニーズ》を満たす有用性〕を中心に回っていたことを理解することだ。農家が梨を育てたのは、そのみずみずしい甘さが好きだから、あるいは午後の空腹を和らげるためだった。職人が椅子を作ったのは、ポーチでくつろぐ時やテーブルで食事をとる時に座るためだった。彼らが梨や椅子を売ることにしたのは、庭で使う鍬《くわ》や娘のためのポケットナイフといった別の有用な物を買う資金を得るためだった。今日でも多くの人はこうした形で経済に参加している。わたしたちが店に行くのは、夕食の材料や冬の寒さをしのぐためのジャケットなど、自分にとって有用な物を買うためだ。この種の経済は次のように表すことができる。Cは商品〔梨や椅子〕、Mはお金を表す。

$$C_1 \rightarrow M \rightarrow C_2$$

一見、これは資本主義を「個人間で有用な物を自由に交換すること」として、うまく説明しているように見える。ファーマーズマーケットやスークでの売買と同じだ。しかし、ここに「資本家」は存在しない。人間の歴史のどの時代、どの場所でも、経済システムはおおむねこのようなものであった。それらと資本主義が異なるのは、資本家にとって価値の意味がまったく異なるからだ。資本家は梨や椅子の有用性を認めるだろうが、彼らが梨や椅子を生産するのは、午後のおやつや座るための場所を得るためではなく、売って得たお金で他の有用な物を買うためでもない。目的はただ一つ、利益を生むことだ。

このシステムで重要なのは、物の使用価値ではなく、「交換価値」だ。[2]それは次のように説明できる。プライム（'）は量の増加を表す。

$$M \rightarrow C \rightarrow M'$$

これは使用価値経済とは正反対だ。だが、ここからが本題だ。資本主義のもとでは、安定した利益を生むだけでは足りない。目標は、利益を再投資して生産プロセスを拡大し、前年より多くの利益を生むことだ。表すと次のようになる。

$$M \rightarrow C \rightarrow M' \rightarrow C' \rightarrow M'' \rightarrow C'' \rightarrow M''' \cdots\cdots$$

ここで起きていることを理解するために、二つのタイプの企業を例に挙げよう。一つは地元のレストランだ。その店は年末の収支決算では黒字になっているが、オーナーは毎年ほぼ同じ利益を出すことで満足している。家賃を支払い、家族を養い、夏の休暇に旅行するには十分な金額だ。このビジネスは、「賃金を支払い、利益を出す」という資本主義論理の要素になっているかもしれないが、それ自体は資本主義ではない。なぜなら、その利益は使用価値の概念に基づいているからだ。中小企業の大半はこうしたやり方で経営されており、このような店は資本主義が生まれる数千年前からあった。

では次に、エクソンモービル、フェイスブック、アマゾンといった大企業について考えてみよう。それらの企業の経営のあり方は、地元のレストランが好むような安定した手法ではない。アマゾンの利益はジェフ・ベゾスの食卓に食べ物を並べるためだけでなく、会社を大きくするために使われる。競合他社を買収し、地元の小売店を廃業に追い込み、新しい国に進出し、より多くの支店をつくり、人々に不必要なものを買わせる広告キャンペーンを打つ。すべては、年々利益を増やし続けるためだ。

これは自己強化のサイクルであり、加速し続けるトレッドミルだ。お金は利益になり、その利益がより多くのお金をもたらし、そのお金がさらに多くの利益になる。これが資本主義の特徴であることに、わたしたちは気づき始めている。要するに資本家にとって利益は、単に特定の必要《ニーズ》を満たすためのお金ではなく、資本なのだ。重要なこととして、資本はさらなる資本を生み出すために再投資されなければならない。このプロセスは決して終わらず、ひたすら拡大し続ける。地元のレストランが具体的な必要を満たすことを目指すのと違って、交換価値を蓄積するこのプロセスに明確な終点は存在しない。それは根本的に人間の必要という概念から切り離されたものなのだ。

三つ目の公式を見れば、資本はウイルスに少々似たふるまいをすることがわかる。ウイルスは自己複製するようプログラムされた遺伝子から成るが、それ自体は自己複製できない。自分を複製するには、宿主細胞に感染して、自分のＤＮＡのコピーを作らせなければならない。そうしてできたコピーが他の細胞に感染し、より多くのコピーを作らせる。ウイルスの唯一の目的は自己増殖だ。資本もまた自己増殖の遺伝子から成り、ウイルスと同じように、触れるものすべてを自己増殖する自らのコピー、すなわち、より多くの資本に変えようとする。このシステムは、永遠に拡大し続けるようプログラムされた止めることのできない機械、ジャガノート（圧倒的な破壊者）になる。

投資家は成長を追い求める

アマゾンやフェイスブックなどの企業が拡大し続けるのは強欲だからだ、とよく言われる。マーク・ザッカーバーグのようなＣＥＯは金と権力に夢中になっているとも言われる。だが、現実はそれほど単純ではない。実際は、これらの企業とそのＣＥＯは、構造的な成長要求に支配されているのだ。世界各地の「ザッカーバーグ」は、より大きな機械の中で熱心に動く歯車にすぎない。

その仕組みはこうだ。投資家の観点に立ってみよう。年５％の運用益を期待して、フェイスブックに投資したとする。覚えておいてほしいのは、期待される運用益が指数関数的に増えることだ。フェイスブックが毎年同じ利益を出し続けた場合、成長率は０％で、投資家に、投資した金額を返すことはできても、利子はつかない。投資家に利益をもたらすには、毎年、前年より多くの利益を出さなければならないのだ。投資家が企業の「健全性」を評価する際に純利益に着目しないのはそのためだ。彼らは利益率——言い換えれば、その企業の利益が毎年どれだけ成長するか——に着目する。資本家の観点に立てば、利益に意味はない。肝心なのは成長率なのだ。

投資家は少しでも成長の匂いのするものを求めて、貪欲に世界中を探し回る。もしフェイスブックの成長が鈍化する兆しが見えたら、彼らはその資金をエクソンモービルやタバコ会社や学生ローン等々の成長企業に移すだろう。この容赦ない資本の動きは企業にとって強力なプレッシャーになり、企業は成長するためにできることを何でもするようになる。フェイスブックで言えば、より攻撃的な宣伝、より依存性の高いアルゴリズムの作成、悪徳業者へのユーザー情報の売却、プライバシーの侵害、組織的な政治的偏向、さらには民主主義への攻撃といったことだ。なぜなら、成長できなければ投資家は手を引き、会社は潰れるからだ。成長か死か。他に選択肢はない。この拡大の動きは、他の企業にもプレッシャーをかける。突然、誰もが安定したやり方に満足できなくなる。拡大の方向に進まなければ、競合他社に飲み込まれる。成長という鉄則に誰もが心を奪われているのだ。

しかし、なぜ投資家は飽くことなく成長を追い求めるのだろう。それは、資本は動かさなければ、インフレや市場の変化などのせいで価値が下がるからだ。そのため、資本家のもとに集まった資本は、成長への強力なプレッシャーになる。資本が蓄積すればするほどプレッシャーは増していく。

資本は次の「解決策」を求める

これが問題になるのは、成長には複利的性質があるからだ。世界経済は通常、1年で約3％成長している。経済学者に言わせれば、これは大半の資本家に利益を保証するために必要な成長率だ。3％は大して多くないように思えるが、それは、わたしたちが成長を直線的な成長と考えがちだからだ。資本再投資の土台となっている複利的成長は、わたしたちが気づかないうちに、油断のならないやり方で忍び寄ってくる。

この成長の非現実的な性質を捉えた古い寓話がある。古代インドの数学者の話だ。王は彼の業績を称えるために宮殿に招き、「何でも欲しいものを言いなさい。それを授けよう」と言った。

数学者は謙虚にこう答えた。「王様、わたしは控え目な人間です。わずかばかりの米をいただければと存じます」。彼はチェス盤を取り出すと、こう続けた。「一つ目のマスに米を1粒置き、二つ目に2粒、三つ目に4粒、というように、最後のマスに行き着くまで米粒を倍々に増やしてください。それだけの米をいただければ十分でございます」

王は奇妙な要求だと思ったが、同意した。数学者が贅沢な褒美を望まなかったことを王は喜んだ。チェス盤の1列目が終わる時、米は２００粒より少なく、1食分にも満たなかった。しかし、その後、驚くようなことが起きた。まだ半分しか来ていない32マス目で、必要な米粒は20億粒を超え、王国は破産した。もし続けることができていたら、最後の64マス目では米粒は１８００万兆に達しただろう。インド全土を厚さ1メートルで覆い尽くすほどの米だ。

経済成長においても同様の奇妙なメカニズムが働く。数学者リチャード・プライスは１７７２年にすでにその傾向を指摘している。複利で増える貨幣は「初めのうちはゆっくり増えていく……しかし、増える割合は次第に速くなっていくので、やがて想像もできない速さになる」と彼は述べている。

たとえば２０００年の世界経済が年3％の割合で成長するとしよう。この緩やかに見える成長でさえ、経済産出高は23年で倍になり、21世紀半ばより前に、つまり人間の寿命の半分の年月で4倍になる。このペースで成長が続けば、今世紀末には経済規模は20倍になる——２０００年の段階ですでに騒々しかった経済が、20倍になるのだ。さらに１００年後には３７０倍になり、さらに１００年後には７０００倍、といった具合だ。どうなっているのか想像も及ばない。

この攻撃的なエネルギーは急速な技術革新をもたらし、それこそが資本主義の特徴だ、と考える人もいる。確かにそれは事実だ。しかし資本主義はきわめて暴力的になりがちだ。資本は、蓄積を阻む障壁（市場の飽和、最低賃金法、環境保護など）にぶつかるたびに、巨大な吸血イカさながらに身をよじってそれを破壊し、新たな成長の源へ触腕を伸ばしていく。[3] これが「解決策」と呼ばれるものだ。[4] 囲い込みは解決策だった。植民地化は解決策だった。大西洋の奴隷貿易は解決策だった。中国とのアヘン戦争は解決策だった。アメリカの西部開拓は解決策だった。これらの解決策はすべて暴力的だったが、新たな強奪と蓄積への道を切り開いた。いずれも資本の成長要求に応えるためだ。

19世紀の世界経済は現在の貨幣価値で1兆ドルをやや上回る程度だった。それを年3％の割合で成長させるには、資本家は約30億ドルに相当する新たな投資先を見つけなければならない。かなりの額であり、しかもその金額は年々増えていく。これは投資家に多大な努力を求めた。その努力には19世紀を象徴する植民地の拡大も含まれていた。現在、世界経済は80兆ドル超に相当するため、年3％の成長率を維持するには、資本家は2・5兆ドル相当の新たな投資先を見つけなくてはならない。2・5兆ドルは、世界最大級であるイギリス経済の規模だ。どうにかしてこの先の一年でイギリス経済と同等のものを現行の経済に追加できたとしても、翌年にはさらに多くを追加しなければならず、それはずっと続く。

一体どこで、これほど大量の成長を手に入れることができるだろう。このプレッシャーはすさまじい。それに突き動かされているのが、アメリカでオピオイド危機〔鎮痛薬依存症〕をもたらした製薬会社、アマゾンの森林を焼き払っている牛肉販売業者、銃規制に反対するロビー活動を展開する銃器メーカー、地球温暖化否定論に資金提供する石油企業、ますます巧妙な広告手法でわたしたちの生活に侵入して不必要な物を買わせようとする小売業者だ。それらは「腐ったリンゴ」ではない。資本主義の鉄則に従っているだけなのだ。

私的な成長要求から公的な執着へ

過去500年間で、資本の拡大を促進するためのインフラが整えられた。有限責任、法人格、株式市場、株主価値、部分準備銀行制度、信用格づけなどだ。わたしたちが生きる世界は次第に、資本蓄積の必要性を中心として組織化されるようになった。

しかし、資本の内部力学によって説明できるのは、成長要求のごく一部だけだ。成長要求のプレッシャーを本当に理解するには、政府の行動にも注目する必要がある。当然ながら政府は常に資本家の利益の拡大を後押ししてきた。結局のところ、囲い込みと植民地化を推進したのは国家権力なのだ。しかし1930年代初めに起きた世界恐慌は、この炎に本物の油を注いだ。

世界恐慌はアメリカと西ヨーロッパの経済を荒廃させ、政府は対応を迫られた。アメリカの政府高官は、一年間に自国が生産するすべての商品とサービスの貨幣価値を明らかにするシステムの開発を、ベラルーシ出身の若き経済学者サイモン・クズネッツに依頼した。経済の動きをより明確に把握できれば、うまくいっていないところを見つけて効果的に介入できると考えたからだ。クズネッツは「国民総生産」（GNP）と呼ばれる測定基準を開発した。現在用いられている「国内総生産」（GDP）の基礎になるものだ。

しかし、クズネッツは、GDPは完璧ではないことを強調した。GDPは総生産額の市場価値を集計するが、その生産が有益か有害かには関知しない。ＧＤＰは１００ドル分の催涙ガスと１００ドル分の教育を区別しない。おそらくより重要なこととして、生産に伴う生態学的・社会的コストをＧＤＰは考慮しないのだ。木材を得るために森林を伐採すれば、ＧＤＰは増える。労働時間を延長し、定年を先送りにすれば、ＧＤＰは増える。公害のせいで病院の患者が増えれば、ＧＤＰは増える。しかし、野生動物のすみかで、CO_2を吸収している森林の喪失については、ＧＤＰは何も語らない。働きすぎや公害が人々の心身に与える悪影響についてもそうだ。さらにＧＤＰは、「悪いこと」に無関心なだけでなく、「良いこと」の大半にも無関心だ。貨幣価値に換算できない経済活動については、たとえそれが人間の生活と幸福にとって重要であっても、ほとんど計算に入れない。もしわたしたちが、食べるものを自分で育て、家を掃除し、年老いた両親の世話をしていても、ＧＤＰにはカウントされない。カウントされるのは、そうした作業を、お金を払って企業に代行してもらう場合だけだ。

　クズネッツは、ＧＤＰを経済成長の尺度にすべきではない、と警告した。成長に伴う社会的コストをＧＤＰに組み入れ、人間の幸福に配慮する、よりバランスの取れた目標を政府は追求すべきだ、と彼は考えた。しかしちょうどその時、第二次世界大戦が起きた。ナチの脅威が高まるにつれて、クズネッツの幸福に関する懸念は置き去りにされていった。政府はあらゆる経済活動――良くないものも含め――を数え上げ、戦争に利用できる生産能力と収益を、どれほど些細なものも見逃さないようにしなければならなかった。この攻撃的なＧＤＰのビジョンがやがて主流になった。１９４４年のブレトン・ウッズ会議で、戦後の世界経済を統制するルールについて世界の指導者たちが検討した時、ＧＤＰは経済発展の重要な指標として正式に認められた。まさにクズネッツが警告したことが起きたのである。

もちろん、何かを計算に入れ、何かを計算に入れないことが悪いわけではない。いずれにしても、ＧＤＰそのものは現実の世界に良くも悪くも影響しない。しかし、ＧＤＰの成長率はそうではない。ＧＤＰ成長率に注目し始めたとたん、わたしたちはＧＤＰの指標になるものを推進するだけでなく、コストを顧みず無限に増やそうとし始める。

当初、経済学者は経済生産の「レベル」を測定するためにＧＤＰを使用した。そのレベルが高すぎて生産過剰や供給過剰を引き起こしていないだろうか？　あるいは、低すぎて人々が必要なものを手に入れられないのではないのか、と。世界恐慌の時代、経済生産は明らかにきわめて低かったので、西側諸国は苦境から抜け出すためにインフラ整備に多額の投資を行った。高賃金の雇用を大量に創出し、人々にお金を稼がせ、需要を刺激し、景気を活性化しようとしたのだ。これは功を奏し、ＧＤＰは上昇した。もっとも、成長自体が目的ではなかった。当時はフランクリン・ルーズベルト大統領の革新主義の時代であり、過去４００年間とは一変して、歴史上初めて、「人々の生活を向上させ、進歩的な社会を実現するために、経済生産レベルを上げる」という目標が掲げられた。言い換えれば、これらの進歩的政府は、成長を使用価値と見なしていたのだ。

しかし、この状況は長く続かなかった。１９６０年にＯＥＣＤ（経済協力開発機構）が設立され、その憲章の第一の目標は（当時も今も）、「持続可能な最高の経済成長率を実現するための政策を推進する」ことになった。突如として目標は、単に生産高を上げることではなく、可能な限り高い成長率を追求することになった。イギリス政府はそれに倣って、10年間で50％という成長率を目標に設定した。驚異的な成長率だ。この時、初めて成長そのものが、国の正式な政策目標になったのである。[5]

この考え方は野火のように世界中に広がった。冷戦の間、西側諸国とソビエトは次第に経済成長率を競うようになった。どちらのシステムがGDPをより速く成長させられるか、と。もちろんこの文脈において成長は、象徴的な意味を持つだけでなく、軍事力への多額の投資を可能にすることから地政学上の優勢に変換された。

このGDP成長率そのものへの関心の高まり——成長主義——は、西側諸国の政府による経済管理の方法を永久に変えた。世界恐慌後に社会的成果を向上させるために講じられた進歩的政策、たとえば高賃金、労働組合、公衆衛生と教育への投資などが、突如として疑問視されるようになった。これらの政策は高い幸福度をもたらしたが、同時に、労働は、資本家が高い利益率を維持するにはあまりにも「高価」になった。この時期に導入された環境規制も同様で（アメリカ環境保護庁は1970年に設立された）、資本家から見れば、それらは自然の採取を制限するものだった。1970年代後半になると、西側諸国の経済成長は減速し始め、資本利益率も下がり始めた。政府はその対策、すなわち資本家のための「解決策」を講じることを迫られた。そこで、労働組合を攻撃し、労働法を骨抜きにして賃金を下げると共に、環境保護の主要な法律を廃止した。また、以前は資本が立ち入れなかった公共部門——鉱山、鉄道、エネルギー、水、医療、電気通信など——を民営化し、個人資本家が儲けるための機会をつくり出した。1980年代、アメリカのロナルド・レーガン大統領とイギリスのマーガレット・サッチャー首相は、とりわけ熱心にこの戦略を推し進めた。こうして、今日ネオリベラリズム（新自由主義）と呼ばれるアプローチが始動した。[6]

一部の人は、ネオリベラリズムを「過ち」、すなわち、資本主義の暴走と見なし、先立つ数十年を通して主流だった、より人道的な資本主義に戻るべきだ、と主張する。しかし、ネオリベラリズムへの移行は過ちではなく、成長要求に駆られた結果だった。利益率を回復し、資本主義を維持するために、政府は社会的な目標（使用価値）から離れて、資本蓄積（交換価値）のための環境を整えざるを得なかったのだ。資本への関心は国政に取り込まれ、やがて成長と資本蓄積はほとんど区別されなくなった。今や国政の目標は、利益拡大の障壁を取り壊し、人間と自然をより安価にして、経済を成長させることになったのだ。

西側諸国の政府は、資本家のための解決策の一環として、グローバル・サウスでも同じ計略を推し進めた。１９５０年代に植民地主義が終焉を迎えた後、独立したグローバル・サウスの新政府の多くは、母国を再建するために経済を方向転換し、進歩的な政策を展開した。国内産業を保護するための関税と補助金の導入、労働基準の改善、労働者の賃金の引き上げ、公的医療や公教育への投資――これらはすべて、植民地時代の搾取的政策を覆し、人間の福祉を向上させるためのものであり、うまくいっていた。グローバル・サウスの平均所得は１９６０年代から１９７０年代まで年３・２％のペースで成長した。重要なのは、ほとんどの国において成長そのものが目標ではなかったことだ。成長は回復、独立、人間開発のための手段であり、その状況は、世界恐慌後の数年間の西側諸国によく似ていた。

しかし、西側の列強はこの変化を快く思わなかった。植民地主義のもとで享受していた安価な労働力、資源、専属市場を失うことになるからだ。そこで列強は介入した。１９８０年代の債務危機〔途上国の債務が累積し、返済が困難になった〕に乗じて、列強は債権者としての力を行使し、世界銀行と国際通貨基金（ＩＭＦ）を介して、南アメリカ、アフリカ、アジアの国々（中国と東アジアの数か国を除く）に「構造調整計画」〔経済構造と経済政策の改革計画〕を押しつけた。構造調整計画はグローバル・サウスの経済を強制的に自由化し、保護関税と資本規制の撤廃、賃金の削減、環境保護規制の緩和、公共支出の削減、公共事業の民営化を推し進めた。すべては外国資本にとって利益になる新たなフロンティアを開拓し、安価な労働力と資源へのアクセスを取り戻すためだった。[7]

構造調整計画はグローバル・サウスの経済を一変させた。サウスの政府は国民の福祉と国の経済的独立をあきらめ、資本蓄積にとって最善の環境を整えることを強制された。これは成長の名のもとに行われたが、結果はサウスにとって壊滅的だった。ネオリベラル政策の過剰な要求は20年に及ぶ危機をもたらし、貧困、格差、失業が増加した。1980年代と1990年代の20年間、サウスの所得増加率は平均でわずか0・7%だった。[8]しかし資本家にとってこの計画は大成功を収めた。多国籍企業は記録的な利益を上げ、1%の最富裕層の所得は急上昇した。[9]西側諸国の成長率は回復した。それこそが、構造調整計画と呼ばれる解決策の真の目的だった。しかし、そのためにサウスのどこでも人命が犠牲になった。この介入のせいで、過去数十年間で世界の不平等はかなり広がった。現在、グローバル・ノースとサウスの1人当たりの実質国民所得の差は、植民地政策末期の4倍になっている。[10]

成長という拘束衣

現在、国が豊かでも貧しくても、ほぼすべての政府がGDP成長率に心を奪われている。もはや選択の余地はない。グローバル化した世界では、マウスをクリックするだけで国境を越えて資本を動かすことができるため、各国は、外国からの投資をめぐって競いあうことを余儀なくされる。そのプレッシャーのせいで、各国政府は気がつくと、労働者の権利の削減、環境規制の緩和、公用地の開発業者への払い下げ、公共サービスの民営化など、国際資本が喜ぶことは何でもするようになっていた。言うなれば、構造調整計画を自らに課すことが世界的な奔流になっているのだ[11]。これらすべてが、成長の名のもとに行われている。

世界中の政府が新たなルールに縛られている。それは「生産高を上げて賃金や社会サービスを向上させることを目指すのではなく、成長そのものを追求せよ」というルールだ。経済生産の具体的な使用価値（人間の要求を満たすこと）より、抽象的な交換価値（ＧＤＰ成長率）が優先されている。政府はそれを正当化するために、「ＧＤＰ成長は貧困を減らし、雇用を創出し、人々の生活を向上させる唯一の方法だ」と主張する。実のところＧＤＰ成長は、人間の幸福、さらには進歩の代名詞にさえなっている。ＧＤＰが経済活動のごく一部しか測定しないことを思えば、驚くべきことだ。ＧＤＰ成長率は「資本主義の成功」の指標にすぎないのだが、それをわたしたちが「人間の幸福」の指標と見なしていることは、イデオロギーにおいて過激なクーデターが起きたことを示している。

もちろん、いくつかの点でそれは真実だ。資本主義経済では、人々の暮らしはＧＤＰの成長と結びついている。なぜなら、わたしたちは皆、生き延びるために仕事と賃金を必要とするからだ。しかし問題はそこから始まる。資本主義のもとでは企業は常に、生産コストを下げるために労働生産性を向上させようとする。労働生産性が向上すると、企業が必要とする労働者の数は減る。その結果、労働者は解雇され、失業率が上昇し、貧困とホームレスが増える。そうなると政府は、新たな雇用を創出するために、さらなる成長を促進しようとする。だが、この危機が去ることはない。毎年、同じことが繰り返される。これは「生産性の罠」として知られる。[12] わたしたちは、永遠に成長し続けなければ社会が崩壊するという不条理な状況に陥っているのだ。

政府が陥っている罠はもう一つある。政府が公的医療や教育に投資したいのであれば、そのための資金を調達（あるいは創出）しなければならない。選択肢の一つは、富裕層と企業に課す税金を上げることだが、富裕層が政治的影響力を持つ国々では反発を招くリスクがある。このリスクを考えると、進歩的な政党でさえジレンマに陥るだろう。富裕層の反感を買うことなく、庶民の生活を向上させるための資金を手に入れるには、どうすればよいだろう？　答えは成長だ。

だが、その先には債務の罠が待ち構えている――債務の罠は、成長を最も強く要求するものの一つだ。政府は主に国債を売ること、言うなれば借金によって、活動資金を調達する。しかし国債には利息がつき、それは雪だるま式に増えていく。政府は返済するために歳入を生み出さなければならず、通常、成長を追う。それがうまくいかないと、借金を返済できなくなり、たちまち制御不能な状況に陥る。価値が下がった国債を売るために、政府はより高い利息を約束しなければならず、借金がさらに膨らむ。そのような危機を脱する唯一の方法は、成長を阻む「障壁」――労働法、環境保護、資本規制など――をすべて切り崩し、投資家が国債を買い続けるために必要とする「成長への確信」を、彼らに持たせることだ。企業と同じく政府も、経済成長か、さもなければ破綻かという、厳しい選択を迫られる。

政府が成長を追い求める最大の理由は、ＧＤＰが国際政治力の通貨になっていることだ。これは軍事の観点に立てば明白で、ＧＤＰが増えるほど、より多くの戦車、ミサイル、空母、核兵器を買えるようになる。同じことは経済についても言える。たとえば世界貿易機関（ＷＴＯ）における国の交渉力は、ＧＤＰの規模に左右される。経済大国は自国の利益になる貿易を推進したり、経済制裁を武器にして小国を従わせたりできる。各国政府は、他国に振り回されないために、ＧＤＰランキングのトップを目指して食うか食われるかの競争を繰り広げている。地政学的圧力は、成長要求の強力な推進力になっているのだ。

成長は経済と政治に深く組み込まれており、どちらのシステムも成長なしには存続し得ないほどだ。成長が止まれば、企業は倒産し、政府は社会サービスの資金を失い、人々は失業し、貧困が拡大し、国は政治的に脆弱になる。資本主義のもとでは、成長は社会組織の単なるオプション機能ではない。全員を人質にした要求なのだ。経済が成長しなければ、すべてが崩壊する。わたしたちは成長という要求に拘束されている。世界中の政府が自国の総力をあげて蓄積のトレッドミルを回し続けているのも驚くには値しない。

これらすべてが、１９４５年以降、ＧＤＰの成長を異常なまでに加速させた。生態学的観点から見ると、ここから物事は間違った方向に進み始める。

むさぼり食われる世界

もっとも、わたしは成長そのものが悪いと言っているわけではない。成長ではなく、成長主義が問題なのだ。成長主義とは、人間の具体的な必要を満たすためでも社会的目標を達成するためでもなく、成長そのもののために、あるいは資本を蓄積するために、成長を追い求めることだ。１９８０年代以来、成長主義が地球に及ぼしてきた影響に比べると、囲い込みや植民地化の影響は霞んでくる。入植者が複数の大陸から強奪し、資本のジャガノートに引き入れた土地と資源のすべてが、次第に瑣末なものに見えてくるのだ。

資源消費量に関する統計がそれをはっきり示している。この指標は、バイオマスから金属、鉱物、化石燃料、建築資材に至るまで、人間が毎年採取・消費するあらゆる資源の総重量を集計したものだ。その数字から、驚くべき変化がわかる。１９００年代前半、資源消費量は一定の割合で増え続け、約50年間で1年当たり70億トンから１４０億トンへと2倍になった。しかし、１９４５年以降の数十年間に驚異的なことが起きる。ＧＤＰ成長率が世界各国の主要な政治目標になり、経済成長に拍車がかかると、資源消費量は爆発的に増え始め、１９８０年には３５０億トン、２０００年には５００億トン、２０１７年にはなんと９２０億トンにもなったのだ[13]。

次ページのグラフには息をのむほど驚かされる。もちろんこの増加には、貧しい国で人々に必需品（言い換えれば、使用価値）が行き渡るようになるといった重要な向上も含まれ、それは喜ぶべきことだ。しかし大半はそうではない。科学者の推定では、この地球が耐えられるマテリアル・フットプリント〔消費された天然資源量〕は年間約５００億トンまでとされる[14]。現在、わたしたちはその限界を2倍以上超えている。これから見ていくように、この超過は事実上すべて、高所得国での過剰消費によってもたらされている――使用価値ではなく交換価値を中心としてつくられた消費だ。

心に留めておくべきは、この資源の採取のすべてが地球の生態系に影響を与えることだ。バイオマス

世界のマテリアル・フットプリント

（単位：10億トン、1900年～2017年）

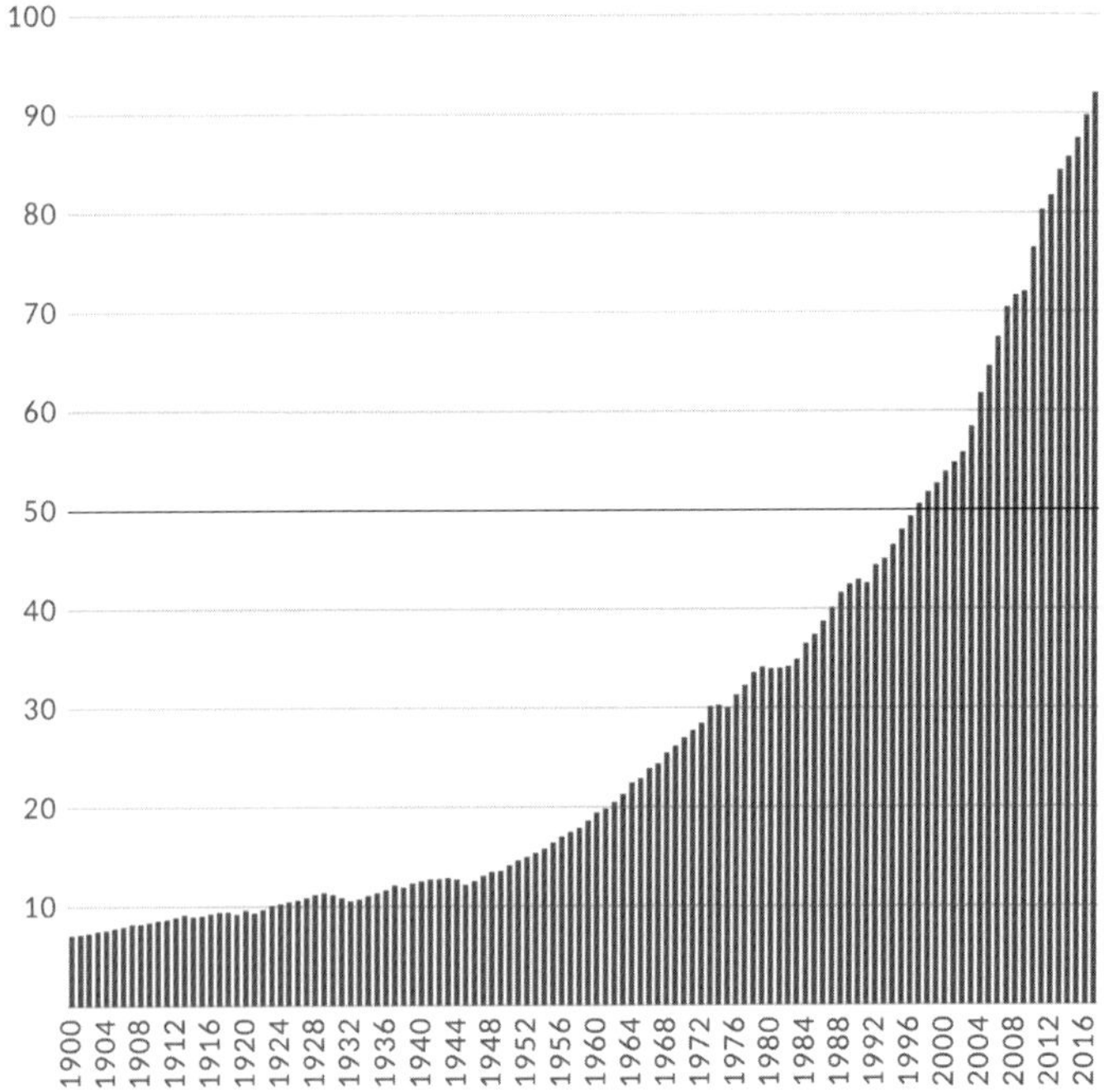

水平の黒線は、科学者が考える持続可能な閾値を示す（Bringezu 2015）。
出典：Krausmann他（2009）、materialflows.net

採取の増加は、森林破壊、湿地帯の干拓を意味し、ひいては動植物の生息地とCO_2吸収源の破壊、土壌の劣化、海のデッドゾーン化、乱獲を意味する。化石燃料採取の増加は、CO_2排出量の増加、気候崩壊、海洋酸性化を意味し、ひいては山頂除去採掘、海洋掘削、水圧破砕《フラッキング》、タールサンドの増加を意味する。鉱石および建築資材の採取の増加は、下流全域を汚染する露天掘りの増加と、自動車、船、建築の増加を伴い、より多くのエネルギーを必要とする。これらすべては、廃棄物、田園地方の埋め立て、川の汚染、海に流れ込むプラスチックの増加をもたらす。国連によれば、資源の採取と加工は、全世界の生物多様性喪失の90%の原因になっている。[15] 実際、科学者はしばしばマテリアル・フットプリントを生態系に及ぼすダメージの指標として用いる。[16]

1945年以降の資源消費量の上昇は、科学者が「グレート・アクセラレーション」（大加速）と呼ぶもの——資本新世という最も攻撃的で破壊的な時代——を反映している。事実、その結果として、生態系への影響を示すあらゆる指標が爆発的に上昇している。

資源消費量の増加は世界のGDPの上昇とほぼ同じ経過を辿ってきた。この二つは足並みを揃えて成長してきたのだ。GDPが1単位増加すれば、資源消費量もほぼ1単位増加する。1990年代には、GDPが資源消費量よりやや速く成長し、この二つが切り離されつつあるという希望をもたらした。しかし、そうした希望はその後の数十年で打ち砕かれた。実際には正反対のことが起きている。2009年以降、資源消費量の増加はGDPの成長を上回っている。世界経済は次第に資源に頼らなくなるどころか、ますます頼っているのだ。

おそらく何より懸念されるのは、減速の兆しがまったく見えないことだ。現在のペースで増え続ける

世界のGDPとマテリアル・フットプリント

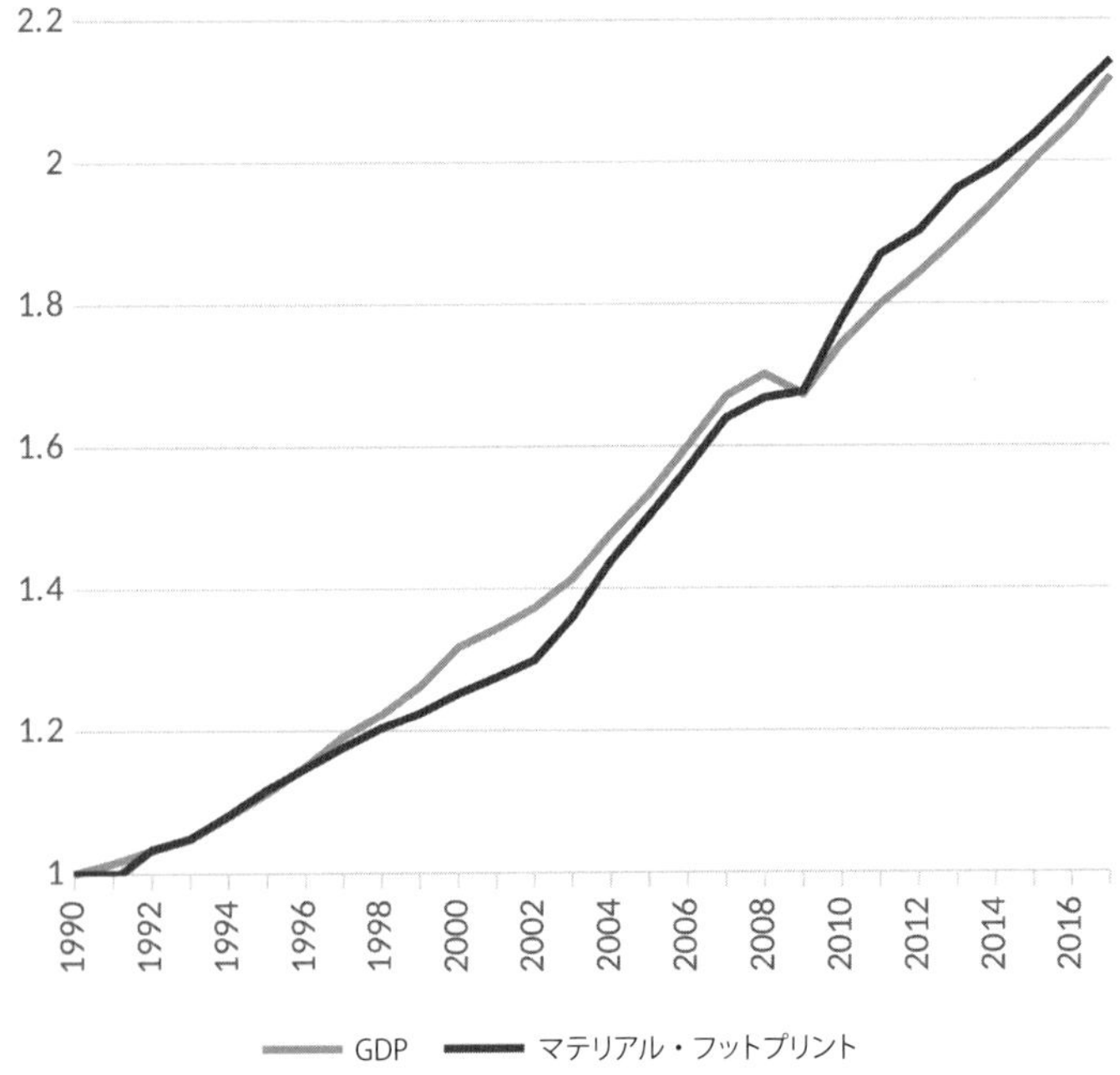

出典：materialflows.net、世界銀行

と、今世紀半ばまでに毎年2000億トンを超える資源を消費するようになる。現在の消費量の2倍、安全な限度の4倍だ。そうなるまでに、わたしたちがどのような生態学的転換点《ティッピングポイント》を迎えるかはわからない。

*

気候変動についてもまったく同じことが起きている。通常、気候変動の原因は化石燃料からのCO_2排出だと考えられている。もちろんその通りだ。しかし、その背後には無視されがちなより深いメカニズムが働いている。そもそも、わたしたちはなぜ、これほど大量の化石燃料を燃やしているのだろうか。それは、経済を成長させるにはエネルギーが必要だからだ。資本主義の全歴史を通じて、成長は常にエネルギー消費量を増加させてきた[17]。

それは驚くに値しない。成長は、世界経済が毎年むさぼるように食べている資源を採取・加工・輸送するために、大量のエネルギーを必要とする。1945年以来、GDPおよび資源消費量と足並みを揃えて、化石燃料の消費は急激に加速し、それに伴ってCO_2排出量も増えてきた。年間排出量は20世紀前半で20億トンから50億トンへと、2倍以上になった。20世紀後半にはさらに5倍に増え、2000年には250億トンに達した。国際的な気候サミットが次々に開かれたが、CO_2排出量は増え続け、2019年には370億トンに達している。

もっとも、エネルギー消費量とCO_2排出量に本質的なつながりはない。CO_2排出量はどのエネルギー源を使うかに左右される。化石燃料の中で石炭は最も炭素集約度（エネルギー消費量単位当たりのCO_2排出量）が高い。石油は石炭より炭素集約度が低く（1945年以降、石油の消費量は石炭よりはるかに急速に増加している）、天然ガスはさらに低い。[18] 環境負荷が低いこれらの燃料に世界経済が依存するようになれば、CO_2排出量は減るのでは、と考える人もいるだろう。実際、多くの高所得国で新しい燃料への移行が起きているが、世界規模ではそうなっていない。なぜなら、GDPの破格の成長に伴ってエネルギー需要が急速に増えているため、新しい燃料は古い燃料に置き換わるのではなく、追加されているからだ。石油と天然ガスへのシフトは、エネルギー転換ではなくエネルギーの追加なのだ。

クリーンエネルギーに関しても同じことが起きている。喜ばしいことに、過去20年間でクリーンエネルギーの生産量は驚くほど増加し、一部の国では化石燃料に取って代わり始めている。しかし世界規模では、エネルギー需要の増加が、クリーンエネルギーの増加を打ち消している。新たなクリーンエネルギーはダーティーなエネルギーに取って代わるのではなく、追加されている。[19] このダイナミクスには唖然とさせられる。確かにクリーンエネルギーは多ければ多いほどよいが、世界経済が現在のスピードで成長し続けるのであれば、変化を起こすには到底足りない。成長すればするほど、世界経済はより多くのエネルギーを必要とし、クリーンエネルギーでカバーするのはいっそう難しくなる。

*

こうしたことを知ると、GDP成長についての考え方が変わる。わたしたちは指数関数的に増加するGDPを人類進歩の代名詞と見なすよう訓練されてきた。しかし、話はそれほど単純ではない。わたしたちは目を鍛え直す必要がある。ある種の絵は一見、2次元で描かれているように見えるが、目の焦点を変えて見つめると、突然、3次元の画像が浮かび上がってくる。同じく、成長をより広い視野から見ると、その速度が、経済が生物界を代謝する速度とほぼ等しいことがわかる。そのこと自体は問題でないが、一線を越えると――これから見ていくように、富裕国はかなり前から越えている――きわめて破壊的になる。資本主義のもとでは、成長速度とは、自然と人間の生命が商品化され、資本蓄積の回路に投げ込まれる速度なのだ。成長速度を進歩の指標と見なすようになったことは、いかにわたしたちが生命の観点からではなく、資本主義の観点からこの世界を見るようになっているかを明らかにする。皮肉なことに「成長」という言葉で表現されてきたものが、今では主に破滅のプロセスになっているのだ。

植民地主義2・0

しかし、この図式はどこかが間違っている。ここで「わたしたち」という言葉を用いること自体、間違っている。資本主義が生態系の崩壊をもたらしていることを認める時にも、「わたしたち」という集合代名詞を使いがちだ。まるですべての人間に等しく責任があるかのように。また、「人新世」という言葉は日常会話でも自然に使われているが、その概念は目を塞ぎ、現在進行中のことを見えなくする。「人新世」という言葉が適切でないのは、一つにはその時代に含まれる過去の経済システムは、現在の資本主義のように地球の生態系を脅かしたわけではないからだ。もう一つの理由は、現在でもすべての人に等しく責任があるわけではないからだ。

ひとたびＧＤＰの成長と生態系への影響の関係を理解すると、国民1人当たりのＧＤＰが高い国は生態系に与える影響が大きく、ＧＤＰが低い国はその影響が小さいことは容易に察しがつく。それがまさに現実なのだ。この格差はデータを入手できるほぼすべての消費カテゴリーに見ることができる。肉を例にとってみよう。肉の消費はエコロジカル・フットプリントが大きいことで知られる。インドでは平均的な人は1年に4キログラムの肉を消費する。ケニアでは17キログラム、アメリカではなんと120キログラム。平均的なアメリカ人は、毎年インド人30人が消費するのと同等の肉を消費しているのだ。[20]あるいは、プラスチックについて見てみよう。これも生態系に及ぼす害が大きい。中東とアフリカでは、平均的な人は1年に16キログラムのプラスチックを消費する。かなり多い。しかし、西ヨーロッパではその9倍だ。1人当たり年間136キログラムのプラスチックを消費しているのだ。[21]

同じことがマテリアル・フットプリントについても言える。低所得国の資源消費量は年間1人当たり約2トンだ。これが低中所得国では4トン、高中所得国では12トンになる。高所得国はこの何倍にもなり、年間1人当たり約28トン、アメリカでは35トンだ。生態学者は持続可能なマテリアル・フットプリントのレベルは、1人当たり約8トンだと言う。高所得国はその限度をはるかに超え、ほぼ4倍に達している。[22]

現在の混乱の責任が誰にあるのかは、数学者に計算してもらわなくてもすぐわかる。こう考えてみよう。もし高所得国が世界の平均的な水準で消費するのであれば、世界全体が安全な限度を超える恐れは

国別のマテリアル・フットプリント

（単位：トン／国民１人当たり）

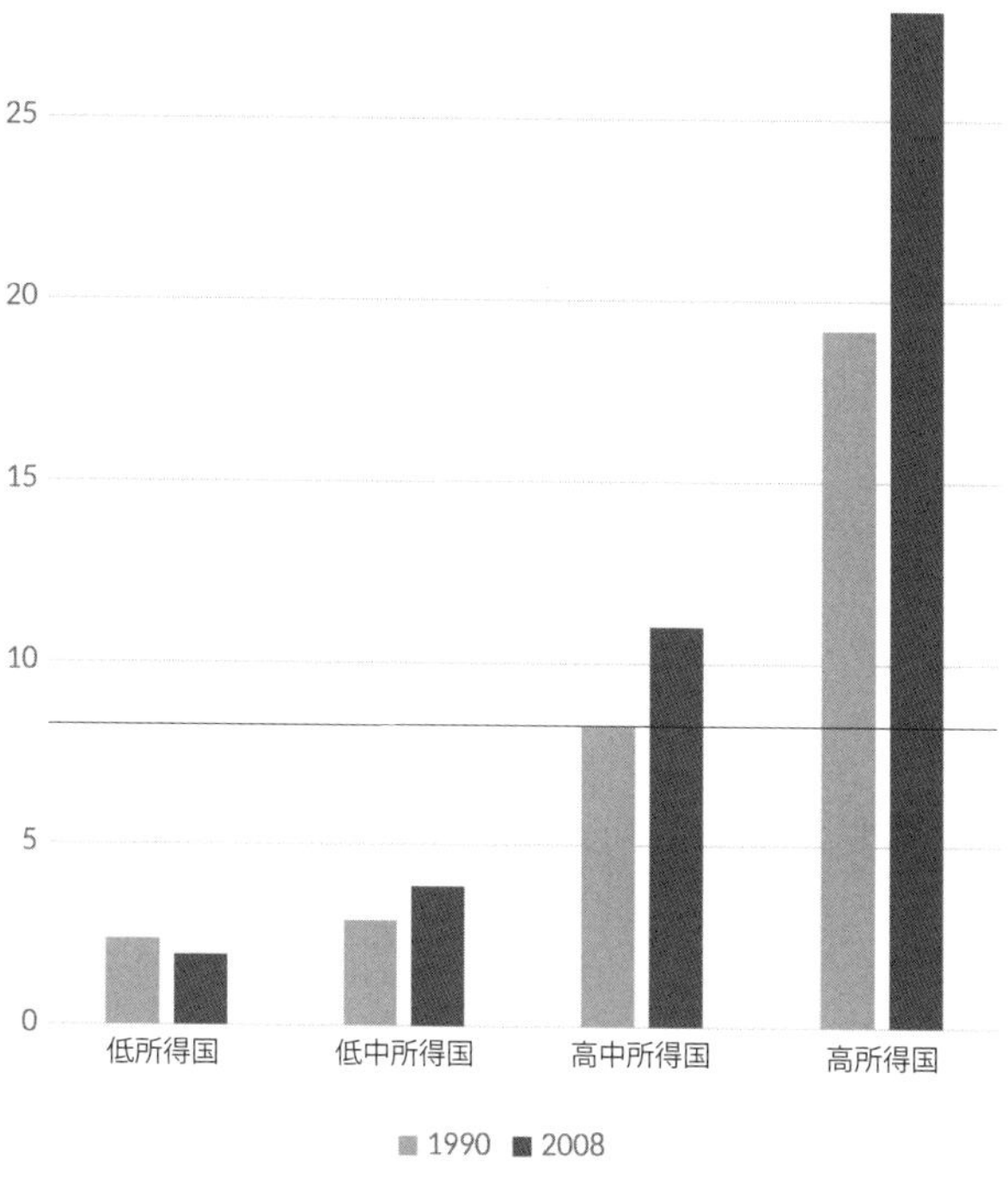

水平の黒線は、国民１人当たりの持続可能な限度を示す（Bringezu 2015を参照[23]）。
出典：materialflows.net、世界銀行

まったくないはずだ。地球のバイオキャパシティの範囲内に収まり、生態系の危機に直面したりしないだろう。しかし、逆に世界中の人が高所得国の人々と同レベルの消費をしたら、全員を養うには地球が四つ必要になる。重要なこととして、そうなるのは高所得国の人々の消費量が多いからだけではない。その供給システムにより多くの物質が投入されていること、つまり「物質集約度」が高いことも一因になっている。わたしたちがスーパーマーケットで買うポテトチップスは、遠くの工場で作られ、巨大な倉庫に保管され、飛行機とトラックで輸送されてきた。しかも大量のプラスチックとボール紙で梱包されている。近所のファーマーズマーケットで買うポテトチップスよりはるかに物質集約度が高いのだ。経済が企業サプライチェーンに依存すればするほど物質集約度は高くなる。

こうした不平等は年々悪化している。グローバル・ノースとグローバル・サウスの格差は、1990年以来、爆発的に拡大してきた。1人当たりで言えば、この期間の資源消費量の増加の81%は、富裕国における消費の拡大がもたらしたものだ。より人道的でよりエコロジカルな経済を構築したいのであれば、まったく逆のことを行って、格差を縮小しなければならない。

本書の第2部で見ていくが、グローバル・サウスの国の大半は、国民のニーズを満たすために資源の消費を増やさなければならない。一方、高所得国は、持続可能なレベルに戻すために資源の消費を大幅に削減しなければならない。

もちろん、人口についても考える必要がある。世界人口が増えれば増えるほど、転換は難しくなる。この問題に取り組むにあたって、重要なのは――常にそうだが――土台になっている構造的動因に目を向けることだ。世界の女性の多くは、自らの身体と子供の数を自分ではコントロールできない。リベラルな国でさえ女性は子供を産むことへの社会的プレッシャーを受けており、子供の数が少なかったり産まなかったりすると、理由を詮索されたり非難されたりする。貧しい国では、こうした問題はさらに深刻だ。そしてもちろん資本主義自体が、人口を増やせというプレッシャーを生み出している。人口が増えれば労働者が増え、労働が安価になる一方、消費が増えるからだ。このプレッシャーはわたしたちの文化に浸透し、国の政策にまで影響している。フランスや日本などは自国の経済成長を維持するために、より多くの子供を産むことを女性に奨励している。

人口を安定させることは重要だ。良いニュースとして、それは特に難しいことではない。経済学者のケイト・ラワースがわたしに語ったように、「その成長曲線をどうすれば平らにできるかを世界は知っているので、わたしは心配で夜眠れないほどではありません」。では、どうすれば出生率を低下させられるだろう。まず子供の健康に投資し、子供が無事に成長することを親が確信できるようにする。次に、女性の健康と生殖の権利に投資し、女性が自分の身体と子供の数をコントロールできるようにする。加えて、女子教育に投資し、女性の選択肢と機会を広げ、すべての人の経済的安定を確保する。これらの政策を実施すれば、人口増加の勢いは急速に――1世代のうちにさえ――落ちる。[24] ジェンダー平等と経済的平等は、エコロジカルな経済のどのビジョンにおいても中心となるべきだ。

しかし、世界人口を安定させれば生態系へのダメージを抑制できるというわけではない。より多くの消費者がいない場合、資本家は今いる消費者により多く消費させようとするだろう。これまでの数百年間はそのような状況が支配的だった。資源消費量の増加率は常に人口増加率をかなり上回っており、人口が安定し減少し始めても、資源消費量は増え続ける。歴史的に見て、資本主義の国で人口が安定すると、おおむねそうなった。

資源消費量に関するデータは、高所得国が生態系崩壊の最大の推進力であることを示している。しかし、この方程式には別の側面があり、生態系の崩壊が世界のどこで起きているかを、わたしたちは知る必要がある。高所得国は資源の大半をグローバル・サウスからの採取に頼っている。実際のところ、高所得国が消費する資源の半分は、貧しい国において総じて不平等で搾取的な形で採取されたものだ。わたしたちのスマートフォンに使われるコルタン〔鉱石の一種〕は、コンゴの鉱山で採掘されている。電気自動車のバッテリーに使われるリチウムは、ボリビアの山で採掘されている。ベッドシーツになる綿花は、エジプトのプランテーションで栽培されている。しかもこの依存関係は一方的だ。高所得国で消費される資源の大半は、多国籍企業のバリューチェーンを循環しているとしても、元を辿ればサウスで生産されたものだ[25]。

貧困国から富裕国へ、年間約１００億トンの原材料を含む膨大な量の資源が流れている。植民地支配の特徴だった抽出のパターンは今も続いているのだ。しかし現在、そうした資源は、武力によって強奪されるのではなく、外国からの投資に依存し、資本主義の成長要求の恩恵を受けている自国政府によって、安価に採取され売られている。

＊

気候崩壊についても同様の不平等のパターンが見られるが、それが大々的に報じられることはない。

CO_2排出に関する報道は、各国領土内の現在の排出量に焦点を絞りがちだ。その基準によると中国が最大の排出国だ。CO_2を年間10・3ギガガロン排出しており、2番目の排出国アメリカのほぼ2倍に相当する。3番目はEUで、4番目のインドは、ロシアや日本などの主要産業国より多く排出している。

この観点からデータを見ると、気候危機の責任はグローバル・ノースとサウスの国々がほぼ等しく担っている、と結論づけたくなるかもしれない。だが、このアプローチにはいくつか問題がある。第一に、人口の規模を無視している。国民1人当たりで見ると、話はまったく違ってくる。1人当たりでは、インドのCO_2排出量はわずか1・9トンだ。中国では8トン。アメリカは16トンで、中国の2倍、インドの8倍以上だ。さらに、もう一つ考慮すべきことがある。1980年以来、高所得国は工業生産の大半をグローバル・サウスの貧困国にアウトソーシングしてきた。サウスの安価な労働力と資源を利用するためだ。その結果、高所得国の排出量のかなりの部分が記録から消えた。したがって、国の責任をより正確に把握するには、国別の排出量〔領内排出量〕だけでなく、消費ベースの排出量〔製品の最終消費地を基準にする〕もカウントすべきだ。

しかし、一般的な報道の最大の問題は、現在のCO_2排出量だけに注目し、これまでに大気中に蓄積したCO_2を無視していることだ。実のところ、気候崩壊に関して重要なのは後者だ。各国の現在だけでなく、過去の排出量も調べる必要がある。このアプローチをとれば、責任の大半はグローバル・ノースの工業先進国——特にアメリカと西ヨーロッパ諸国——にあることがわかる。

これらのすべてを計算に入れる方法の一つは、「大気コモンズ」の原則から始めることだ。大気コモンズとは、「大気は限りある資源であり、すべての人はプラネタリー・バウンダリー内でそれを等しく共有する権利を持つ」という考え方だ。科学者は大気中のCO_2濃度のプラネタリー・バウンダリーを３５０ｐｐｍとした。この枠組みを用いることで、どの国が安全で公正な取り分をどのくらい「超過」してきたか、気候崩壊にどれほど責任を負うかを明らかにすることができる。次ページの図はその結果を表したものだ。１８５０年から２０１５年までの排出量を算出し、可能な限り消費ベースの排出量を用いている。

この数字には愕然とさせられる。アメリカは単独で世界の超過排出量の40％以上の責任を負っている。ＥＵは29％だ。ＥＵ以外のヨーロッパ諸国とカナダ、日本、オーストラリアを合わせると、グローバル・ノースの国々（世界人口に占める割合はわずか19％）は超過排出量の92％の原因になっている。これが意味するのは、気候崩壊によるダメージの92％は、グローバル・ノースに責任があるということだ。対照的に南アメリカ、アフリカ、中東は合わせてもわずか８％で、しかも排出しているのは限られた国々だ[26]。

実際、歴史的に見ると、グローバル・サウスの国の大半はごくわずかしか排出しておらず、現在もプラネタリー・バウンダリーの妥当なシェアを下回っている。妥当なシェアまで、インドはまだ90ギガトンの余裕があり、ナイジェリアは11ギガトン、インドネシアは14ギガトンだ。中国でさえ、２０１５年の段階では妥当なシェアを29ギガトンも下回っていたが、排出量が莫大なので、現在では残りのシェアを使い果たしているだろう。高所得国は、自国の妥当なシェアだけでなく他国の分まで食べ尽くし、他の地域に対して気候債務〔気候危機への責任を借金と見立てたもの〕を負っているのだ。

気候崩壊に対する責任

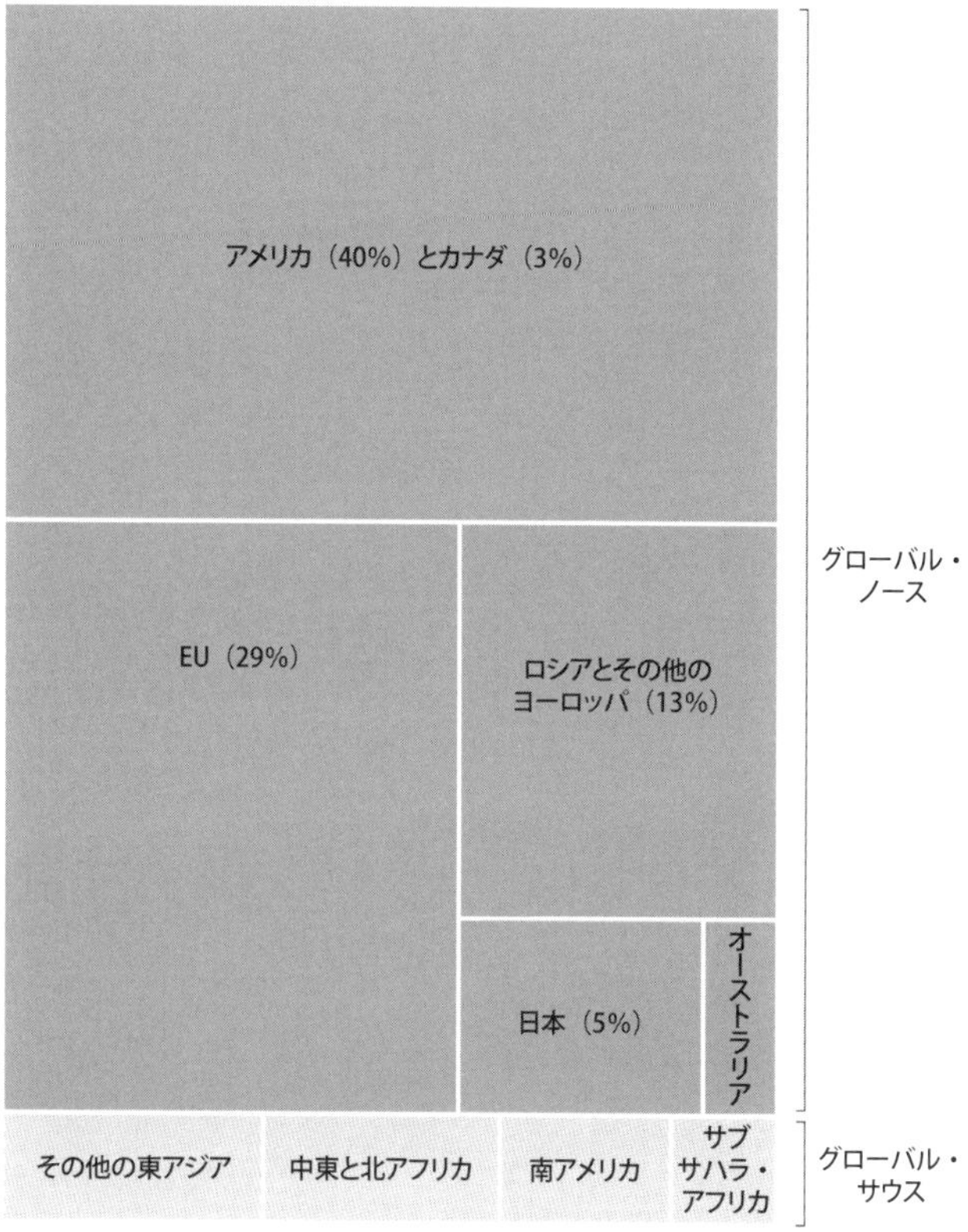

この図は350ppmという妥当な限界を超えた過去の排出量を表す（1850年～1969年の領内排出量、1970年～2015年の消費ベースの排出量）。
出典：Hickel 2020, Data management by Huzaifa Zoomkawala[27]

この状況は大気の植民地化として理解されるべきだ。少数の高所得国が大気コモンズの大半を強奪し、プラネタリー・バウンダリーを超えた排出の大半を引き起こしているのである。

大気の植民地化は、初期の植民地化と無関係ではない。よく知られる通り、ノースの工業は、サウスを植民地化して土地・資源・身体を強奪することによって発展した。過去の排出量に関するデータは、ノースの工業化は大気を強奪するプロセスでもあったことを語る。大気泥棒と呼んでもいいレベルだ。現在、大気の植民地化は、初期の植民地化と同様にサウスの生態系と人間を破壊している。皮肉なことに、サウスは気候危機に対してほとんど責任がないにもかかわらず、気候崩壊の影響の大半を受けているのだ。

グローバル・ノースが気候崩壊の影響を受けていることはよく知られている。アメリカを襲うハリケーン、毎冬イギリスを水没させる洪水、ヨーロッパを焦がす熱波、オーストラリアを焼き尽くす猛烈な火災。これらの災害はニュースの見出しを独占し、ジャーナリストはこぞって取り上げる。一方、サウスの被害がニュースで報じられることはまれだ。仮に報じられても、画面に映るのはほんの一瞬だが、サウスでは桁違いのことが起きている。カリブや東南アジアでは嵐が壊滅的な被害をもたらし、中央アメリカ、東アフリカ、中東は干ばつに見舞われ、飢餓に陥った人々は家を捨て、難民になった。それに比べると、北アメリカ、ヨーロッパ、オーストラリアに見られる気候変動の影響は取るに足らないものだ。深刻な被害を受けているのは、アフリカ、アジア、南アメリカであり、その規模は、暗黒世界《ディストピア》を思わせるほどだ。

これらの不平等を説明する方法の一つは、金銭的コストの分布を見ることだ。気候脆弱性モニターのデータによると、サウスは気候崩壊がもたらしたコストの82％を負担し、その金額は２０１０年には５７１０億ドルにもなった。原因は干ばつ、洪水、地すべり、暴風雨、山火事である。[28] コストは上昇し続けると研究者は予測する。２０３０年までにサウスは地球全体のコストの92％を負担し、その額は９５４０億ドルに達すると見られている。

気候変動がもたらした死の分布はいっそうサウスに偏っている。２０１０年には、気候崩壊が原因で約40万人が亡くなった。大半は飢えと伝染病によるものだ。これらの死の98％以上がサウスで起きた。しかもそのうちの83％は、世界で最もCO_2排出量が少ない国々で起きている。気候崩壊がもたらす死は２０３０年までに年間53万件に達すると推定され、ほぼすべてはサウスで起きるだろう。一方、富裕国の領土内での気候関連の死は、そのわずか1％にとどまると見られている。

気候変動の影響は、なぜこれほど偏るのだろうか。一つには、気候変動によって降雨パターンが北に移動していることが挙げられる。その影響で、グローバル・サウスの干ばつが発生しやすい地域は、今後さらに水が少なくなる。これは農業に壊滅的な打撃を与え、収穫量は世界平均を上回るペースで減少すると予想される。病気も偏りをもたらす要因の一つだ。気温の上昇によってマラリア、髄膜炎、デング熱、ジカ熱といった熱帯病の感染地域が拡大している。もっとも、これらの偏りの根底には、長年に及ぶ植民地化と構造調整のせいで、グローバル・サウスのコミュニティが弱体化していることがある。これは最も貧しい人々に特に当てはまる。彼らの多くは干ばつや洪水の影響を受けやすい耕作限界地に暮らし、災害を乗り切るための蓄えを持たず、容易に移住することも新たな生計の手段を見つけることもできない。自分の人権を守ることさえできないのだ。少数の富裕国の過剰な排出が貧しい国の数十万の人々に害を及ぼすことは、人道上の罪であり、その点をはっきりさせるべきだ。「極度の貧困と人権に関する国連特別報告者」のフィリップ・アルストンはこう述べる。「気候変動は貧困者に対する非道徳的な暴力に他ならない[29]」

この暴力はすでに起きている。たとえばソマリランド——「アフリカの角」にある小国——は、ここ数年、立て続けに干ばつに襲われ、国内の家畜の70％が死に、農村は壊滅的な打撃を受け、数万の家族が難民になっている。シュクリ・イスマイル・バンダレ環境大臣は、『フィナンシャル・タイムズ』紙のインタビューで次のように語った。「かつても干ばつはよく起きた。もっとも、10年から15年の間隔があいていて、干ばつに名前をつけたものだ。しかし今ではあまりにも頻繁に起きるので、人々は対処しきれない。ソマリランドでは気候変動が実感される——それは現実であり、ここで起きているのだ[30]」

重要な点は、このすべてが1℃の上昇で起きていることだ。2℃の上昇は、グローバル・サウスの大半にとって死刑宣告に等しいだろう。2℃が妥当な目標として認められたのは、単に気候変動をめぐる国際交渉において、アメリカなどの列強の代表が強く押したからだ。サウス、特にアフリカの代表者は断固として反対したが、無視された。2009年のコペンハーゲン気候変動サミットで2℃という目標が発表された時、G77（開発途上国77か国からなるグループ）の交渉責任者であるスーダンのルムンバ・ディアピンは、「わたしたちは自殺協定へのサインを命じられた」と述べ、「欧米とは500年余り交流してきたが、不幸なことに今なお、わたしたちは『消耗品』と見なされている」と続けた。「消耗品にして、安い自然」とも言えるだろう。

サウスが抱える気候崩壊によるトラウマは、植民地化によるトラウマの再現だ。サウスは2度苦しめられている。最初はノースの工業の発展を支えるための資源と労働力の強奪によって、今はノースの産業のCO_2排出による大気コモンズの強奪によって。気候危機を分析する際に、こうした植民地的側面に目を向けなければ、議論は的外れになるだろう。

21世紀に「限界」をどう考えるか

ここまで「成長」という表現をよく使ってきたが、成長と聞くと、良いことのように思える。なぜなら、成長は、自然のプロセスについての理解に深く根差しているからだ。子供は成長し、作物は成長する。同じく経済も成長すべきだ、と人は考えがちだ。しかし、この喩えは根本的に間違っている。自然界における成長には常に限界がある。わたしたちは子供の成長を願うが、3メートル近い背丈を望むわけではないし、ましてや際限のない指数関数的成長は決して望まない。そうではなく、ある段階まで成熟したら、その後は健康的なバランスを維持してほしいと思っている。作物についても、成長を望むのは、収穫できるようになるまでであって、その後は新しい作物を植える。これが生物界における成長の仕組みだ。やがて成長のグラフは水平になる。

資本主義経済における成長はまったく別物だ。資本の成長要求のもとでは、グラフは決して水平にならない——経済学者と政治家が、「お金もモノももう十分ある」と言う未来は決して訪れないのだ。二重の意味でそこにはエンドがない。つまり、終点《エンド》も目的《エンド》もないのだ。絶対的な前提になっているのは、「成長は成長すること自体を目的として永遠に続くことが可能で、また続くべきだ」というものだ。よくよく考えてみると、「国がどれほど豊かになっても、ＧＤＰは終着点のないまま年々増え続けるべきだ」という考え方が経済学で主流になっているのは驚くべきことだ。自然界でも時々このパターンを見かけるが、常に破滅的な結末に至る。たとえば、がん細胞は自己複製を繰り返すようプログラムされており、その結果、生物に死をもたらす。

世界経済は無限に拡大し続けることができると考えるのは、地球の生態系の限界についての最も明らかな真実を否定することだ。多くの人が初めてそれに気づいたのは、１９７２年のことだった。その年、ＭＩＴの科学者チーム〔ローマクラブ〕が、『成長の限界』というタイトルの画期的な報告書を発表した。このチームはＷｏｒｌｄ３という強力なコンピューターを使って、１９００年から１９７０年までの生態系と社会と経済の複雑なデータを分析し、21世紀末の世界を12通りのシナリオで予測した。

結果は驚くべきものだった。現状のペースで経済成長が続くというシナリオでは、２０３０年から２０４０年までのどこかで、わたしたちは危機的状況に陥る。指数関数的成長に駆動されて、再生可能資源は再生可能性の限界に達し、非再生資源は使い果たされ、汚染は地球の吸収力を超え始める。国家はこれらの問題を解決するために、莫大な資金を投入せざるを得なくなり、成長を続けるために必要な再投資に回せる資金が減少する。経済生産高は減り、食料供給は滞り、生活水準は下がり、人口は減り始める。不吉にも彼らはこう記している。「最も可能性が高い結果として、人口と産業能力の両方において、かなり急激で制御不能な減退が見られるだろう」

この報告は人々に衝撃を与えた。『成長の限界』は、１９６０年代の若者の反抗から生まれたカウンターカルチャーの流れに乗って爆発的にヒットし、環境保護関連の書籍としては類を見ないベストセラーになった。しかし、その後、反動が来た。それは圧倒的な力を伴っていた。『エコノミスト』誌、『フォーリン・アフェアーズ』誌、『フォーブス』誌、『ニューヨーク・タイムズ』紙は、『成長の限界』を非難し、著名な経済学者たちもその暗い予測に猛然と反発した。彼らはこう批判した——そのモデルはあまりにも単純すぎる。資本主義が可能にする無限とも思えるイノベーションを考慮していない。既存の非再生資源は枯渇するかもしれないが、新たなテクノロジーによって新たな埋蔵量が見つかるだろうし、代替エネルギーを利用できる可能性も高い。また、食料などの再生可能資源のために使える土地には限界があるが、わたしたちは常により良い肥料やより生産性の高い品種を開発できる。倉庫で食料を育てることさえ可能だ——。

オックスフォード大学のウィルフレッド・ベッカーマン教授に至っては、「(テクノロジーの驚異的な進歩のおかげで）経済成長が今後2500年間続くことを否定する理由はない」と言い切った。ロナルド・レーガンは大統領選挙に出馬し、現職で環境保護主義者のジミー・カーター大統領に対抗する選挙キャンペーンを繰り広げ、「限界」という考えを攻撃し、無限の成長をアメリカン・ドリームの精神と結びつけた。「成長に限界などというものはない」とレーガンは言った。「なぜなら、人間の想像力に限界はないからだ」。実に魅力的なメッセージであり、アメリカ人はそれを信じた。1981年、レーガンはカーターを大差で破り、大統領に就任した。

続く10年間、1989年のソビエト連邦崩壊と、アメリカ式の大量消費主義のグローバル化に伴う高揚した空気の中、『成長の限界』は忘れられていった。1992年、政治経済学者フランシス・フクヤマが著書『歴史の終わり』において、自由市場資本主義は唯一の選択肢であり、世界中で永久に続くというコンセンサスを宣伝するに至って、『成長の限界』の警告はついに葬られた。

＊

だが、その後、何かが変わった。２００８年の世界的な金融危機によって、この楽観は崩れ去り、自由市場の無限の魔法とアメリカン・ドリームの普遍的な約束への信頼は、根底から揺らいだ。大手銀行が破綻し、世界中で数百万人が家と職を失った。多くの政府は経済を再び成長軌道に乗せようと必死になり、銀行を救済し、富裕層に税制上の優遇措置を与え、労働法を改悪し、厳しい緊縮政策によって社会支出を削減した。この流れに対抗して、「ウォール街を占拠せよ」、「怒れる者たち」、「アラブの春」といった社会運動が起き、多くの人に支持された。人々は、人間より資本を優先するシステムへの怒りをあらわにした。同じ頃、世界は気候変動という現実に気づき始め、暴風雨、火災、干ばつ、洪水が頻繁にトップ記事として報じられるようになった。

この全面的な危機を背景として、広く行き渡っていた経済的コンセンサスが疑問視されるようになり、生態系の限界という問題が再燃した。しかし、今回、『成長の限界』の考え方は、限界についてのまったく新しい考え方に取って代わられることになる。

『成長の限界』の問題点は、経済を回し続けるために必要な資源の有限さだけに注目していたことにある。この考え方は、「新たな埋蔵量や代替資源を見つけたり、新技術によって資源の産出量を向上させたりすればよい」という反論に弱い。この代替と強化のプロセスも、いずれどこかで絶対的な限界にぶつかるはずだが、そうなるのはずっと先だと考えることができる。

しかし、代替と強化によって生態系を回復させることはできない。経済成長にまつわる真の問題は、単に、いつか資源を使い尽くすということではなく、生態系の完全性を徐々に損なうことなのだ。陸上の油田が枯渇したら、海底油田に切り替えることができるが、どちらの石油も気候崩壊の原因になる。また、ある金属は別の金属で代替できるかもしれないが、どんな金属でも採掘量を増やせば、河川の汚染や動物の生息地の破壊につながる。さらに、化学物質を大量に注入すれば、土地から採取する資源を増やせるかもしれないが、必ず土壌の劣化や、花粉を媒介する鳥や昆虫の消失につながる。代替と強化のプロセスは少しの間、資源の限界への到達を遅らせるかもしれないが、生態系を崩壊させることに変わりはない。それが問題なのだ。

近年、生態学者は、限界について考えるための、より堅牢で科学的な方法を発展させてきた。２００９年、ストックホルム・レジリエンス・センターのヨハン・ロックストローム、アメリカの気候学者ジェームズ・ハンセン、人新世という言葉をつくった大気化学者パウル・クルッツェンの3人は、画期的な論文を発表し、自分たちが「プラネタリー・バウンダリー」と名づけた新たな概念について説明した[31]。地球の生物圏は統合されたシステムで、相当のプレッシャーに耐えられるが、ある点を超えると崩壊し始める。3人は地球システム科学のデータをもとに、不安定になっている9つのプロセスを特定した。地球のシステムを維持するには、それらをコントロールし続ける必要がある。そのプロセスとは、気候変動、生物多様性の喪失、海洋酸性化、土地利用の変化、窒素・リンによる負荷、淡水利用、大気エアロゾルによる負荷、化学物質による汚染、オゾン層の破壊である。

彼らはそれぞれのプロセスについて限界《バウンダリー》を見積もっている。たとえば、気候を安定させるには、大気中の炭素濃度は350ppmを超えてはならない（わたしたちは1990年にこの限界を超え、2020年には415ppmに達している）。絶滅の速度は年間100万種当たり10種を超えてはならない。森林の農地への転換は全陸地面積の25%を超えてはならない、などだ。これらの限界は「厳密な」限界ではなく、それを超えても地球システムがすぐ停止するわけではないが、わたしたちは危険ゾーンに突入し、やがては転換点《ティッピングポイント》を超えて、不可逆的な崩壊に至る。

環境保護の観点から言えば、限界についてのこの考え方は、より筋が通っている。地球は生命に満ちあふれており、毎年、豊富な森林、魚、作物を生産している。また、地球は驚異的な回復力を備えており、人間が消費したものを再生産するだけでなく、排出ガスや化学物質といった人間の廃棄物を吸収し、処理している。しかし、地球がそのような能力を維持するには、わたしたちは消費を地球が生産できる範囲内に抑え、廃棄を大気、河川、土壌が安全に吸収できる範囲内にとどめなければならない。もしこれらの限界を超えたら、生態系は崩壊し始め、生命の網はほどけていく。今まさに、それが起きようとしている。最新のデータによると、わたしたちはすでに四つのプラネタリー・バウンダリーを超えている。気候変動、生物多様性の喪失、森林破壊、生物地球化学的循環である。そして、海洋の酸性化は限界を目前にしている。

これらすべては経済成長にとって何を意味するだろうか？　プラネタリー・バウンダリーに達したり超えたりしても、経済成長が突然止まるわけではない。危険なティッピングポイントに到達しようとしているのに、成長は止まる兆しを見せない。社会と生態系が崩壊し始めても、GDPが成長し続けることは誰にでも想像がつく。防潮堤、国境の軍事化、北極圏での資源採掘、海水淡水化プラントなどの新しい成長部門に、一斉に資本が投入されるだろう。実際、世界で最も強力な政府と企業はすでに、起こり得る災害への防御に投資する準備を整えている。経済成長を現在のペースで続けていたらこの先どうなるかを、彼らはよく知っているのだ。

もちろん、これがＧＤＰの総成長を維持する戦略として機能するのはほんのいっときだ。やがて生態系の崩壊が引き金となって農業生産高が減少する。大量の難民が発生し、政治が不安定になる。また、海面が上昇して都市が破壊され、社会的・物質的インフラが崩壊する。そうなると成長の可能性はもとより、組織化された文明そのものが瓦解するだろう。

このシナリオについて考える時に、いつ成長の限界に突き当たるかを予測しようとするのはまったくもって的外れだ。成長の限界にぶつかるはるか以前に、わたしたちは生態系の崩壊を目の当たりにするだろう。それを理解すれば、限界についての考え方は一変する。政治生態学者ヨルゴス・カリスが述べたように、問題は、成長の限界が近づいていることではなく、成長に限界がないことなのだ。人新世を生き抜くチャンスをわずかでも得たいと思うのであれば、成長が「限界」とされるものに突入するのをただ座って眺めているわけにはいかない。わたしたちは自ら成長を抑制することを選択しなければならない。プラネタリー・バウンダリーの範囲内で機能するよう、経済を再編成する必要がある。そうして初めて、わたしたちが依存する地球の生命サポートシステムを維持できるのだ。[32]

第3章 テクノロジーはわたしたちを救うか？

気候変動は工学的な問題であり、工学的に解決できる。
——エクソンモービル元CEO、レックス・ティラーソン

経済成長と生態系崩壊との関連を示す証拠は増える一方だが、成長主義への信頼が揺らぐ兆しはない。成長主義は持久力と、宗教に似たイデオロギー的情熱を備えている。驚くようなことではない。わたしたちの経済システムは成長に依存しており、成長主義はこの社会で最も強力な派閥に利益をもたらしているからだ。また、それは500年前に遡る「支配と二元論」という強固な世界観に深く根差している。この込み入った体系を覆すのは容易ではない。たとえ科学という武器を用いたとしても。

科学と成長主義の対立について考える時、わたしはチャールズ・ダーウィンのことを思い出さずにはいられない。「はじめに」で述べたように、進化に関するダーウィンの発見は支配的な世界観を根底から覆すものだったので、当時の人々には受け入れがたかった。「人間は人間でないものの子孫で、神の写し身ではない」と考えることは、全面的なパラダイムシフトを要求した。似たようなことが今まさに起きようとしている。生態学《エコロジー》は、人間の経済を生態系から切り離されたものとしてではなく、生態系に

組み込まれたものとして捉えることをわたしたちに求める。これは現在の支配的な世界観と資本主義そのものに対する根本的な挑戦である。それに反発して現状のシステムを維持しようとする人々は、数々の証拠から目を逸らし、複雑な代替理論を考案して、「軌道を変える必要はない。世界経済を無限に成長させることは可能であり、すべてうまくいく」と主張する。

彼らのシナリオを支えているのは、テクノロジーは何らかの形でわたしたちを救ってくれるという信念だ。ある人々は、世界経済の駆動力をクリーンエネルギーと電気自動車に切り替えればそれですむ、と考えている。「そうすれば成長し続けられないわけがない。太陽光発電と風力発電にかかる費用はどんどん安くなっているし、イーロン・マスクが示したようにバッテリーを急速かつ大量に生産することは可能なのだから」と彼らは言う。大気からCO_2を除去する「ネガティブ・エミッション（排出量マイナス）技術」がすべてを解決すると考える人々もいる。さらには、太陽光を遮断することから、海洋の化学組成を変えることまで、あらゆる大規模な地球工学的計画に期待する人々もいる。しかし、仮にこれらの解決策によって気候変動を止めることができたとしても、成長が続く限り、資源の消費量は増え続け、生態系の崩壊は進んでいくだろう。ところが、そうなっても問題ではないと主張する人々さえいる。効率の向上とリサイクル技術によって成長を「グリーン」にできる、と彼らは言う。

こうした楽観は、大統領や億万長者を含む、世界で最も富裕で権力を持つ人々に売り込まれる。売り込む人々は、「生態系の危機は、経済システムを疑問視する理由にはならない」と言う。心地よい物語であり、かつてはわたしもそう考えていた。しかし、これらの主張を調べれば調べるほど、そのアプローチをとるには、とてつもないリスクを覚悟しなければならないことがわかってきた。指数関数的成長を続け、生態系崩壊につながる不可逆的なティッピングポイントに近づきながらも、テクノロジーによる救済を期待することは可能だ。しかし、何らかの理由でこのアプローチがうまくいかなかったら、大変なことになる。谷底にいる誰かが革命的な装置を発明して自分をうまく受け止めてくれると期待しながら、崖から飛び降りるようなものだ。うまくいくかどうかはわからない。うまくいくかもしれない。だが、うまくいかなければ、一巻の終わりだ。崖からジャンプしたら、もう考え直すことはできない。

このアプローチをとるつもりなら、その根拠は絶対確実なものであるべきだ。うまくいくと確信しながら死ぬほうがまだましだから。

パリ協定の危険な賭け

その夜、誰もが安堵の吐息をついた。ついに世界各国の政府が気候変動に関する合意に達したのだ。2015年12月、寒い夜だったが、パリは明るい希望に包まれた。エッフェル塔には「1・5℃」という大きな文字がライトアップされた。心躍る、歓迎すべきサインだった――何十年も失敗を重ねた末に、世界の指導者たちが気候崩壊を回避するために必要な、困難な一歩を踏み出そうとしているのだ。この感動的な12月の夜に続く数年間、これでうまくいくはずだとわたしたちは思い込んでいた。

ここでパリ協定の仕組みを説明しよう。各国は、自国の温室効果ガス年間排出量をどれだけ削減するかについて計画書を提出する。その計画――「国が決定する貢献」（NDC）と呼ばれる――は、温暖化を1・5℃以下にするという目標に沿って設定されることになっていた。しかし、2020年現在、署名国のＮＤＣのすべてを合算すると、奇妙なことに気づく。それは１・５℃以下に維持するという目標に遠く及ばないのだ。２℃以下に維持する見込みさえない。世界のすべての国が自国のＮＤＣ――自主的なもので、拘束力はない――を実施したとしても、世界排出量は増え続けるだろう。わたしたちは依然として地球温暖化へと猛スピードで進んでおり、今世紀の終わりまでに少なくとも３・３℃上昇するのは確かだ。パリ協定があっても、破滅に向かって歩み続けるのだ。

一体、どういうことだろう。削減のための計画が実行されているのに、なぜ排出量が増え続けるのか。なぜ誰もそれを心配していないように見えるのだろうか。

これには裏話がある。２０００年代の初め、ＩＰＣＣ（気候変動に関する政府間パネル）の気候モデル開発者は、気候変動を抑制するために必要な排出量削減レベルはきわめて高く、継続的な経済成長と両立しないことに気づいた。世界経済が成長すると、エネルギー需要は拡大するので、それをカバーするほどのクリーンエネルギーを残された短い期間で普及させるのはますます難しくなる。おそらく、クリーンエネルギーへの移行を実現する唯一の方法は、工業生産のペースを積極的にスローダウンすることだろう。世界全体のエネルギー消費量を削減すれば、クリーンエネルギーへの迅速な転換が、より容易になるはずだ。

しかし、政策決定者はこの結論の受けが悪いことを承知しており、国際的な交渉が難航することを危惧した。気候変動を抑制するために経済成長を犠牲にするというシナリオは、アメリカなどの主要国の賛同を得られないだろうし、悪くすると気候変動に関する国際的合意を得るチャンスを潰しかねない。その危険性はきわめて高かった。なぜなら国際社会は、極度の貧困を終わらせるというもう一つの共通の目的のもとで結束しており、世界の指導者たちは、貧困を撲滅する唯一効果的な方法は、世界経済の成長を促進することだ、と言い続けてきたからだ。気候変動の緩和と引き換えに成長をあきらめるのは、彼らに言わせれば言語道断だろう。成長はサードレール〔線路の導電レール〕のようなものだ。触れると感電死する。成長を止めてはならない。

幸い、彼らは解決策を見つけた。少なくとも、見つけたように思えた。

*

2001年、マイケル・オーバーシュタインというオーストリアの学者が、素晴らしい新技術に関する論文を発表した。その技術はカーボンニュートラル〔排出量実質ゼロ＝温室効果ガスの排出量と吸収量を均衡させること〕を実現するだけでなく、大気中の炭素を積極的に除去する。[1] 仕組みは実にエレガントだ。まず、世界中で大規模な植林を行う。木は成長するにつれて大気中のCO_2を吸収する。木が十分成長したら、伐採してペレットに加工し、発電所で燃やしてエネルギーを生成する。その際に排出される炭素を煙突内で回収し、地下に貯留し、逃げられないようにする。さあ、ご覧あれ。「ネガティブ・エミッション」の世界エネルギーシステムの完成だ。

この技術はＢＥＣＣＳ（Bioenergy with Carbon Capture and Storage：CO_2回収貯留付きバイオマス発電）と名づけられた。オーバーシュタインが論文を発表した時、この計画が実際に機能するという証拠はなく、推論にすぎなかった。しかし、実現の可能性があるというだけでも、気温上昇を2℃以下にする政治的に受けの良い方法を探していた人々の心を捉えた——BECCSを稼働しさえすれば、CO_2排出量をそれほど減らさなくても、経済成長を脅かすことなく問題は解決する。カーボンバジェット〔炭素予算——気温上昇をあるレベルまでに抑えるための、温室効果ガス累積排出量の上限〕を超過しても、BECCSが今世紀中に大気中の過剰なCO_2を回収し、安全なレベルに戻してくれるのだから問題はない。今、排出して、後で回収すればよいのだ。

これはクレイジーな賭けであり、誰もがそうと知っていた。しかし、このアイデアは瞬く間に広がった。BECCSは、資本主義を傷つけることなく気候目標を達成できるという魅力的な可能性を提示し、なおかつ、気候交渉で強い力を持つ富裕国が高水準の消費を維持することを可能にした。魔法の切り札のように魅惑的で、グリーン成長を楽観する人々にとって真の希望になった。

オーバーシュタインの論文が発表された数年後、BECCSの実現が可能であることを示す証拠はまだなかったが、IPCCはBECCSを公式のモデルに組み込んだ。2014年には、BECCSの構想は主役になった。IPCCの第5次評価報告書（AR5）の中で、BECCSは温暖化を2℃以下にとどめるための116のシナリオのうち110以上に組み込まれたのだ。しかも補足事項としてではなく、有力な仮定としてである。AR5はパリ協定が頼みとする詳細な計画であり、各国政府はそのシナリオに従って、自国の排出量削減が目指すべきスピードを決めている。各国の計画が2℃達成のためのカーボンバジェットを大幅に超過した理由はそこにある。誰もがBECCSが人類を救うことを前提としたシナリオに頼っているのだ。

言い換えれば、ほとんどの人はその名を聞いたこともないのに、BECCSは世界を救う大規模な計画の中心に据えられている。ジャーナリストも政策決定者もこの話題に触れようとしない。それは何かを隠そうとしているからでも、ＢＥＣＣＳが複雑すぎて説明できないからでもない。単に、彼らのほとんどがＢＥＣＣＳの存在さえ知らないからなのだ。すなわち、地球の生物圏と人類の文明の未来は、ほとんどの人が知らず、誰も同意していない計画にかかっているのである。

ＢＥＣＣＳが救世主とならない理由

しかしＢＥＣＣＳには難点がある。気候科学者は当初からＢＥＣＣＳについて警鐘を鳴らしており、その音は年々大きくなっている。ＢＥＣＣＳの構想には四つの大きな問題があり、いずれも致命的になりかねない。

第一に、ＢＥＣＣＳは大規模での実現が可能かどうかがわかっていない。ＢＥＣＣＳが機能するには、年間１５０億トンほどのCO_2を吸収するCO_2回収・貯留（ＣＣＳ）システムが必要とされる。現在のＣＣＳシステムの処理能力は約０・28億トンとされているが、検証されているのはそのごく一部だ。典型的なＣＣＳ設備で処理できるのは約１００万トンなので、１５０億トンを処理するには世界中に新たなＣＣＳ設備を1万５０００基ほど建設しなければならない[2]。この開発規模は莫大で、人類史上最大級のインフラになるだろうし、期限内にやり遂げられるかどうかは不明だ。また、採算が取れるかどうかもわからない。ＣＣＳシステムの採算が取れるようにするには、炭素価格をＥＵが定めた価格の10倍にすることに各国政府が同意しなければならない[3]。

これは乗り越えられない障害ではないが、「今は排出、後で回収」という戦略をきわめてリスキーにしている。もしＢＥＣＣＳに賭けて、当面、排出量を削減しないことにしたら、もう後戻りはできない。ＢＥＣＣＳが失敗した場合、その先にあるのは極度に温暖化した未来だ。このギャンブルの賭け金は、人類文明の運命と生命の網そのものだ。

パリ気候サミットの前年にあたる２０１４年、15名の科学者がＢＥＣＣＳを警告するレターを一流の学術雑誌である『ネイチャー・クライメート・チェンジ』誌に投稿した。気候モデルでＢＥＣＣＳが広く採用されることは、排出削減という目標からの「危険な逸脱になりかねない」と彼らは訴えた。[4]そう考えるのは彼らだけではなかった。パリ協定の翌年、別の40名の科学者が、ＢＥＣＣＳなどのネガティブ・エミッション技術に頼るのは「きわめて危険」だと論じた。[5]世界有数の気候科学者であるマンチェスター大学のケヴィン・アンダーソン教授はとりわけ声高にＢＥＣＣＳを批判する。２０１６年に『サイエンス』誌に掲載された論文で、彼はパリ協定がＢＥＣＣＳに依存していることを「いちかばちかの不当なギャンブル」と断じた。[6]他の数十名の科学者も、自らが同じ結論に達したことを公言している。

仮にＢＥＣＣＳにまつわる技術的・経済的問題をどうにか克服できたとしても、もう一つの障壁に突き当たる。ＩＰＣＣのシナリオが想定する量の炭素をＢＥＣＣＳで除去するには、インドの2倍から3倍の面積をカバーするバイオ燃料プランテーションが必要とされる。地球上の耕作可能な土地のおよそ3分の2である。そのために農耕地が奪われると、今世紀半ばに90億人に到達するとされる人口を支えられなくなる。ＢＥＣＣＳへの大規模な依存は、深刻な食糧不足を引き起こし、飢饉さえ招きかねない。これが紛争につながることは容易に想像できる。強力な国が自国の土地をバイオ燃料のために望んで提供するなどと考えてはいけない。彼らは他国の土地を手に入れようとし、気候植民地主義のようなことを始めるだろう。かつて石油をめぐって争った場所で、バイオ燃料用の土地をめぐる争いが始まるのだ。

何よりも、BECCSはそれ自体が生態系を破壊する。ドイツの科学者ヴェラ・ヘック率いる研究者チームは、大規模なバイオ燃料プランテーションの導入が生態系に壊滅的影響を及ぼすことを予測した。広大な面積の森林が破壊され、すでに危険なレベルにある地球の森林被覆率は、さらに10%減るだろう。その結果、生物多様性はさらに7%減少し、大量絶滅はいっそう加速する。[7] 化学肥料を用いる単一栽培を未曽有の規模で行うことで、昆虫の個体数は激減し、水系は汚染され、土壌はますます劣化し、沿岸のデッドゾーンは広がるだろう。[8] 加えて、BECCSプランテーションは、現在の農業用水の2倍の水を必要とするため、世界中のコミュニティと生態系に強いストレスがかかる。[9]

BECCSは気候変動との戦いで助けになるかもしれないが、BECCSに頼ることでわたしたちはいっそう多くの致命的な問題を抱えることになる。もし直面している危機が地球温暖化だけなら、BECCSに賭けてもいいだろう。しかし温暖化が広範に及ぶ生態系危機の一部にすぎないことを考えると、BECCSを選択することに意味はない。むしろ自殺行為と言える。

さらに決定的な難点は、奇跡的にこれらの複雑な問題がすべて回避され、BECCSをスムーズに稼働できたとしても、問題は解決しないことだ。カーボンバジェットを超過するとティッピングポイントに到達し、フィードバックループが始動して、気候が完全に制御不能になる可能性が高い。そうなるとすべての苦労は無駄になる。未来のどこかで大気中のCO_2を除去できたとしても、気候のティッピングポイントを元に戻すことはできない[10]。

*

大半の国の気候戦略が、このように危険で不確かな技術を軸にしていることは憂慮すべきだ。BECCSを考案したオーバーシュタイン自身、その使われ方に懸念を示している。彼はBECCSを単なる「リスク管理の戦略」、すなわち、気候フィードバックループが予想を超えた場合の「バックストップ・テクノロジー」（代替技術）として考案した。つまり、危機的状況において排出を目標値にまで下げるのを助ける方策と見なしていたのだ。しかし、彼によると、モデラー（温暖化対策を計画する人々）は、そのアイデアを「悪用」し、温暖化を1・5℃から2℃以下にとどめるという通常のシナリオに含めた。そして政策立案者は、厳しい排出削減要求から逃れるために、BECCSを現状維持の言い訳にした。オーバーシュタインの他にも、初期にBECCSの構想を語った人々の中に、疑問を呈する人々がいる。BECCSは小規模での利用しか意図していない、と彼らは言う。当初から彼らは、BECCSの大規模な導入は社会的・生態的な大惨事を招くと警告していた。しかしモデラーはどうにかしてその技術を使おうとしてきた[11]。

BECCSに反対する科学的コンセンサスは、今では揺るぎないものになっている。2018年の初期、欧州科学アカデミー諮問委員会（EU加盟国の国立科学アカデミーで構成される組織）は、

ＢＥＣＣＳやその他のネガティブ・エミッション技術への依存を非難する報告書を発表した。科学コミュニティにおいて、この委員会の結論ほど強力なものはない。その報告書は、テクノロジーの幻想を追うのをやめて、大幅で積極的な排出削減に真剣に取り組むことを強く求めている。

もっとも、気候崩壊との戦いでＢＥＣＣＳが何の役にも立たないと言うわけではない。ＢＥＣＣＳは作戦の一部になるべきであり、その研究とテストには投資すべきだ。しかしその効果はモデラーが想定する規模にはほど遠いことを、わたしたちは認めなくてはならない。最新の試算によると、ＢＥＣＣＳの安全な利用――プラネタリー・バウンダリーと人間の食料システムに配慮する利用――によって、世界のCO_2排出量を最大１％削減できる。それは確かに重要な貢献だ。しかし、人々が期待する救世主的な貢献とはかけ離れている。[12]

１・５℃をめぐる戦い

ＩＰＣＣはこれらの批判を無視していたわけではない。２０１８年10月、ＩＰＣＣは特別報告を発表した。それは、ネガティブ・エミッション技術に頼れないことを認めた場合、温暖化を１・５℃以下に保つには何が必要かを概説するものだった。その報告はショッキングなニュースとして世界中のメディアで報じられた。大きく扱わないメディアを見つけるのが難しいほどだった。気温上昇を１・５℃以下に保つには、世界の温室効果ガス排出量を２０３０年までに半減し、２０５０年までにゼロにする必要があるというのだ。

これがいかに劇的な変化であるかは、いくら強調しても、しすぎることはない。それが意味するのは、現在の文明が進む方向を急速かつ劇的に逆転させることなのだ。過去２５０年間、わたしたちは世界規模で化石燃料のインフラを築いてきたが、わずか30年でそれを全面的に見直さなければならない。ほんの数十年で、すべてを変える必要がある。留意すべきは、この課題には世界が団結して取り組まなければならないことだ。富裕国は、気候崩壊に対する過去の責任の大きさを考えれば、迅速かつ大量に排出量を削減する必要があるが、貧困国はゆっくりしたペースで取り組んでもよいだろう。ストックホルム環境研究所の科学者の試算によると、富裕国は２０３０年までに排出量をゼロにしなければならない[13]。

このＩＰＣＣの報告は大きな反響を呼び、市民を行動へと駆り立てた。ヨーロッパと北アメリカ各地で、学生が気候変動対策を求めるストライキを行った。ロンドンでは環境保護団体のエクスティンクション・レベリオンがテムズ川の5つの橋を封鎖し、排出削減にただちに取り組むことを政府に要求した。世論調査は、イギリス国民の大多数がその運動を支持していることを明らかにした。続く数か月間、政治的会話は予想外の進展を遂げた。イギリス議会は「気候非常事態宣言」を出し、２０５０年までに温室効果ガスの排出量をゼロにするための法的拘束力のある目標を受け入れた。この目標は富裕国に要求された早期の脱炭素化を実現するものではなかったが、大きな変化を画したのは確かだ。

アメリカでも同様の動きがさざ波のように広がっていった。２０１９年2月、アレクサンドリア・オカシオ＝コルテス下院議員とエドワード・マーキー上院議員は「グリーン・ニューディール決議案」を発表し、10年以内に１００％クリーンエネルギーに移行することを目指して、国家総動員で取り組むことを要請した。このアイデアは急速に拡散した。民主党の進歩派は支持し、世論調査でも賛成が反対を上回った。一方、共和党の指導者は猛然と反対し、保守派のメディアは容赦ない攻撃を繰り広げた。アメリカで気候政策が真剣かつオープンに議論されたのはこれが初めてだった。気候変動否定論が長く根づいていたこの国では、そのような議論をすること自体、考えられなかったのだ。

グリーン成長は解決策となり得るか？

これらのことは、わたしたちを新たな政治領域へと導く。新たなコンセンサスが生まれつつある。この数十年間、市場メカニズムが何らかの奇跡によって気候危機を解決してくれることをわたしたちは期待していたが、今では、そのアプローチがうまくいかないことが明白になった。この危機を乗り越えるには、政府が大規模なアクションを起こすしかない。グリーン・ニューディールの提案者はそれを正しく理解し、こう述べる――歴史上前例のないスピードでクリーンエネルギーのインフラ構築に公金をつぎ込まなければならない。第二次世界大戦で連合国に勝利をもたらした産業再編成を再現しよう――。

しかし、メディアの評論家の一部がこの問題を解釈し直す過程で、歪みが生じた。評論家たちは、「クリーンエネルギーに移行すれば、資本主義は生態系に関する懸念から解放される。この移行はグリーン成長への道を開き、経済を永久に拡大し続けられるようになる」と言う。説得力のある主張だ。とても明白でわかりやすい。当然ながらこの筋書きは、保守的な経済学者や政治家の想像力を刺激した。だが、この筋書きにはいくつか重大な欠陥がある。実のところ科学者たちは、経験的な根拠がないとして、グリーン成長に期待していない。
クリーンエネルギーに１００％移行するのは可能だが、それには年月がかかる。したがって、世界経済が今のペースで成長し続ける限り、温暖化を１・５℃から２℃以下に抑えることはできないのだ。繰り返すが、成長すればするほどエネルギー需要は増える。エネルギー需要が増えれば増えるほど、残された短い時間でその需要を満たすほどのクリーンエネルギーを生産するのは難しく、おそらく不可能だ。

誤解しないでほしい。過去20年間でクリーンエネルギーの生産能力は大幅に向上した。これは素晴らしいニュースだ。現在、1年間に全世界で生産されるクリーンエネルギーは、２０００年に比べて80億メガワットアワー以上増えた。ロシア全土の需要を賄えるほどの量だ。しかし同じ期間に、経済成長によってエネルギー需要は４８０億メガワットアワー増えた。つまり、新たに生産されているクリーンエネルギーは、新たな需要のごく一部しかカバーしていないのだ。まるで、どんどん大きくなっていく穴にシャベルで砂を放り込むようなものだ。クリーンエネルギーの生産量を2倍、あるいは3倍にしたとしても、世界の排出量は少しも減らない。わたしたちが脱炭素化に向けてどれほど努力しても、成長が努力を打ち消してしまう。

こう考えてみよう。世界経済が今のペースで成長し続けたら、今世紀半ばまでにその規模は2倍以上になる。そうなると現在行っている採取・生産・消費は2倍になり、最終エネルギー消費も2倍近く増えるだろう。[14]残された期間で現行の世界経済を脱炭素化することさえ想像を超えているのだから、ほぼ2倍になったら到底不可能だ。２℃以下（危険域）を維持するには年率７％、１・５℃以下を維持するには年率14%の脱炭素化が必要となる。科学者に言わせれば、最善のシナリオでどうにか実現できるスピードの2倍から3倍だ。[15] ある研究チームによると、「現在、達成可能とされているレベルをはるかに超えている」[16]

永続的な成長に固執するせいで、タスクは必要以上に困難になる。まるで生死をかけた戦いに、自ら望んで目隠しをし、両手を後ろに縛って臨むようなものだ。あえて自分を不利な立場に追いやっているのだ。

この結論はトップレベルの科学者たちに広く共有されている。IPCCでさえ、BECCSなどの不確かな技術に頼らない場合、エネルギー需要が増え続けると、2050年までにクリーンエネルギーによってゼロ排出を達成する見込みはないことを認めている。[17] 目標を達成したいのであれば、逆のことをしなければならない。エネルギー消費を縮小するのである。

*

仮にそれが問題でなかったとしても、別の問題が残る。それはクリーンエネルギー自体に関することだ。通常「クリーンエネルギー」という言葉から連想されるのは、暖かな陽光や爽やかな風といった幸福で無垢なイメージだ。太陽光や風は確かにクリーンだが、それらを捕らえるためのインフラはそうではない。クリーンと呼ぶにはかけ離れている。クリーンエネルギーへの移行は莫大な量の金属と希土類《レアアース》を必要とし、それらの採取は生態系と社会にさらなる負荷をかける。

2017年、世界銀行はこの問題を包括的に捉えた最初の報告書を発表した。[18] それには、2050年までに年間約7テラワットの電力を賄う太陽光・風力発電施設を建設するのに必要な金属の量が示されていた。年間約7テラワットは現在の世界経済の半分弱が必要とする電力だ。したがって報告書の数値を2倍にしたら、ゼロ排出に必要な金属採取量を推定できる（水力発電、地熱発電、原子力発電は計算に入れない）。その結果は驚くべきものだった。3400万トンの銅、4000万トンの鉛、5000トンの亜鉛、1億6200万トンのアルミニウム、480億トン以上の鉄が必要なのだ。

クリーンエネルギーへの移行は、他の資源に関しても、場合によっては現行レベルを大幅に超える採取を必要とするだろう。ネオジム——風力タービンに必要なネオジム磁石の成分——の採取量は、現在のレベルを35％近く上回る。最大で2倍になると世界銀行は試算する。ソーラーパネルの主原料である銀も同様で、採取量は38％から最大で105％も増える。同じくソーラーパネルに使われるインジウムの需要は3倍以上になり、最終的に920％になる可能性がある。

蓄電するためのバッテリーも必要だ。太陽が照っていない時や風が吹いていない時にエネルギーを流し続けるために、電力網用の巨大なバッテリーが欠かせない。それは4000万トンのリチウムを必要とする。現在の採取量を2700％上回るすさまじい量だ。

ここまでは電力だけの話だ。自動車についても考えなければならない。2019年、イギリスのトップレベルの科学者たちは、電気自動車が環境に及ぼす影響を懸念し、自国の「気候変動委員会」に意見書を提出した。[19] もちろん彼らは、一刻も早くガソリン車の販売と使用を終わらせ、電気自動車に切り替える必要があることに同意していた。しかし次のように指摘する——世界中に出回っている20億台のガソリン車を電気自動車に切り替えるには、資源採掘量を爆発的に増やさなければならない。２０５０年までに世界のネオジムとジスプロシウムの年間採取量は70％増え、銅の年間採取量は２倍以上、コバルトはほぼ４倍になるだろう。電気自動車への切り替えはすべきだが、最終的に必要なのは、車の数を大幅に減らすことだ――。

問題は、重要な鉱物を使い果たしてしまうことではない。それは懸案の種になるだろうが、本当の問題は、すでに過剰な採取が、いっそう過剰になることだ。採鉱は世界中で森林破壊、生態系の崩壊、生物多様性の喪失の大きな要因になっている。もしわたしたちが注意を払わなければ、クリーンエネルギーの需要が増えることによって、この危機は著しく悪化するだろう。

銀を例にとってみよう。メキシコにはペニャスキート鉱山という世界最大級の銀山がある。面積はほぼ40平方マイルで、その規模は圧倒的だ。広大な露天掘りの施設が山に穴を開け、二つの廃棄物処理場はそれぞれ長さが１マイルあり、有毒な汚泥で満たされた鉱滓ダムの周囲７マイルを、50階建ての高層ビルに相当する高さの壁が囲んでいる。この鉱山は世界最大級の埋蔵量が枯渇するまでの10年間で、１万１０００トンの銀を産出する予定だ[20]。世界経済をクリーンエネルギーに移行するには、ペニャスキートと同規模の鉱山をあと１３０か所で稼働させなくてはならない。これは銀だけの話だ。

リチウムも生態系にとっては災厄だ。１トンのリチウムを採取するために、50万ガロンの水が必要とされる。このことは現在の採取レベルでも深刻な問題を引き起こしている。世界のリチウムの大半が採掘されているアンデスでは、採掘企業がリチウムを含む地下水を大量に汲み上げるせいで農業用水が枯渇し、農民の多くは土地を捨てざるを得なくなった。一方、リチウム鉱山から漏れ出た化学物質は、チリからアルゼンチン、ネバダ、チベットまでの河川を汚染し、淡水の生態系を破壊している。リチウムの急成長はまだ始まったばかりだが、すでに大惨事をもたらしている。[21]

これらすべては、２０５０年までの世界経済に電力を供給するためだけのものだ。将来の成長を計算に入れると、状況はさらにエスカレートする。エネルギー需要が増え続けるにつれて、クリーンエネルギー用の資源採取はますます攻撃的になり、世界経済が成長すればするほど、状況は悪化していくだろう。クリーンエネルギーへの移行を完遂しても、世界経済が現在のペースで成長し続ければ、必要なソーラーパネルと風力タービンとバッテリーは30年から40年ごとに倍増する。それも永久に、である。

留意すべき点は、エネルギーの移行に必要な資源の大半がグローバル・サウスにあることだ。南アメリカ、アフリカ、アジアの一部は、資源をめぐる新たな争奪戦のターゲットになる可能性が高く、一部の国は新しい形の植民地化の犠牲になるかもしれない。16世紀、17世紀、18世紀には、金・銀を求めて南アメリカが植民地化された。19世紀には、綿や砂糖のプランテーションをつくるためにカリブ海地域の土地が奪われた。20世紀には、南アフリカのダイヤモンド、コンゴ民主共和国のコバルト、中東の石油がその対象になった。クリーンエネルギーをめぐる争奪戦が同様に激化することは容易に想像できる。

予防策を講じなければ、クリーンエネルギー関連企業は化石燃料企業と同じように破壊的になりかねない。政治家を買収し、生態系を破壊し、環境規制に反対するロビー活動を行い、邪魔をするコミュニティの指導者を暗殺する恐れさえある。そうした悲劇はすでに起きている。[22] これは重要なことだ。また、グリーン・ニューディールを始めとする急速なエネルギー移行計画を推奨する進歩主義者は、社会的正義と環境的正義を強調しがちだが、エネルギーの移行に公正さを求めるのであれば、クリーンエネルギーといえども、その消費を無限に増やすことはできないことを、わたしたちは認めなければならない。

原子力発電が解決策になることを期待する人々もいる。確かにそれは作戦の一翼を担うだろう。しかし、原子力はそれ自体に制約がある。主な問題は、新たな発電所を建設・稼働するには長い年月がかかるので、今世紀半ばまでにゼロ排出を実現するためにそれが果たせる役割はごく限られていることだ。科学者の中には、長い目で見ても原子力発電は1テラワットを超える拡大はできない、と考える者もいる。[23] さらに、もし何らかの理由で気候の安定化が失敗したら——そうなる可能性は高い——暴風や高潮その他の災害に対して脆弱な原子力発電所は、放射能爆弾と化す恐れがある。気候崩壊が迫っている今、原子力に頼りすぎるのは危険な賭けだ。

核融合発電に関しては「この60年間、技師はまだ10年先だと言い続けている」というジョークが流布している。核融合反応を起こすことはできるが、問題はそのプロセスが、生み出すより多くのエネルギーを必要とすることだ。現在フランスで行われている大規模な核融合実験は、この問題の解決に近づきつつあるが（解決できる可能性は低い）、最も楽観的な予測でさえ、あと10年かかるとしている。その後、核融合電力をグリッド（送電網）に乗せるのにさらに10年、規模を拡大するのに数十年を要するだろう。核融合発電への期待は高いが、これまでの実績に明るい兆しはなく、いずれにせよ年月がかかりすぎる。今世紀のどこかで核融合発電が実用化されるかもしれないが、それによって安全なカーボンバジェットを維持するのは不可能だ。奇跡的な技術革新が起きない限り、エネルギー移行は太陽光と風力に焦点を合わせるしかないだろう。

以上のことが意味するのは、クリーンエネルギーへの急速な移行を期待すべきではない、ということではない。それは絶対に、至急行わなければならない。しかし、技術的に無理がなく、生態系と調和し、社会的に公正な形での移行を目指すのであれば、エネルギー総需要を現在のペースで増やし続けられるという幻想を捨てなければならない。別の道を進むべきだ。

つくり変えられる惑星

これらの証拠を目の当たりにしながら、それでも成長は継続できると主張する人々は、次第に突拍子もないアイデアに目を向けるようになった——BECCSの他にも、大規模な地球工学に基づくSFめいた解決策が続々と誕生している。これらの計画のほとんどは、実現が非常に難しくコストが非常にかかるので、実際に排出削減にかかるコストを黙って受け入れたほうがましなくらいだ。しかし、そうした計画の中に頭抜けて優れたものが一つあり、大いに注目を集めている。それは「太陽放射管理」と呼ばれる。

太陽放射管理とは、ジェット機部隊で成層圏にエアロゾルを噴射し、地球の周囲に巨大なベールを形成して太陽光を反射させ、地球を冷やす、というアイデアだ。この計画は比較的安価で実行しやすい。実際、あまりにも簡単にできるので、ならず者——たとえば、お節介な億万長者や、海に沈みかけていて自暴自棄になっている島国——が独力でやってのけることを、科学者たちは心配している。とは言え、多くの政府は太陽放射管理の研究を後押ししており、化石燃料企業の幹部は、現行のビジネスモデルを維持する方法と見なして歓迎している。

しかし、リスクがないわけではない。既存のモデルによると、太陽放射管理はオゾン層に穴を開け、光合成のペースを遅らせて作物の収穫量を減らし、降雨パターンと気候システムを不可逆的に変える恐れがある。そのほとんどがグローバル・サウスに損害を与える。太陽放射管理を研究するジョナサン・プロクターは、「治療に伴う副作用は、元の病気と同じくらい悪い」と言う。同じくこの分野の専門家であるヤーノシュ・パーストルは、結果は予想以上に悪くなる可能性がある、と指摘する。「地球の大気は信じられないほど複雑だ……わたしたちはスーパーコンピューターでモデリングを進めてきたが、地球の大気をモデル化する方法はまだわかっていない[24]」

おそらく最大の問題は、エアロゾルは成層圏に長くとどまらないので、目的を達成するには、ジェット機部隊による噴霧を定期的に行わなければならないことだ。もし何らかの理由でそれが中断されたら大変なことになる。地球の気温は再び急上昇し、10年以内に数度上がる。この急激な温度上昇は「ターミネーション・ショック」と呼ばれ、各国がそれに対応する時間はほとんどない。生態系にとてつもない負荷がかかり、膨大な数の種が絶滅するだろう[25]。科学者は、太陽放射管理はあまりにもリスクが高いと考えており、他のあらゆる地球工学的計画と同じく、迅速な排出削減という目標からの危険な逸脱と見なしている。

地球工学への関心の高まりについては、立ち止まってよく考えてみる必要がある。興味深いのは、わたしたちが窮地に陥る原因になったロジックを、それが体現していることだ。そのロジックとは、生きている地球を単なる「自然」、すなわち抑圧・征服・支配できる物質の集合体と見なすものだ。地球工学は、ベーコンとデカルトには想像も及ばなかったはずの、驚くほど極端で新たな次元の二元論を提示する。その二元論では、資本主義者が永久に繁栄するために、地球が人間の意のままにならなければならないのだ。地球工学の致命的な欠陥は、生態系の危機を、その原因になった思考——傲慢な思考——によって解決しようとしていることだ。しかし、より直接的な欠陥は、生態学的に筋が通っていないことだ。太陽放射管理によって対処できるのは、わたしたちが直面する危機のごく一部だけだ。海洋酸性化、森林破壊、土壌劣化、大量絶滅の進行を遅らせることはできない。ここから話は次のポイントに移る。

グリーン成長という夢物語

議論を進めるために、これまで述べてきたことは一つも問題でないとしよう。証拠をひとまず脇に置いて、世界経済を成長させながらクリーンエネルギーに迅速に移行し、資源採取の問題や搾取されている地域への負荷を心配することなく、エネルギー需要を無限に拡大し続けられるとしよう。明日にも核融合発電が発明され、10年以内にその規模を拡大できたとしよう。このようなシナリオは、グリーン成長の要求を満たすのではないだろうか？

この見通しの問題点は、重要なポイントを見落としていることだ。それは、温室効果ガスの排出は危機の一部でしかないことだ。地球からとめどなく採取し続けることによって、わたしたちは気候を崩壊させただけでなく、他のいくつかのプラネタリー・バウンダリーをすでに超えてしまった。問題はエネルギーの種類ではない。そのエネルギーで何をするかなのだ。

もし100%クリーンなエネルギーシステムを手に入れたとして、わたしたちはそれで何をするだろう？　きっと化石燃料でやっていることと同じことをするだろう。より多くの森林を破壊し、魚を獲り、山を掘り、道路を造り、工業型農業を拡大し、廃棄物を埋立地に送り込み——そのすべてが地球の限界を超えた影響を生態系にもたらす。わたしたちがそれらのことをするのは、経済システムが指数関数的なスピードでの製造と消費の拡大を要求するからだ。クリーンエネルギーで「グリーン成長」システムを動かすのは、物質的な生産と消費を拡大し続けるためなのだ。そうでなければ、なぜエネルギー需要を増やし続ける必要があるだろう。

クリーンエネルギーに転換しても、生態系崩壊という別の種類の崩壊を減速させることはできない。気候災害という鍋から逃れても、生態系崩壊の火の中に飛び込むのなら、助かったことにはならない。

＊

しかし、グリーン成長の提唱者はたちまちこう反論する——GDP成長と資源消費を「デカップリングする」（切り離す）だけでよい。経済活動を脱物質化すれば、GDPを成長させながら、資源の消費を持続可能なレベルにまで減らすことができるはずだ。歴史的に見れば、当然ながら資源消費はGDPと連動して増えてきた。だがそれは世界レベルでの話だ。洗練された技術を持ち、製造業からサービス業へ急速に移行している高所得国で起きていることに目を向ければ、将来どうなるかを知る手がかりが得られるだろう——。

この考えが提唱された当初、裏づける興味深い証拠がいくつかあるように思えた。イギリスや日本などの富裕国では少なくとも１９９０年以降、ＧＤＰが伸び続けているにもかかわらず、「国内物質消費量」（ＤＭＣ）は減少している、とグリーン成長の提唱者は指摘した。アメリカでさえ、ＤＭＣのグラフは過去20年間でいくぶん平らになっている。ジャーナリストはこのデータに飛びつき、富裕国は「ピーク・スタッフ」（限界消費）に達し、今や「脱物質化」されていると発表した――生態系への影響を懸念することなく、ＧＤＰを永遠に成長させ続けることができる証拠として。

しかし、かねてより生態学者はこうした主張を否定してきた。ＤＭＣの問題点は、パズルの重要なピースを無視していることだ。ＤＭＣには、ある国が消費する輸入材は含まれるが、それらの生産に必要な資源は含まれない。富裕国は生産の大半を他の国々――ほとんどはグローバル・サウス――にアウトソーシングしているため、資源の消費の側面は都合よく帳簿から切り離されてきたのだ。科学者は資源の消費を勘定に入れるために、「マテリアル・フットプリント」と呼ばれる包括的な指標を好む。その指標には輸入品に関わる全資源が含まれる。

マテリアル・フットプリントを用いると、富裕国の資源消費量はまったく減っていないことがすぐわかる。それどころかこの数十年で劇的に増加しており、ＧＤＰ成長率を上回るほどの勢いなのだ。デカップリングなど到底あり得ない。それは会計処理の錯覚でしかなかった。[26]

大いに称賛されたサービス業への移行も、富裕国の資源集約度へのプラスの影響はまったくないことが明らかになった。高所得国のＧＤＰにサービス業が占める割合は、１９９０年代に脱工業化が始まってから急速に増加し、現在では74％を占めているが、高所得国の資源消費量の増加は、ＧＤＰの伸びを上回っている。実際、高所得国ではＧＤＰに占めるサービス業の割合は最大だが、国民１人当たりのマテリアル・フットプリントも際立って多い。世界的に見ても同じことが言える。世界銀行のデータによると、サービス業がＧＤＰに占める割合は、１９９７年の63％から２０１５年には69％へと増加した。しかし、同じ期間に世界の資源消費は加速している。サービス業に移行していながら、世界経済は再物質化しているのだ。

この奇妙な現象をどう説明すればよいだろうか？　理由の一部は、サービス業で得た収入が有形財の購入に充てられることにある。収入はＹｏｕＴｕｂｅで得たとしても、それを家具や車といった物を買うために使うのだ。もう一つの理由は、サービス業自体が資源を大いに必要とすることだ。観光業を例にとってみよう。観光業はサービス業に分類されるが、そのサービスを維持するには膨大な物質的インフラが必要となる。空港、飛行機、バス、クルーズ船、リゾート、ホテル、プール、テーマパークなど だ（これらはすべてサービスそのものである）。

ここまでのデータを見る限り、サービス業への移行が何らかの奇跡によって資源の消費を減らすと考える理由はない。そのような神話はもう忘れよう。

他にも、ある現象が進行中だ。それは地球からの資源採取が年々難しくなっていることだ。地表近くにあって採取しやすい物はすべて取り尽くされてしまった。容易に入手できる鉱物や金属を取り尽くすと、より深くより貪欲に掘らなければならなくなる。石油企業は残っている石油に到達するために、フラッキング（水圧破砕）、深海掘削、その他の「きつい仕事」に頼らざるを得なくなり、同じ量の燃料を得るために、より多くのエネルギーと資材を使っている。同じことは鉱業でも起きている。国連環境計画（ＵＮＥＰ）によると、１世紀前に比べて、現在では同じ量の金属を得るために3倍以上の鉱石を採取しなければならなくなった[27]。理由の一部は鉱石の質の低下で、過去10年だけで25％も低下した。したがって、同量の金属を得るために、より多くの採取と加工が必要になった[28]。つまり、鉱業技術は目覚ましく向上したが、鉱業の物質集約度は改善されるどころか、悪化しているのだ。国連の科学者は、この悩ましい傾向は今後も続くと述べている。

こうしたデータを突きつけられても、グリーン成長の提唱者は頑として引こうとしない。彼らは言う——それはすべて過去の話だ。過去にうまくいかなかったからといって、不可能だということにはならない。未来の方向性は変えることができる。必要なのは適切な技術と正しい政策だ。政府は資源採取に課税し、効率向上に投資すればよい。そうすれば、消費パターンは資源集約度の低い商品へ移行していくだろう。人々は映画や演劇、ヨガ、レストラン、新しいコンピューターソフトなどにお金を使うようになる。こうしてＧＤＰを永遠に成長させながら、資源の消費を減らすことができる——。

そう聞くと、理にかなっているように思えるし、気持ちが明るくなる。幸い、この主張が正しいかどうかを検証するための証拠が揃っている。科学者たちは過去数年にわたって、政策変更と技術革新が資源消費量に及ぼす影響を調べるモデルを数多く開発してきた。その結果は驚くべきものだった。

*

最初の研究は２０１２年にドイツの研究者モニカ・ディトリッヒが率いるチームが発表したものだ[29]。

このチームは高度なコンピューター・モデルを用いて、年率2%から3%という現在の経済成長が続いたら世界の資源消費がどうなるかを調べた。すると、資源消費はＧＤＰとまったく同じ速度で増えることがわかった。現在のデータで計算すると、２０５０年までに２０００億トン以上に達する。安全なラインを4倍も超える、まさに悪夢だ。

その後、チームはモデルを再構築して、もし世界のすべての国が、資源を効率的に利用するための最善策《ベストプラクティス》を今すぐ採用した場合——きわめて楽観的な仮定だが——どうなるかを調べた。すると結果は改善され、資源消費の増加はより緩やかになった。しかし依然として増加していた。資源消費の増加がＧＤＰの増加より遅くなれば、相対的デカップリングと呼ばれる状態になる。だがそれは、わたしたちが必要とする絶対的デカップリングではなく、グリーン成長でもない。

２０１6年、他の科学者チームが、別のシナリオをテストした。それは、世界のすべての国が既存のベストプラクティスをはるかに超える対応をすることに同意したというシナリオだ[30]。その最善のシナリオは、課税によって炭素価格を1トン当たり３２６ドルに上げ（そのため資源採取・輸送のコストも上昇する）、技術革新によって資源の利用効率が2倍になると仮定した。その結果は、ディトリッヒの研究結果とほぼ同じだった。この厳しい条件下でも資源消費は増え続けたのだ。絶対的デカップリングではなく、グリーン成長でもない。

最後に、２０１7年の後半、国連環境計画（ＵＮＥＰ）——熱心にグリーン成長説を推進する機関——がこの議論に加わった[31]。ＵＮＥＰのシナリオは、炭素価格を1トン当たり５７３ドルとし、資源採取税を課し、政府の強力な支援によって迅速な技術革新が起きることを前提とした。結果は？　資源消費は依然として増加し、今世紀半ばまでにほぼ2倍になると予想された。これらの結果が少しずつ明らかになるにつれて、UNEPは立場を変えざるを得なくなり、グリーン成長は夢物語であることを認めた。GDPと資源消費の絶対的デカップリングは、世界規模では到底不可能である、と。

一体、何が起きているのだろう？　なぜ、これほど悲惨な結果になったのだろう？

技術革新はエネルギーや資源の消費を減らさない

1865年、イギリスの経済学者ウィリアム・スタンレー・ジェヴォンズは奇妙なことに気づいた。産業革命初期の1781年にジェームズ・ワットが蒸気機関を発明した。それは先立つ動力よりはるかに効率的で、単位出力当たりの石炭消費量が少なかった。これで石炭の消費は減る、と誰もが予想した。だが、奇妙なことに結果は逆だった。イギリスの石炭消費量は急増したのだ。それは効率が向上したために資金が節約され、資本家が貯まった資金を再投資して生産を拡大したからだということをジェヴォンズは発見した。こうして経済が成長すればするほど、より多くの石炭が消費されるようになった。

この奇妙な結果は、「ジェヴォンズのパラドックス」と呼ばれるようになった。近代経済学では、1980年代にこの現象について研究した2人の経済学者に因んで、「カッシューム・ブルックスの仮説」と呼ばれる。これはエネルギーだけでなく、物質的な資源にも当てはまる。エネルギーや資源をより効率的に利用する方法が開発されると、総消費量は一時的に減少するかもしれないが、たちまちリバウンドし、以前より増加する。なぜなら、企業が貯まった資金を再投資して、より多く生産するようになるからだ。効率が目覚ましく向上しても、成長に飲み込まれてしまうのだ。[32]

ジェヴォンズはこれを「パラドックス」と呼んだが、考えてみれば特に驚くようなことではない。資本主義のもとで、成長志向の企業は面白半分で効率の良い新技術を導入するわけではない。成長を促進するために導入するのだ。経済全体についても同じことが言える。どの経済学者に尋ねても、こう言うだろう。効率の向上が望ましいのは経済成長を刺激するからだ、と。その結果、効率が常に向上しているにもかかわらず、エネルギーと資源の総消費量は、資本主義が始まって以来ずっと増え続けている。パラドックスではない。経済学者が予測する通りのことが起きているのだ。生産能力の拡大は、効率が向上したにもかかわらずではなく、効率が向上したせいで起きる。ここに重要な教訓がある。継続的に効率を向上させれば奇跡的に絶対的デカップリングが起きる、という考え方には、経験的にも理論的にも根拠がないのである。

しかし問題は他にもある。技術革新が経済成長に貢献したのは、天然資源の消費を減らしたからではなく、増やしたからだ。

好例はチェーンソーである。伐採能力を向上させる驚くべき発明であり、手作業の10倍のスピードで木を伐り倒す。しかし、チェーンソーを導入した伐採業者は、作業員に早く仕事を終えさせ、残りの時間は休ませるというようなことはせず、木を10倍多く伐採させた。成長要求に駆り立てられ、テクノロジーは、より少ない時間で同量の仕事を行うためではなく、同じ時間でより多くの仕事をこなすために使われているのだ。

蒸気機関、綿繰り機、トロール船といったテクノロジーが成長に目覚ましい貢献を果たしたのは、自動的にお金を湧き出させたからではない。これらのテクノロジーによって、資本がより多くの自然を生産活動に取り込めたからなのだ。コンテナ輸送や空輸などの革新が成長に貢献したのは、採取地や生産地から消費地へ、物資をより迅速に輸送できるようにしたからだ。フェイスブックのアルゴリズムのように一見、非物質的な技術革新についても同じことが言える。それは、広告を見なければ買わなかった商品を人々に買わせることで成長に貢献している。フェイスブックが数十億ドル規模の企業になったのは、写真のシェアを可能にしたからではなく、生産と消費のプロセスを拡大したからなのだ。

この仕組みを理解すれば、この数世紀の間、並外れた技術革新が起きたにもかかわらず、エネルギーと資源の消費量が増え続けているのは当然だと思えるようになるだろう。技術革新が採取と生産の拡大に利用されるシステムにおいて、技術革新が奇跡的にそれらの縮小を導くのを期待するのは無意味だ。

最後にもう一つ問題がある。資源利用効率の向上には物理的限界があることを、科学者たちは理解し始めている。自動車やｉＰｈｏｎｅや高層ビルを、より効率良くつくることはできるが、それらを無から生み出すことはできない。経済をヨガや映画といったサービス業に移行させても、ヨガスタジオや映画館をつくるには物質の投入が必要とされる。製品の「軽量化」には常に限界があり、ひとたびその限界に到達したら、成長し続けるために、資源の消費量は再び増え始める。

この問題について、最近、科学者ジェイムズ・ワード率いるオーストラリアのチームが詳細な研究を行った。彼らが用いたモデルは、技術革新のスピードをきわめて楽観的に設定したものだった。そのスピードは、科学者が実行可能と考えるスピードをはるかに超え、グリーン成長提唱者が提案したどのスピードより速かった。すると、短期的には資源消費量をある程度削減できたが、長期的には資源消費量は再び増加し始め、成長率と再カップリングした。ワードのチームは、自分たちの発見は「絶対的デカップリングという主張に対する強固な反証」だと言う。彼らの結論は、生態経済学の分野ではよく知られているため、以下に引用する。

> GDP成長と資源消費のデカップリングは、相対的であれ絶対的であれ、一時的なものにすぎないと、わたしたちは結論する。代替不可能な必須の資源に関して、恒久的なデカップリング（絶対的であれ、相対的であれ）は不可能である。なぜなら効率の向上には物理的限界があるからだ。GDP成長を資源およびエネルギーの消費の増加と切り離すことはできず、したがって、GDPを永遠に成長させるのは明らかに不可能だ。デカップリングの実現を前提とする成長志向の政策は間違っている。

*

はっきりさせておこう。この先の戦いにおいて技術革新はきわめて重要だ。それどころか不可欠である。経済における資源消費と炭素集約度（エネルギー消費量単位当たりのCO_2排出量）を大幅に削減するために、あらゆる技術革新と効率向上が必要とされる。しかし、わたしたちが直面する問題は、技術《テクノロジー》とは無関係だ。問題は、成長にある。何度も繰り返すが、成長要求は、最高のテクノロジーがもたらす利益を帳消しにしてしまうのだ。

資本主義は、技術革新を奨励するシステムと見なされがちだ。実際、その通りだ。しかし逆説的だが、技術革新が生態系にもたらすはずの利益が資本の論理によって制限されている。この状況は必然ではない。もし、わたしたちが違う種類の経済――成長を中心としない経済――に即して生きていたら、技術革新はわたしたちの期待に応えてくれるだろう。ポスト成長経済では、効率向上によって地球への影響を減らすことができるはずだ。ひとたび成長要求から解放されたら、わたしたちは別の種類の革新に焦点を合わせることができる。それは、採取と生産をスピードアップするための革新ではなく、人間と生態系の福祉を向上させるための革新である。

リサイクルについては？

わたしたちが直視しなければならない、よくある誤解がもう一つある。それはリサイクルと関係がある。最近、「循環型経済」というアイデアが、生態系危機への対応策として政界で注目を集めている。誰もがそれに傾倒しているように見える。それは、リサイクル率を上げれば、消費による生態系への影響を心配することなく、GDPを無限に成長させることができる、というアイデアだ。EUは循環型経済を、資本主義を救う方策と見なし、それが「持続可能な経済成長」を促進することを期待している。

確かにわたしたちは、より循環的な経済を目指すべきだろう。しかし、リサイクルが資本主義を救うという考え方は成り立たない。第一に、わたしたちが消費する物質の大半は再利用できない。その44％は食物とエネルギーで、消費されることによって不可逆的に消耗する。[33] 27％は建物とインフラを増やすために使われる。その他の大半を占めるのは、採鉱業から出る廃棄物だ。[34] 結局のところリサイクルできるのは、わたしたちが消費する物質のごく一部だけなのだ。そのすべてを再利用したとしても、経済が成長する限り、資源の消費は増え続けるだろう。いずれにしても、わたしたちは良くない方向に進んでいる。と言うのも、リサイクル率は徐々に低下しているのだ。2018年、世界経済のリサイクル率は9・1%だったが、2年後には、8・6%に低下した。これは、リサイクルシステムが悪化したためではない。資源需要の増加がリサイクル率の伸びを上回ったためなのだ。繰り返すが、問題はテクノロジーではなく、成長なのだ。[35]

循環型経済で「グリーン成長」を実現するという構想には、さらに根本的な問題がある。たとえ資源の100%をリサイクルできたとしても、GDPの成長という観点に立つと、それは問題を引き起こす。成長は「外」を必要とする。外から無料で、あるいは可能な限り安く、価値を採取しようとするのだ。しかし循環型経済では資源コストは内部化される。それはエコロジーの観点からは良いことだが、資本蓄積の観点からは悪いことだ。また、リサイクルにはコストがかかるので、リサイクルされた資源を使うと利益は減る。時を経るにつれて状況は厳しくなっていく。資源はリサイクルするたびに劣化するため、品質を維持するにはより多くのエネルギーを投入する必要があり、コストは上昇し続けるのだ。

同じことは、自然に「値段」をつけることを求める人々にとっても障害になる。彼らの主張はこうだ——生態系の危機を回避するには、自然に「値段」をつければよい。そうすれば資本主義を現状のまま維持できる。「生態系サービス」(たとえば、ミミズ、ハチ、マングローブがもたらす付加価値)に課金できれば、市場は相応に反応し、わたしたちはこの苦境から抜け出すことができる——。素晴らしい考えであり、自然の価値を認めることは正しい方向への一歩になるだろう。しかし、思い出してほしい。成長は「外」を求める。自然に値段をつけることは、生産コストを内部化することであり、成長の見通しを摘み取ることなのだ。そのため資本主義の政府はこの計画に同意しない。実際、わたしたちが長い間、炭素に適切な値段をつけることに失敗してきたのは、それが事実上、自然に値段をつけることだからだ。コストの内部化は重要だが、資本主義の論理とは相容れないのである。

要するに、わたしたちは可能な限り循環する経済を目指すべきだが、成長要求がこの夢の実現をきわめて難しくしているのだ。ポスト成長経済では、循環型経済の実現はより容易になるだろう。

グリーン成長というディストピア

証拠は積み重なっている。これらの証拠を前にして、グリーン成長の提唱者はついにおとぎ話に頼り始めた。彼らは言う——確かに、経験に照らすとグリーン成長は現実的でないかもしれないが、理論上は実現できるはずだ。わたしたちは想像力の限界に縛られているだけだ！　資源の消費量を年々減らしながら収益を上げ続けることは可能なはずだ——。

確かに彼らの言う通りだ。理論上そのようなことは起こり得ないとする先験的《アプリオリ》な理由は存在しない。少なくとも魔法が使える別世界ではそうだろう。しかし、そのようなおとぎ話に頼って、「心配しなくていい、最終的にＧＤＰは資源消費と切り離され、わたしたちは逃げ切れるから」と人々を慰めるのは一種のモラルハザードだ。危機的な気候変動と大量絶滅が進行している時代にあって、架空の可能性をあれこれ思案する暇はない。生態系を破壊するジャガノートは決して動きを止めないという証拠が揃っているのに、それを待つ余裕はない。そんなことを期待するのは非科学的で、人間とすべての生物の生命を賭けた、無責任きわまりないギャンブルだ。

この問題を解決する簡単な方法が一つある。数十年にわたって生態経済学者は、シンプルで洗練された介入によって、この議論に終止符を打つことができる、と主張してきた。その介入とは、資源の年間消費量と廃棄量に上限を設け、毎年その上限を下げていき、やがてはプラネタリー・バウンダリー以下に収めることだ。[36]もし、グリーン成長論者が、資源消費量を急速に削減してもＧＤＰは永久に成長し続けると、本気で考えているのなら、この策を講じても心配はないはずだ。むしろ彼らはその動きを歓迎するだろう。自分たちが正しいことを証明する絶好のチャンスになるのだから。資源消費量と廃棄量に厳しい制限を設けることができれば、ＧＤＰ成長の脱物質化に拍車がかかるだろう。

しかし、この政策が提案されるたびに、グリーン成長論者はのらりくらりとかわしてきた。わたしの知る限り、彼らの中にこの政策に取り組もうとする人は一人もいない。なぜだろう。おそらく彼らは、おとぎ話を語りながらも心の奥底では、それが資本主義の原理原則にそぐわないことに気づいているのだ。５００年にわたって、資本主義は自然からの抽出に依存してきた。それは常に「外」を必要とし、外から無料で価値を略奪し、お返しをしなかった。だからこそ経済は成長できた。資源の消費と廃棄に上限を設けることは、金の卵を産むニワトリを殺すようなものなのだ。

*

仮にグリーン成長論者が同意したとしよう。資源の消費に上限を設け、それを年間５００億トンという持続可能なレベルにまで下げ、その状態を維持したとしよう。さらに、グリーン成長論者が正しく、その状況でもＧＤＰが年率３％ずつ成長し続けたとする。思い出してほしいが、それは指数関数的に成長するので、２００年後には、世界のＧＤＰは現在の１０００倍になっている。この仮説のシナリオはどのようなものになるだろう？　自然からの略奪を禁じられ、なおも成長要求に応えようとする時、資本はどのような新しい搾取の形態を考案するだろうか。

最初の候補は人間の労働力だろう。自然から搾取できなくなった資本が、人間からの搾取に乗り換えることは容易に想像できる。すでに成長要求は世界中の政治家に、「人件費を削減し、労働規制を緩和せよ」というプレッシャーをかけている。天然資源の搾取を抑えるシナリオでは、このプレッシャーはかなり強くなるはずで、より安価な労働資源を求めて競争が起きるだろう。

しかし、とりあえずグリーン成長論者の言い分を信じるとして、彼らが十分進歩的で、労働規制を維持するだけでなく、その改善も望んでいると仮定しよう。たとえば、資源採取の制限に匹敵する労働搾取の制限として、国際的な最低賃金が認められたとする。そのシナリオでは、資本にはさらに強いプレッシャーがかかる。余剰を蓄積するための新たなフロンティア、新たな「解決策」――新たな搾取の対象、新たな投資先、新たな市場――を、資本は見つけなければならない。もし余剰を自然からも人間からも無料で搾取できないのであれば、それはどこで得られるだろう？[37]

経済学者の中には、それはより良い製品、すなわち、より長持ちする、より高品質の製品から得られる、と言う人もいる。それらの製品が「より良い」のは、より多くの労働時間、より高度なスキル、より進んだ技術の結晶であるからで、使う資源は少なくても金銭的な価値は高くなる。だがこの予測には問題がある。確かに、わたしたちは量より質を重視する経済を目指すべきだ。しかし、このメカニズムだけで3%の成長率を維持するには、すべての製品を毎年平均3%「より良い」ものにする必要がある。そうなると製品の品質は、2200年までに1000倍向上する。こうした向上はすべて、それに応じた高コストに反映されるだろう。だが、いくつかの理由からそうはならない。

第一に、生活に必要な製品の大半について考えれば、それらが1000倍向上すること自体、想像しがたい。がんの治療法なら1000倍の向上もあり得るだろう。しかし、テーブルが1000倍良くなるとは？　パーカーが1000倍向上するとは？　実にナンセンスだ。第二に、製品が長持ちしたり効率が向上したりして「より良く」なったら、取引は減少し、成長を促進しないどころか、成長にとって有害でさえある。テーブルやパーカーが1000倍長持ちしたら、わたしたちがそれらを買う頻度は1000分の1になるだろう。第三に、もし品質の良さが、より多くの労働力を投入した結果だとしたら（たとえば、大量生産されたパーカーではなく、手織りのパーカーなど）、人々をそれまでの1000倍働かせることになり、人間の生活の向上にはつながらない。

最後に、「より良い」ことが高コストを意味するのであれば、品質の向上は商品価格に反映される。それが問題のない場合もあるが、そうでない場合もある。たとえば効果的ながん治療薬や他の生命を救う薬が開発された場合、薬価が既存の薬の1000倍になるのは望ましくない。

継続的な成長を実現するために資本がより良い製品を作ることに向かう、などと考えるのはもうやめよう。それはお人好しすぎる。かつて成長の限界にぶつかった時に、資本が見出した解決策は、植民地化、構造調整計画、戦争、制限的な特許法、悪質な債務証書、土地の収奪、民営化、水源や森林などのコモンズの囲い込み、といったことだった。今回はそうではないと、なぜ言えるのだろう。生態経済学者ベス・ストラトフォードによる研究は、資本が資源の限界に突き当たると、攻撃的なレントシーキング〔企業などが政府官庁等に働きかけて、自らの利益のために法律や政策などを変えさせようとする活動のこと〕に出ることを明らかにしている。[38] それは既存の価値を強奪するために、巧妙なメカニズムによって利益や富を公共および貧困者から吸い上げ、富裕な個人の手中に収めようとする行動で、不平等をますます悪化させる。

「理論上、資本主義は完全に非物質的な財に成長の機会を見出すことができる」と主張する人もいるだろう。表面上は魅力的に聞こえる。しかし非物質的な財の特徴は、豊富に存在し、自由に利用したり共有したりしやすいことだ。そうした非物質的な財によって収益を上げ続けるには、豊富にあってただで使える非物質的な財を囲い込み、人為的に希少な状態にして、その対価を人々に支払わせる必要がある。水や種子だけでなく、知識や歌や緑地までもが私物化・商品化されて、人々に売られる経済が想像できる。その対象は子育て、身体的接触、果ては空気にまで及ぶかもしれない。わたしたちは、以前は無料だった非物質的な財へのアクセスを買うためにますます働き、販売用の（おそらく）非物質的な財を生産し続けるはめになるだろう。

重要なポイントは、通常の解決策（自然からの採取）が封じられると、他の解決策を見つけ出さなければならないというプレッシャーが資本にかかることだ。これは成長の暴力的な側面である。新たな解決策が奇跡的に無害なものになるという考えは甘すぎる。５００年に及ぶデータが、現実はそうでないことを示している。

「成長し続けねばならない」という絶対的な思い込み

ここまで見てきて印象的なのは、経済成長の追求を正当化するために、人々は並外れた努力をするということだ。エコロジーと成長が対立する場合、経済学者と政治家は常に成長を選び、現実をそれに適合させるために、きわめて創造的な方法を試そうとする。政治家は、厳しい排出削減要求を回避するために、投機的な技術にすべてを賭けることを厭わない。グリーン成長の提唱者は、今の成長率を維持できるという幻想を守るために、奇想天外なシナリオや巧妙な会計処理を当てにする。これらの人々はあらゆるもの、文字通りすべてを、危険にさらそうとしている。ただＧＤＰを増やし続けるためだけに。

しかし、さらに驚かされるのは、彼らの誰一人としてその核になっている前提、すなわち、毎年、生産を増やし続ける必要がある、という前提を疑おうとしないことだ。もはやそれは信条になっており、ほとんどの人は立ち止まって疑おうとしない。実際、いくつかの社会では、それを疑うと異端と見なされるほどだ。だが、もしこの前提が間違っていたら、どうなるだろうか。高所得国は成長する必要がないとしたら？　経済を拡大することなく、人間の福祉を向上させられるとしたら？　ＧＤＰを１ドルも増やさずに、クリーンエネルギーへの迅速な移行に必要なイノベーションを起こせるとしたら？　必死になってＧＤＰを資源やエネルギーの消費と切り離そうとしなくても、人類の進歩をＧＤＰから切り離すことができるとしたら？　わたしたちの文明と地球を、成長要求という束縛から解放する方法があるとしたら？

現在の経済を維持するためにＳＦ的なおとぎ話を想像するくらいなら、まったく違う種類の経済を想像してみてはどうだろうか？

第2部

少ないほうが豊か

第4章　良い人生に必要なものとは何か

雁《がん》の群がはるか高い空を渡り、空は閉じていく
手放そう。愛や眠りのように。あるがままにしよう
古代の信仰が示す通り
わたしたちが必要とするものはここにある
——ウェンデル・ベリー

成長主義がわたしたちの政治的想像力を支配していることを、どう説明すればよいだろう。国がどれほど豊かになっても、その国の経済は、コストを顧みず無限に成長し続けなければならない、とわたしたちは教わってきた。経済学者や政策立案者は、生態系の崩壊を示す数多くの証拠を目の当たりにしながら、この姿勢を貫いている。説明を求められると、ただこう答える。「過去数世紀にわたって見られた福祉と寿命の驚異的な向上は成長のおかげだ。人々の生活を向上させ続けるには、成長し続ける必要がある。成長を放棄すると、人類の進歩そのものを放棄することになる」

実に説得力のある主張で、明らかに正しいように思える。現在の人々の暮らしは確かに昔より良くな

った。それを成長のおかげと見なすのもうなずける。しかし現在、科学者と歴史家は、この筋書きを疑っている。驚くべきことに、この主張は社会に深く根づいているにもかかわらず、実証的な根拠は弱いことがわかったのだ。成長と人類進歩との関係は、以前考えられていたほど明白ではなかった。重要なのは、成長そのものではなく、わたしたちが何を生産しているか、人々が必要なものやサービスにアクセスできているか、所得がどのように分配されているかということなのだ。ある段階を過ぎると、人間の福利を向上させるためにＧＤＰを増やす必要はまったくなくなる。

成長は進歩をもたらすか？

１９７０年代の初め、トマス・マキューンというイギリスの学者がある理論を提唱し、その後、数十年にわたって成長に関する世論を方向づけた。マキューンは平均寿命の歴史的傾向に注目し、イギリスのデータから、１８７０年代以降、平均寿命が著しく延びたことに気づいた。歴史上、類を見ない伸長だった。当時の他の学者たちと同様に彼は、いったい何がこの奇跡的な寿命伸長を引き起こしたのだろうか、と興味をそそられた。それは不可解に思えた。多くの人は、医学が進歩したせいだろう、と推測した。理にかなっているように思えたが、マキューンはその証拠を見つけることができなかった。他の原因を探すうちに、納得できる原因に行き着いた。平均所得の増加だ。当時は産業革命のただ中で、ＧＤＰは増加し、経済成長によって社会はより豊かになっていた。それが健康増進の原動力になっているに違いない、と彼は確信した。

マキューンの主張は従来の常識をひっくり返し、たちまち大きな反響を招いた。同じ頃、アメリカの人口統計学者サミュエル・プレストンが、マキューンの説を補強しそうな別の証拠を公表した。それは、国民1人当たりのGDPが高い国は平均寿命が長い傾向にあることだ。総じて、貧困国の人々は短命で、富裕国の人々は長命だ。となれば、結論は明らかだ。GDP成長は、人間の福利の重要な指数である寿命伸長の主な推進力であるに違いない。

「マキューン説」と「プレストン曲線」と呼ばれるようになった両者の理論は、経済学者と政策担当者の注目を集めた。当時は成長主義のイデオロギーが根づき始めた時期だった。冷戦のさなかであり、アメリカ政府は、アメリカ式の資本主義こそ「発展と進歩」へ向かう世界共通のチケットだ、という考えを宣伝していた。マキューンの主張はこの筋書きにぴったりの証拠を提供し、急速に広まった。グローバル・サウスの国々は、植民地制度の終焉後、公衆衛生システムの構築に取り組んでいたが、世界銀行とIMFはそれらの政府に対して、幼児死亡率や平均寿命といった社会指数を向上させたいのであれば、わざわざ公衆衛生システムを構築する必要はないと論じ、こう主張した。「経済成長への道を切り開くことに専念すべきだ。あらゆる手を尽くせ。環境保護をやめ、労働規制を緩和し、医療や教育への支出を減らし、富裕層への課税を減らすのだ。――これは退行のように見えるだろうし、短期的には少し害があるかもしれないが、結局は、人々の生活を向上させる唯一正しい方法である」

＊

熱に浮かされた時代だった。新自由主義時代の最初の20年間にあたる1980年代と1990年代を通じて、このシナリオは支配的で、構造調整計画を正当化する上で中心的な役割を果たした。構造調整計画とは、債務危機に陥ったグローバル・サウス各国に世界銀行とIMFが押しつけた経済構造・経済政策の改革計画である。しかし、その後の数十年にわたる研究は、成長＝人間の福利の進歩という見方に深刻な疑問を投げかけている。

問題は、持論を発表した時のマキューンが、長期的なデータを見ていなかったことにある。もし彼が歴史的記録をもっと深く掘り下げていれば、かなり異なる結論に至ったはずだ。第1章で見てきたように、1500年から産業革命までの長期にわたる資本主義の台頭は、あらゆる場所で社会的混乱を引き起こした。ヨーロッパの囲い込み運動、先住民族の大虐殺、大西洋奴隷貿易、ヨーロッパ列強による植民地の拡大、イギリス領インドの飢饉。これらはすべて人間の福利に甚大な損失をもたらした。その傷跡は公衆衛生記録にはっきり残っている。資本主義の歴史の大半において、成長は一般庶民の福利を向上させなかった。実際には、まったく逆の影響を及ぼした[1]。思い出してほしいが、資本主義の拡大は、人為的希少性の創出に依存した。資本家はコモンズ――土地、森林、牧草地、その他、人々が生きるために依存していた資源――を囲い込み、自給自足経済を破壊して、人々を労働市場に追いやった。飢餓の脅威は、生産性を高めるための武器として使われた。GDPは成長していても、人為的希少性のせいで庶民の生活と福利はしばしば崩壊した。

それから400年近く経ってようやくイギリスの平均寿命は回復し始め、マキューンはその傾向に気づいたのだった。ヨーロッパの他の地域でも、少し遅れて同じことが起きたが、植民地化された国々で寿命が延び始めたのは、１９００年代初頭になってからだった。では、成長が平均寿命と人間の福利を向上させたのではないとしたら、この傾向はどのように説明できるだろう。

今日の歴史家は、マキューンが見逃していた驚くほど簡単な介入がそれらの向上をもたらしたと指摘する。その介入とは、公衆衛生だ。[2] １８００年代半ば頃、公衆衛生の研究者たちは、飲料水と下水を分けるといった簡単な衛生対策によって公衆の健康アウトカム〔治療や予防などの介入から得られる結果〕を改善できることを発見した。必要とされるのは、少しばかりの公共の配管設備だけだ。しかし、それを設置するには、公共事業と公的資金が必要とされる。公共用水ポンプや公衆浴場などに私有地を充てなくてはならない。また、公共住宅や工場を水道管とつなげるために、私有地を掘り返すことになる。そこに問題があった。数十年にわたって資本家たちは、公衆衛生の目標へ向かって進むことを後押しするどころか、反対したのだ。自由主義志向の地主たちは土地の使用を許可せず、設備を作るために必要な税金の支払いも拒んだ。

こうした上流階級の抵抗は、平民が選挙権を獲得し、労働者が組合を組織して初めて破られた。イギリスではチャーチスト運動〔労働者階級による選挙権獲得運動〕とミュニシパル・ソーシャリズム〔地方自治体主導の社会主義〕に始まる運動が、数十年にわたって国を後押しして資本家階級に対抗させた。活動家たちは、都市は少数の人のためではなく、すべての人の利益のために運営されるべきだという新たなビジョンを実現するために戦った。これらの運動は公衆衛生システムだけでなく、公的医療制度、ワクチン接種補償、公教育、公営住宅を実現し、賃金や労働条件の改善も導いた。歴史家サイモン・シュレーターの研究によると、そうした公共財――ある意味、新種のコモンズと言える――へのアクセスは、人々の健康に多大なプラスの影響を及ぼし、20世紀を通じて平均寿命の延びに拍車をかけた。[3]

この説明は現在、公衆衛生の研究者たちに強く支持されている。アメリカの実証データによると、水の衛生対策だけで１９００年から１９３６年までの大都市における乳児死亡率減少の4分の3、死亡率全体の減少のおよそ半分を説明することができる。[4] 国際的な医学者チームによる最近の研究によると、平均寿命向上の予測因子として、衛生対策に次ぐのは、ユニバーサル・ヘルスケア（すべての人が適切な医療を受けられること）へのアクセスであり、それには子供のワクチン接種も含まれる。[5] これらの基本的な制度が整った状況で、さらに平均寿命を伸長させるのは、教育、特に女性教育である。学べば学ぶほど、寿命は長くなるのだ。[6]

これらは特に驚くようなことではない。１９７５年に書かれたサミュエル・プレストンの原著を読むと、プレストン自身が、１９３０年代から１９６０年代までに伸長した世界の平均寿命のうち、90%までが、公衆衛生計画やその他の社会的技術など、「所得とは無関係な」要因に起因すると述べていることに気づくだろう。[7] 40年後の２０１５年、国連開発計画（ＵＮＤＰ）は、経済成長と保健・教育の変化の関係は「弱い」とする分析結果を発表し、「人間の福利の進歩は、経済成長とは異なる」と結論づけている。[8]

誤解しないでほしい。確かに高所得国は低所得国より平均寿命が長い傾向にある。しかし、この二つの変数の間に単純な因果関係はない。「経済成長そのものが人々の健康に直接、必然的にプラスの影響を与えるわけではないのは、歴史を見れば明らかだ」と、シュレーターは指摘する。「せいぜい言えるのは、長期的には人々の健康向上に影響する可能性があるということだけだ」[9]。その可能性が実現するかどうかは、どのようなものを生産するか、誰がそれにアクセスできるか、所得をどのように分配するかを決める政治力にかかっている。人間の福利の進歩は、資源を活用して堅牢な公共財と公正な賃金を提供しようとする進歩的な政治運動と政府によって推進されてきた。[10]歴史を振り返れば、そのような力がなければ、成長はしばしば社会的進歩を後押しせず、むしろ押し戻そうとすることがわかる。

GDPは人を幸福にできない

もちろん、公的医療保険、公衆衛生設備、公教育、適正賃金といったものは財源を必要とする。経済成長はそれらの実現を助けるだろうし、貧困国では経済成長は不可欠でさえある。しかし、ここが肝心なところだが、人間の福利を向上させるための介入は、高レベルのGDPを必要としない。GDPと福利との関係は飽和曲線を描き、ある点を境にグラフの上昇率は急激に落ちる。ある点に達した後は（高所得国はとっくに達している）、GDPの増加は重要な社会的成果の向上にほとんど寄与しないのだ。[11]その関係は、破綻し始める。

事実、国民1人当たりのGDPは比較的低いのに、驚くほど高レベルの福利を実現している国が数多く存在する。わたしたちはこれらの国々を「例外」と見なしがちだが、そういった国々はまさにシュレーターや他の公衆衛生研究者が明らかにしようとしたことを証明している。要するに、分配が肝心なのだ。最も重要なのは、万人向けの公共財への投資である。ここから話は面白くなる。

平均寿命を例にとってみよう。アメリカは国民1人当たりのGDPが5万9500ドルで、世界で最も裕福な国の一つだ。国民の平均寿命は78・7歳で、世界ランキングのトップ20%に入っている。しかし、この重要な指数において、アメリカに勝っている国は何十か国も存在する。いずれも国民の所得はアメリカよりはるかに低い。日本は、所得がアメリカより35%低いが、平均寿命は84歳で、世界最長だ。韓国はアメリカより所得が50%低いが、平均寿命は82歳だ。ポルトガルに至っては、所得は65%も低いが、平均寿命は81・1歳である。これらは少数の例外というわけではない。ＥＵの所得はアメリカより36%低いが、平均寿命だけでなく福利に関する他のほぼすべての指標でアメリカに勝っている。

コスタリカは、おそらく最も驚くべき例だろう。熱帯雨林が生い茂る中央アメリカの国、コスタリカは、所得がアメリカより80%低いにもかかわらず、平均寿命では勝っている。実際、コスタリカは、環境への負荷を最小限に抑えながら高水準の福利を実現しているという点で、世界で最も生態系に配慮した経済の一つと見なされている。その経時的な推移を見ると、この話はいっそう魅力的に感じられる。コスタリカは１９８０年代に平均寿命を目覚ましく延ばし、アメリカに追いつき、追い越した。その時期、国民1人当たりのＧＤＰはごくわずか（アメリカの7分の1）であったばかりか、まったく成長しなかった。

このパターンは、平均寿命だけでなく教育についても見られる。フィンランドは世界最高レベルの教育システムを持つことで広く知られるが、国民1人当たりのＧＤＰはアメリカより25%低い。エストニアも教育は世界最高レベルだが、所得はアメリカより65%低い[12]。ポーランドは、所得がアメリカより77%低いが、教育は優れている。また、ベラルーシは国民1人当たりのＧＤＰがアメリカより90%低いにもかかわらず、国連の教育指数では、オーストリア、スペイン、イタリア、香港といったＧＤＰ

の高い国々や地域に勝っている。

これらの国々が成し遂げた驚くべき結果を、どう説明すればよいだろう？　答えは簡単だ。質の高い公的医療制度と教育システムに投資してきたからなのだ。[13] すべての人が健康で豊かに長生きできるようにするには、それこそが重要なのだ。

良いニュースは、これを実行するのに費用はそれほどかからないことだ。誰もが利用できる公的サービスは、民間のサービスよりはるかに費用対効果が高い。たとえばスペインでは、1人当たりわずか２３００ドルで全国民に質の高い医療を提供し、83・5歳という世界最高レベルの平均寿命を達成している。アメリカより5歳も長い。対照的にアメリカの営利目的の民間システムは、1人当たり９５００ドルというきわめて高額な費用を吸い上げているが、国民の平均寿命はスペインより短く、健康アウトカムは良好でない。

グローバル・サウスにも有望な事例が見られる。政府が公的医療制度と教育に投資している国では、平均寿命とその他の福利の指標において世界最速の向上が見られる。[14] スリランカ、ルワンダ、タイ、中国、キューバ、バングラデシュ、インドのケララ州――これらの国と地域は、1人当たりのＧＤＰが比較的低いにもかかわらず驚異的な進歩を遂げている。実のところ、いくつかの研究により、経済発展のどのレベルにおいても、普遍的な公的供給システムを持つ国は、持たない国より優れた社会的成果を達成できていることが明らかになった。[15]

何度も繰り返すが、実証的な証拠は、ＧＤＰが高レベルでなくても人間開発指数（平均寿命、教育、識字、所得の複合統計指数）を高レベルにできることを示している。国連のデータによると、どの国も

1人当たりわずか8000ドル（購買力平価［PPP］換算）で平均寿命を大幅に延ばし、8700ドルで教育指数を非常に高いレベルに上げることができる。各国は1人当たり1万ドル以下で、医療と教育だけでなく重要な社会指標——雇用、栄養状態、社会的支援、民主主義、生活満足度など——を高いレベルに上げながら、プラネタリー・バウンダリー以下か、それに近いところにとどまることができるのだ。[16]これらの金額の注目に値する点は、1人当たりGDP（PPPベース）の世界平均値、1万7600ドルを大幅に下回っていることだ。つまり理論上は、人間の幸福のためになるものを生産し、公共財に投資し、所得と機会をより公正に分配するだけで、現在より少ないGDPで世界のすべての人々のために、すべての社会的目標を達成できるのである。

GDPと人間の福利との関係が、ある時点を超えると破綻するのは明らかだ。しかし、この関係には別の興味深い特徴がある。ある閾値を超えると、成長はマイナスの影響を与え始めるのだ。その影響は「真の進歩指標」（GPI）などの、進歩に関する新たな測定基準によって見ることができる。GPIは、GDPと同じく「個人消費支出」をベースとしながら、所得格差や、経済活動に伴う社会・環境コストなどの要素を計算に加える。成長の利点だけでなくコストも考慮することによって、世界経済で起きていることについてよりバランスの取れた見方を提供するのだ。このデータを時系列でグラフ化すると、世界のGPIは1970年代半ばまではGDPと足並みを揃えて成長してきたが、それ以降、グラフは平坦になり下降していく。社会・環境コストが増大し、消費から得られる利益を打ち消したのだ。[17]

環境経済学者ハーマン・デイリーが言う通り、ある点を過ぎると、成長は「非経済的」になる。富より「貧困」を多く生み出すようになるのだ。この状況は多くの国や地域に見られる。高所得国が成長を追求し続けることは、不平等と政治不安を助長し[18]、過労や睡眠不足によるストレスや鬱、公害病、糖尿病や心疾患などの不調の原因になっている。

*

こうしたことを初めて知った時、わたしは大いに驚いた。なぜなら、成長について少し異なる見方ができることをそれらは意味するからだ。人間の福利という観点に立てば、アメリカ、イギリス、その他の高所得国の特徴となっているＧＤＰの高さは、本来必要とされるラインを大幅に超えていることがわかる。

こんな思考実験をしてみよう。ポルトガルが、1人当たり3万８０００ドル低いＧＤＰでアメリカより高いレベルの国民の福利を実現しているのであれば、アメリカの１人当たり3万８０００ドルの所得は事実上「無駄」だったことになる。その額は、アメリカ経済全体で年間13兆ドルにものぼる。この年間13兆ドル分の採取・生産・消費と、環境への負荷は、人間の基本的な幸福にとって何のプラスにもなっていない。まさに百害あって一利なしだ。だとすれば、所得をより公平に分配し、公共財により多く投資すれば、アメリカ経済を現在の65％にまで縮小しても、アメリカの庶民の生活を向上させられるのだ。

もちろん、富裕国での過剰な所得と消費のいくらかは、平均寿命と教育に関するデータには表れない生活の質の向上をもたらしている可能性がある。幸福感や充実感についてはどうだろう。GDPが増えたら、これらの主観的な指数が上昇するのではないだろうか。そう考えるのは筋が通っているように思える。結局のところアメリカン・ドリームは、所得と消費こそが幸福へのチケットだと約束してきたのだから。しかし奇妙なことに、全般的な幸福感と充実感の指標を見てみると、それらとGDPのつながりは希薄であることがわかる。このかなり不可解な結果は、それを最初に指摘した経済学者に因んで、「イースタリンのパラドックス」と呼ばれている。

アメリカでは、幸福度がピークになるのは1950年代で、その頃の国民1人当たりのGDPは、わずか1万5000ドル（現在のドルで）程度だった。以来、アメリカ人の平均年収は4倍になったが、この半世紀で幸福度は横ばいか、低下さえし始めた。イギリスも同様で、1950年代以降、収入は3倍になったにもかかわらず、幸福度は低下している。[19]同じような傾向は、他の多くの国でも見られる。

このパラドックスをどう説明すればよいだろう？　またしても研究者たちは、重要なのは所得そのものではなく、それがどう分配されるかであることを発見した。[20]所得の配分が不公平な社会は総じて幸福度が低い。これにはいくつか理由がある。不平等は不公平感を生み、それは社会の信頼、結束、連帯感を損なう。また、健康状態の悪化、犯罪率の上昇、社会的流動性の低下にもつながる。不平等な社会で暮らす人々は、欲求不満、不安感、生活への不満がより強い傾向にある。そうした人々は、鬱病や依存症になる割合も高い。

これが現実の生活でどのように起きるかは容易に想像できる。もしある人が職場で昇給したら、とても幸せな気分になるだろう。しかし同僚の昇給額が自分の2倍だったことを知ったら、どうなるだろう？　突然、まったく幸せでなくなり、動揺する。自分の価値が下がったように感じる。上司に対する信頼は砕かれ、同僚との連帯感も失われる。

これと同じようなことが消費に関しても起きている。不平等さは人々に、自分が持っている物では足りないという気持ちを抱かせる。わたしたちは常により多くの物を求めるが、それは必要だからではなく、世間の人々に後れを取りたくないからだ。友人や隣人が多く持っていればいるほど、自分もうまくやっていると思いたいために、より多くを持ちたくなる。これに関するデータは明らかで、不平等な社会で暮らす人々は、平等な社会で暮らす人々より、高級ブランド品を買う傾向が強い[21]。わたしたちがより多くの物を買い続けるのは優越感に浸りたいからだが、決してそうはならない。なぜなら、豊かな暮らしの基準は、富裕層（近頃ではソーシャルメディアのインフルエンサー）によって絶えず手の届かないところへ引き上げられているからだ。気づけば、わたしたちはくたくたになりながら、不必要な過剰消費のトレッドミルを回し続けている。

では、所得でないとすれば、いったい何が幸福感を高めるのだろう。２０１４年、政治学者のアダム・オクリックズ＝コザリンは、この疑問に関する既存のデータを見直し、驚くべきことを発見した。他の因子をコントロールすると、幸福度が最も高いのは堅牢な福祉制度を持つ国だった。福祉制度が手厚く寛大であるほど、すべての人がより幸福になる[22]。すなわち、国民皆保険、失業保険、年金、有給休暇、病気休暇、手頃な価格の住宅、託児所、最低賃金制度などが整っている国ほど、国民の幸福度が高いのだ。誰もが平等に社会財を利用できる、公平で思いやりのある社会で暮らす人々は、日々の基本的ニーズを満たすことを心配することなく人生を楽しみ、隣人と常に競いあうのではなく、社会的連帯を築くことができる。

国民1人当たりのGDPがアメリカよりかなり低くても、幸福度がアメリカより高い国が数多く存在するのは、そういうわけだ。そうした国には、ドイツ、オーストリア、スウェーデン、オランダ、オーストラリア、フィンランド、カナダ、デンマークが含まれる――古典的な社会民主主義の国々だ。コスタリカもこのリストに含まれ、所得はアメリカの5分の1だが、幸福指数はアメリカに並ぶ。[23] これらすべての国において、幸福度が高いのは強力な社会的支援のおかげだ。

幸福に関するこのデータは注目に値する。しかし、一部の研究者は、幸福に注目するだけでは不十分だと指摘する。彼らは、日々の雑多な感情の深層にある意味の感覚、言うなれば「人生の有意義さ」に注目すべきだ、と主張する。「有意義さ」に関して重要なことは、GDPとのつながりがますます希薄なことだ。人が、有意義な人生を送っていると感じるのは、思いやり、協力、コミュニティや人とのつながりを体現している時だ。そうした価値を心理学者は「内在的価値」と呼ぶ。内在的価値は、お金をいくら持っているか、自宅はどのくらい大きいか、といった外的な指標とは無関係だ。内在的価値はより深いところに存在し、収入や消費によって得られる束の間の快感よりはるかに強力で、長く持続する。[24] 人間は、共有し、協力し、コミュニティを築くために進化してきた。したがって、思いやりや協力、コミュニティや人とのつながりを表現できる状況では生き生きと活動し、それらが抑制される状況では苦痛を感じるのだ。

人生の有意義さは、人々の生活に現実的で物質的な影響を与える。2012年、スタンフォード大学医科大学院の研究チームがコスタリカのニコヤ半島を訪れ、その地域から得られた興味深いデータの意味を理解しようとした。コスタリカ人は長寿で知られ、平均寿命は80歳くらいだ。しかしニコヤ半島の人々はさらに長生きし、平均寿命は85歳に達する。世界最高レベルだ。これは奇妙な現象だった。なぜなら、ニコヤ半島はコスタリカで最も貧しい地域の一つだからだ。人々は伝統的な農業によって自給自足の生活を送っている。では、なぜ彼らは飛び抜けて長寿なのだろうか。コスタリカには優れた公的医療制度があり、その貢献は大きい。しかし研究者は、ニコヤの人々の長寿には他の理由があることを発見した。それは食事でも遺伝子でもなく、まったく予想外のもの、すなわちコミュニティの存在だった。ニコヤの長寿の人々は皆、家族、友人、隣人との強い絆を保っている。高齢になっても、つながりを感じ、自分の価値を実感している。ニコヤでは最も貧しい世帯の人が最も寿命が長い。それは彼らが同居し、互いを頼りにできるからなのだ[25]。

考えてみよう。コスタリカの農村で自給自足の生活を営む人々が、地球で最も豊かな経済圏の人々よりも長く健康な人生を送っている。北アメリカとヨーロッパには、高速道路、高層ビル、ショッピングモール、豪邸、自動車、きらびやかな施設がある。すべて「発展」の象徴だ。しかし人間の進歩の核心となる指標について言えば、どれ一つとしてニコヤの漁師や農民に優っていない。データは積み重なっている。何度も繰り返すが、富裕国の特徴となっている過剰なＧＤＰは、真に重要なことに関しては一つも勝ち星をもたらさないのである。

成長のない繁栄

これらのことはすべて朗報と言える。なぜならそれが意味するのは、高中所得国や高所得国は、成長しなくても全国民に良い生活を提供し、人間の真の進歩を達成できる、ということだからだ。その方法もよくわかっている。不平等を是正し、公共財に投資し、所得と機会をより公平に分配すればよいのだ。

このアプローチの素晴らしいところは、生態系にプラスの影響を及ぼせることだ。社会がより平等になるにつれて、人々は所得を高くしたり華やかな贅沢品を買ったりすることへのプレッシャーを感じなくなる。その結果、止まることのない消費主義のトレッドミルから解放される。デンマークを例にとってみよう。消費者調査によると、社会がより平等なデンマークの国民は、他の高所得国の人々に比べて、購入する衣服が少なく、長く使うことが明らかになっている。企業が広告にかける費用も少ない。なぜなら不必要な贅沢品を買うことに人々が興味を示さないからだ[26]。これは、より平等な社会では、他の要因を補正すると、国民1人当たりの排出レベルが低くなる原因の一つだ[27]。

しかし、不平等を解消すると、より直接的に生態系へのマイナスの影響を減らすことができる。富裕層のエコロジカル・フットプリントは、そうでない人々よりはるかに高い。世界人口の上位10％の富裕層は、1990年以来、世界の総炭素排出量の半分以上の原因になっている。つまり、世界の気候危機の大半は富裕層によって引き起こされているのだ。所得が上がるにつれて、不均衡はますます拡大する。世界の上位1％の富裕層の排出量は、貧困層（世界人口の下位50％）の人の100倍を超える[28]。

なぜだろう。それは富裕層が貧しい人より多くの物を消費しているというだけでなく、彼らが消費する物が大量のエネルギーを消費するからだ。豪邸、大型車、プライベートジェット、頻繁なフライト、外国での休暇、贅沢な輸入品などだ。[29] そして富裕層が使いきれないほどお金を持っている場合（通常、そうなのだが）彼らはその余剰分を、生態系を破壊する発展産業に投資する。

これらのことから、シンプルだが急進的な結論が浮上する。それは、最富裕層の所得を減らす政策はすべて生態系にとってプラスになる、というものだ。富裕層の過剰な所得は、庶民の福利には何の利益ももたらしていないので、これは社会的コストを伴わずに成し遂げることができる。この結論は、不平等の問題に取り組む研究者たちに広く共有されている。フランスの経済学者トマ・ピケティは不平等に関する世界的権威だが、遠慮なくこう述べる。「最富裕層の購買力を大幅に下げると、それだけで排出量削減に世界レベルの影響を及ぼすことができるだろう[30]」

また、公的サービスに投資することにもエコロジカルなメリットがある。公的サービスはほとんどの場合、民間のサービスより炭素・エネルギーの集約度が低い。たとえばイギリスの国民保健サービスは、アメリカの保健制度に比べて、CO_2の排出量はわずか3分の1だが、より良い健康アウトカムをもたらしている。公共交通機関はエネルギーと物質の両面において、自家用車より集約度が低い。水道水はペットボトルの水より集約度が低い。公共の公園、スイミングプール、娯楽施設は、個人の広い庭やプライベートプールやパーソナルジムより集約度が低い。加えて、より楽しい。フィンランドを訪れたら、公共サウナのおかげで社会全体が活気づいていることに気づくだろう。サウナは国民的娯楽であり、フィンランドを世界で最も幸福な国の一つにする上で大きな役割を果たしている。[31]

公共財の存在は、所得を増やさなければというプレッシャーから人々を解放する。アメリカを例にとってみよう。アメリカ人は長時間働いて収入を増やす必要に迫られている。なぜなら、医療や教育といった基本的なサービスを利用するコストが法外に高い上に、常に増え続けているからだ。まともな健康保険はとてつもなく高額で、庶民には手が届かず、被保険者負担金と患者負担金のせいで一生借金を背負うことも珍しくない。健康保険料は2000年以来、ほぼ4倍になっている。[32] 教育について言えば、子供が2人いる家庭は、その2人を大学へ通わせるだけで50万ドルもの支出が予想される――1980年代のほぼ5倍だ。[33] これらの価格は医療や教育の「真の」コストとは無関係だ。利益を中心に組み立てられたシステムの産物なのだ。

もしアメリカが公的医療・教育制度に移行したら、人々はより良く生きるために必要なものを、これまでの何分の1かのコストで利用できるようになる。そうなれば突如として、何とか暮らしていくために高収入を追求しなければならないというプレッシャーから解放されるだろう。

＊

ここが、重要なポイントだ。人間の幸福に関して言えば、重要なのは収入そのものではない。その収入で何が買えるか、より良く生きるために必要なものにアクセスできるかが重要なのだ。カギになるのは「福利購買力」だ。アメリカでは、3万ドルの年収で家庭を切り盛りするのは大変だろう。子供を良い大学へ入れることなど到底考えられないはずだ。しかし、国民皆保険、良質の公教育、家賃統制を享受しているフィンランドの人々は、同じ収入でも満ち足りた気分を味わえるだろう。つまり、こういうことだ。公共サービスやその他のコモンズへのアクセスを拡大すれば、人々の「福利購買力」を向上させられる。そうなれば、さらなる成長を遂げなくても、すべての人の豊かな生活を実現できる。公正さは成長要求の解毒剤であり、ひいては気候危機を解決するカギになるのだ。

これが意味するのは、過去40年にわたって支配的だった新自由主義的政策を根底から覆さなければならないということだ。政府は、成長を求めるあまり公共サービスを民営化し、社会的支出を削減し、賃金と労働者保護をカットし、富裕層の減税を手助けすることによって、不平等を急速に拡大してきた。気候が崩壊しつつある時代にあって、わたしたちはまったく逆のことをしなければならない。

社会的目標を達成するためにこれ以上の成長が必要でないのは、多くの証拠から明らかだ。それにもかかわらず、成長主義者のシナリオは驚異的なまでに力を保ち続けている。なぜだろうか。それは、成長がわたしたちの社会の最富裕層と最大派閥に利益をもたらしているからだ。アメリカを例にとってみよう。アメリカの国民１人当たりの実質ＧＤＰは１９７０年代の2倍になった。そのような驚異的成長は、人々の生活に明白な向上をもたらしそうなものだが、実際はその逆だ。40年前に比べて、貧困率は高くなり、実質賃金は低くなった[34]。半世紀の間、成長し続けたにもかかわらず、これらの重要な指数に関してアメリカは退行しており、その一方で、事実上、利益のすべてが富裕層に流れている。世界の上位１％の富裕層の年収は、この期間で3倍以上になり、１人当たり平均１４０万ドルに急増した[35]。

これらのデータを見れば、成長主義がイデオロギーにすぎないのは明らかだ。それも、社会全体の未来を犠牲にして、少数に利益をもたらすイデオロギーだ。わたしたちは皆、成長のアクセルを踏むことを強要され、その先には地球という生命体にとって致命的な結果が待ち受けている。すべては裕福なエリートをさらに金持ちにするためなのだ。人間の生活という観点から見れば、これは明らかに不平等だ。わたしたちは以前からそれに気づいている。しかし、エコロジーの観点から見れば、状況はいっそう深刻で、まるで狂気の沙汰だ。

サウスのための公正さ

富裕国は国民の生活を向上させるために成長を必要としない。しかし、貧しい国についてはどうだろうか。フィリピンを例にとってみよう。西太平洋にあるこの島国は、平均寿命、公衆衛生、栄養摂取、所得といった多くの重要な指数が望ましいレベルに達していない。けれども、土地、水、エネルギー、物的資源の消費の点では、安全なプラネタリー・バウンダリー内にある。[36]したがってフィリピンは、国民のニーズを満たすのに必要な範囲内で、それらの消費を増やしてもよいはずだ。同じことはグローバル・サウスのほとんどの国について言える。

ここに良い知らせがある。わたしと同僚は150か国以上のデータを分析し、グローバル・サウスの各国はプラネタリー・バウンダリー内かその近辺を維持しながら、主要な人間開発指数（平均寿命、幸福度、公衆衛生、教育、電力、雇用、民主主義など）を大幅に向上させることができる、という結論を得た。再び先に述べたコスタリカが、それを体現している。[37]他の研究により、地球温暖化を1・5℃未満に抑えるレベルのエネルギー消費によって、すべての人に良い生活（国民皆保険、教育、住宅、電気、冷暖房、公共交通、コンピューターなどを含む）を提供できることが示された[38]。しかしそのためには、開発についての考え方を根底から変える必要がある。経済成長を追い求め、それが魔法のように人々の生活を向上させることを期待するのではなく、まず人々の生活の向上を目標にしなければならない。そのために成長が必要とされるか、必然的に成長を伴うのであれば、それはそれでよい。経済は人間と生態系の要求を中心に組み立てるべきであり、その逆ではないのだ。

こうした開発のアプローチは、グローバル・サウスでは長い歴史を持っている。提唱したのは反植民地主義のリーダーたちだ。マハトマ・ガンジー、パトリス・ルムンバ、サルバドール・アジェンデ、ジュリウス・ニエレレ、トーマス・サンカラ、その他、数十名の指導者が、公正・幸福・自給自足の原則に重点を置く人間中心の経済を主張した。もっとも、この時代にこの思想を最も端的に表現したのはマルティニーク出身の革命的知識人、フランツ・ファノンだろう。１９６０年代に彼が記した次の言葉は、今なお人々の心に響くはずだ。

来たれ、同志たちよ。ヨーロッパのゲームはついに終わった。わたしたちは何か違うものを見つけなくてはならない。今、わたしたちは何でもできる。ヨーロッパのまねをしない限り。ヨーロッパに追いつきたいという欲望に囚われない限り。ヨーロッパは今、あらゆる導きと道理を振り払い、狂気に満ちた無謀なスピードで奈落の底へと突き進んでいる。わたしたちは可能な限りのスピードでそれを避けるべきだ。今、巨大な塊となってヨーロッパと対峙する第三世界は、ヨーロッパには解決できなかった問題を解決することを目指すべきだ。しかし、はっきりさせておこう。大切なのは、生産高、強化、仕事のリズムについて語るのをやめることだ。わたしたちは、誰かに追いつきたいわけではない。望むのは、昼も夜も常に人と共にあり、すべての人と共に前進することだ。だから同志たちよ、ヨーロッパに敬意を表することも、ヨーロッパからインスピレーションを得た国家、制度、社会を築くこともやめよう。人類は、そのような模倣ではない何かを、わたしたちに期待している。[39]

ファノンがここで主張しているのは、一種の脱植民地化である。経済発展という夢想を捨てて、別のアプローチによる繁栄を目指すべきだと言っているのだ。[40] それは実際には次のようなアプローチになる。コスタリカ、スリランカ、キューバ、ケララなどの国や地域に倣って、堅牢で普遍的な社会政策に投資し、医療、教育、水、住宅、社会保障制度を約束する。具体的には、土地改革を行い、小規模農家が必要な資源を利用できるようにする。関税と補助金を活用して国内産業を保護し、奨励する。適正な賃金、労働法の整備、累進課税によって所得を再分配する。そして、化石燃料と採取主義ではなく、クリーンエネルギーと生態系の再生を中心とした経済を構築する。

忘れてはならないのは、これらの政策の多くが、植民地時代後の1950年代から1970年代にかけてサウスで幅広く用いられていたことだ。しかし、1980年代から始まった構造調整計画によって、それらの政策は廃止された。この運命を逃れた国がわずかに存在する。コスタリカはいくつかの歴史的理由からその一つになった。韓国と台湾も同様である（ただし、どちらも環境政策は不十分だ）。これらの国々はより進歩的な経済政策を採用し、公共サービスへの投資を続け、今では高レベルの人間開発を実現している。それを見ると、もしサウスが介入を受けなかったら、何をなし得たかが察せられる。

となれば、サウスにとって必要なのは構造調整から解放されること、言い換えれば、外国債権者による支配から解放されることだ。そうすればサウスの政府は、人間開発につながる進歩的な経済政策を追求できる。ここからが重要なポイントだが、サウスの進歩は単に国内政策の問題ではなく、グローバル・ジャスティス（世界正義）に関わる問題なのだ。

*

多くの人は世界の貧困と聞くと、世界経済から切り離された僻地で暮らす人々を思い浮かべるだろう。グローバリゼーションの影響を受けず、富裕国の人々の生活とは無縁の人々だ。だが、このイメージは完全に間違っている。貧困層は世界経済に深く組み込まれている。彼らは、ナイキやプライマークといった多国籍企業の搾取工場で働き、あるいは、わたしたちのスマートフォンやコンピューターを作るのに必要な希土類《レアアース》を命がけで採掘している。わたしたちが毎日消費する茶葉やコーヒー豆やサトウキビを収穫し、欧米の朝食のテーブルに並ぶベリーやバナナも収穫する。さらに、世界経済を動かす石油・石炭・ガスは彼らの土地から採取される。少なくとも枯渇するまでは。つまり彼らは、世界経済に投入される労働と資源の大半を提供しているのだ[41]。

にもかかわらず、見返りとして彼らが受け取るのは、ほんの小銭だ。世界人口の60％を占める貧困層は全世界の所得の約5%しか手にしていない。[42] 1980年以降の40年間、彼らの1日当たりの収入は平均で年3セントしか増えなかった。[43] トリクルダウン経済（富裕層が豊かになると、貧困層にも富がしたたり落ちるという理論）のことは忘れよう。年3セントではトリクル（しずく）どころか、霧にもならない。

世界の富裕層の話は対照的だ。1980年以降の40年間で、世界経済の成長がもたらした新たな収入の46%以上が、最も豊かな5%に流れている。世界の上位1%の富裕層だけで毎年19兆ドルの収入を得ており、それは世界GDPの4分の1近くに相当する。[44] 169か国のGDPの合計より多く、その169か国にはノルウェー、スウェーデン、スイス、アルゼンチン、中東とアフリカ大陸のすべての国が含まれる。つまり、富裕層の所得は、世界経済が生み出す所得のうち、想像を絶する割合を占めているのだ。それは貧困層の土地と身体から搾取したものだ。

これらの金額を理解するためにこう考えてみよう。世界のすべての人が貧困線（1日当たりの所得が7・4ドル）を上回り、かつグローバル・サウスのすべての人にコスタリカと同等の普遍的な公的医療を提供するには、約10兆ドルが必要となる。[45] 一見、かなりの額だ。しかし、上位1%の富裕層の年間所得の半分でしかないことに気づいてほしい。1%の最富裕層の過剰な年間所得のうち、10兆ドルを世界の貧困層に移すことができれば、貧困を一気に終わらせ、グローバル・サウスの平均寿命を80歳にまで延ばし、世界の健康格差をなくすことができるのだ。それでも1%の最富裕層には、平均25万ドルを超える年間世帯所得が残される。誰もがほどほどに満足できるより多く、イギリスの世帯収入の中央値のほぼ8倍である。これは所得についてだけの話で、財産については触れていない。1%の最富裕層が所有する資産の価値は158兆ドルにものぼり、世界の総資産のほぼ半分に相当する。[46]

世界のGDP成長から利益を得ているのは誰か？

（1980年から2016年までの年間所得の変化）

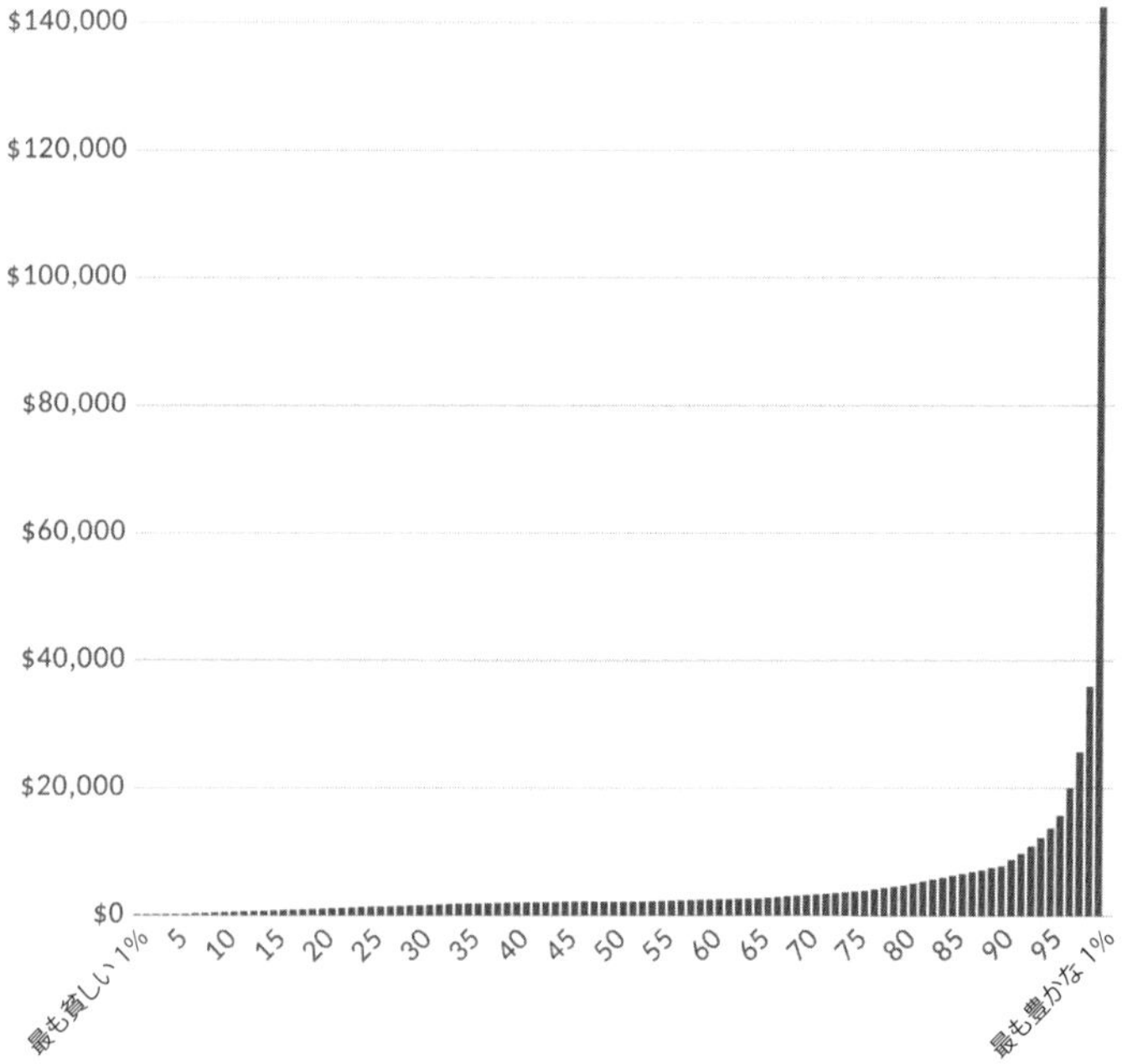

このグラフは各パーセンタイル内の個人の所得の増加の平均値を示す。
出典：World Inequality Database（Constant 2017 USD), Data management by Huzaifa Zoomkawala

この不平等は、自然に生じたものではない。強力な国と企業が、貧困国の人々と資源を組織的に搾取してきた結果なのだ。データを見れば明らかだ。現在、資源と資金はグローバル・サウスからグローバル・ノースへ、その逆より多く流れている。そう聞くと驚くかもしれない。なぜなら、通常わたしたちが聞かされるのは、富裕国が貧困国に多額の援助を行っていることを強調する物語ばかりだからだ。その額は年間約１３００億ドルにのぼる。加えて民間投資として、ノースからサウスへ年間５０００億ドルが流れている。しかし、その合計を何倍も上回る金額が逆方向に流れている。貧困国から富裕国へ資金が流出しているのだ。

この事実を理解すると、サウスが発展するには採取と搾取のパターンを終わらせ、経済のルールを世界の大多数にとって根本的に公平なものに変更しなければならないことがわかる。わたしの前作*The Divide*（『分断』）では、そのための方策を検討した。ここでそれを繰り返すことはしないが、いくつかの簡単な例を紹介しよう。

まず労働について。グローバル・ノースの成長がサウスの労働力に大いに頼っていることはよく知られる。しかし、研究者の推定によると、サウスの輸出産業で働く人々は国際貿易における交渉力を持たないため、毎年、約2・8兆ドルの賃金が未払いになっている。[47]この問題を解決する直接的な方法の一つは、世界的な最低賃金を導入することだろう。それを国際労働機関（ＩＬＯ）が管理し、各国の収入の中央値に従って修正するか、現地の生活・所得水準に合わせて設定するとよい。

資金の不正な流れという問題もある。現在、租税を回避しようとする多国籍企業によって、グローバル・サウスの国々から毎年約1兆ドルが盗まれ、海外のタックス・ヘイヴン（租税回避地）に隠されている。[48] たとえば、グアテマラや南アフリカなどで利益をあげたノースの企業が、その収益をルクセンブルクやイギリス領ヴァージン諸島などのタックス・ヘイヴンに移すのだ。そのためグローバル・サウスの国々は歳入を奪われ、公共サービスに投資できない。しかし、この問題の解決は可能だ。国境を越えた商取引と企業会計を規制する法律によって、脱税システムを停止させればよいのだ。

もう一つの問題は、世界経済を管理する国際機関が反民主主義的で、富裕国に有利な方向に傾いていることだ。世界銀行とＩＭＦでは、アメリカが重要な決定のすべてについて拒否権を持ち、高所得国が議決権の過半数を握っている。世界貿易機関（ＷＴＯ）では、交渉力はＧＤＰに左右されるため、植民地時代に豊かになった国々が国際貿易のルールを決めている。これらの機関を民主化すれば、グローバル・サウス諸国は、自国に影響する決定について真の発言権を持ち、自国の経済政策をよりコントロールできるようになるだろう。ＷＴＯの貿易ルールがより公正になれば、貧困国の輸出収入は毎年1・5兆ドル以上増えると国連は試算する。[49]

他にも検討すべき介入は多い。不正な債務を帳消しにすることによって、貧困国がありったけの資金を外国の銀行の利息の支払いに費やすのではなく、公的な医療保険制度や教育に投資できるようにする。企業による土地の収奪を終わらせ、土地を小規模農家に分配する。農産業において高所得国に不公平な優位性を持たせている補助金制度を改める、といったことが可能だ。こうした変化によって、サウスの人々は世界経済からより公正な配分を得られるようになり、すべての人に良い生活を保障するために必要な資源を確保できるだろう。

イデオロギーからの脱却

ひとたび国内および世界の不平等の規模を知ると、GDP成長を人類の進歩の指標にする筋書きは少々偏っているように思えてくる。さらに言えば、一種のイデオロギーではないか、とさえ思える。ここで言うイデオロギーとは、専門的な意味でのイデオロギーだ。それは支配階級に利益をもたらし、彼らが推奨する一連の思想で、支配される人々はその思想を正しいと信じきっていて、従うことを厭わない。イタリアの哲学者アントニオ・グラムシは、これを「文化へゲモニー」と呼んだ。支配階級が押しつけたイデオロギーが常識や規範として社会に浸透し、逆らうのが難しい、あるいは不可能になる状況だ。

世界の支配層は、世界で何が起きているかを熟知している。知らないと考えるのは、お人好しすぎるだろう。彼らは所得分布のデータを知っていて、そのデータに従って生きている。彼らの頭にあるのは、国内と世界の所得における自分たちの取り分を増やすことだけだ。彼らがより多くの成長を求めるのは、結局のところ、資本蓄積のメカニズムを加速させたいからだ。成長と人類進歩との関係についての彼らの主張は言い訳にすぎない。もちろん彼らは、成長がやがて貧しい人々の所得を向上させ、結果的に社会的対立が緩和されることを望んでいる。貧困層の所得が増えれば、支配層の蓄財は政治的に容認されやすいからだ。しかし生態系が危機に瀕している時代にあって、もはやこの戦略は通用しない。何かを変えなくてはならない。

成長主義の問題点は、それが数十年にわたって、分配という難しい政治課題からわたしたちの目を逸らしてきたことだ。成長は誰にとっても良いことだとわたしたちは決めつけ、政治の主体を成長にまつわる怠惰な計算に任せてきた。気候の緊急事態はこの状況を変える。それは世界経済のひどい不平等を直視することをわたしたちに強い、政治的議論の場にわたしたちを追い込んだ。人々の生活を向上させるために全体の成長が必要だという考えは、もはや意味をなさない。誰にとっての、何のための成長かを、はっきりさせる必要がある。わたしたちはこう訊ねるべきだ。「そのお金はどこへ行くのか?」「誰が、そこから利益を得るのか?」「生態系が崩壊しつつある時代に、総収益の4分の1近くが億万長者の懐に入るような経済を受け入れてよいのだろうか」と。

アメリカ連邦準備制度理事会の元メンバーであるヘンリー・ウォリックの次の言葉はよく知られる。「成長は、所得の平等の代わりになるものだ」。実際、その通りだ。GDP成長を加速させ、その一部が貧困層にしたたり落ちるのを期待するほうが、既存の所得をより公平に分配するより政治的には容易だ。しかし、ウォリックの論理を180度転換することができる。もし成長が平等の代わりになるのであれば、平等は成長の代わりになるはずだ[50]。わたしたちは豊かな惑星に生きている。もし、すでに持っているものをより公平に分かち合う方法を見つけることができれば、地球からこれ以上、略奪する必要はなくなる。公平さは成長の解毒剤なのだ。

人々の生活を向上させるには経済全体の成長が欠かせないという主張は、わたしたちに恐ろしい二者択一を迫る。人間の福利を選ぶか、それとも生態系の安定を選ぶか、と。この選択は不可能であり、誰もが目を逸らそうとする。しかし、不平等の仕組みを理解すれば、突然、選択ははるかに容易になる。

より平等な社会で生きるか、それとも生態系を崩壊させるか。ほとんどの人は抵抗なく選択できるはずだ。もちろん、その実現は簡単ではない。現状から並外れた利益を得ている人々との熾烈な戦いが求められるだろう。実際、この方向に進むことに頑として抵抗する人々がいる。彼らは地球を犠牲にしてでも世界の所得配分を現状のままにしておきたいのだ。

イノベーションは成長を必要とするか

わたしたちが立ち向かわなければならない強力な主張が、もう一つある。それは次のようなものだ——成長は人類の進歩にとってだけでなく、技術的な進歩にとっても欠かせない。なぜなら成長はエネルギー転換のための資金を集める唯一の方法であり、経済をより効率化するためのイノベーションをもたらす唯一の方法であるからだ。

確かに、気候危機を解決するにはイノベーションが欠かせない。より性能のよいソーラーパネル、風力タービン、バッテリーが必要であり、世界中の化石燃料インフラを解体し、クリーンなものに置き換える方法を見出さなくてはならない。これは大きな課題だ。しかし、良い知らせがある。そのために成長は必要とされないのだ。

まず、これらの目標を達成するには経済全体の成長が必要だ、という仮定を裏づける証拠は存在しない。GDP全体を成長させれば、その利益が魔法のようにソーラーパネル工場に投資されるなどと夢想するのはばかげている。もし第二次世界大戦中に連合軍がそうした方法で戦車や戦闘機を調達しようとしていたなら、今頃はナチスがヨーロッパを支配していただろう。この種の資金の動員には、政策によって既存の資金を誘導し、必要な場所へ導くことが欠かせない。世界中の大規模な共同インフラ計画の大半は、政策によって導かれ、公的資金が投入されてきた。下水道設備、道路網、鉄道網、公衆衛生システム、電力網、郵便事業などだ。これらは市場原理から自然に発生したものではなく、ましてや抽象的な経済成長の産物ではない。こうした計画は公共投資を必要とする。それを理解すれば、既存の公的資金を動かすことで、エネルギー移行への資金投入が容易に実現できることがわかる。たとえば、化石燃料助成金（現在5・2兆ドルに達し、世界GDPの6・5％に相当する）と軍事費（1・8兆ドル）を、ソーラーパネル、バッテリー、風力タービンに回すのだ。[51]

政策によって、民間投資を呼び込むこともできる。ある部門に政府が投資し始めると、その機に乗じて一儲けしようとする投資家がその部門にどっと押し寄せる。[52] 加えて、大企業や個人資産家に債券の購入を義務づけ、所得の一定割合（たとえば、5％）を特定のプロジェクト（クリーンエネルギーの迅速な普及など）に充てさせることもできる。そうした措置は、過去に複数の政府によって何度も用いられてきたので（アメリカのニューディール政策や、グローバル・サウスの開発主義時代など）、わたしたちが採用できないと考える理由はない。

イノベーションそのものについて言えば、日々の生活を一新させるような重要なイノベーションに資金提供したのは主に、成長志向の企業ではなく公的機関であったことを忘れてはならない。配管からインターネット、ワクチン、マイクロチップ、スマートフォンに至るまで、すべて公的資金による研究から生まれた。イノベーションを起こすために必要なのは経済全体の成長ではない。特定のイノベーションを起こしたいのであれば、経済全体を無差別に成長させて、結果的にそのイノベーションが起きることを期待するよりも、それらに直接投資するか、対象を絞った政策によって投資を奨励するほうが理にかなっている。例えば、鉄道の効率を高めるために、プラスチック産業、材木産業、広告産業を成長させる必要があるだろうか？　きれいなものを得るために、汚れたものを成長させることに意味があるだろうか？　わたしたちはもっと賢くなるべきだ。

何度も繰り返すが、成長は必要だという支配的な信念は正当性に欠けることが判明している。生態系の安定を犠牲にしてでも成長し続けることを主張する人々は、本当は必要でさえないもののために、文字通りすべてを危険にさらそうとしているのだ。

新しい進歩の指標が世界を正しい方向へと導く
——ただし、それだけでは十分ではない

１９３０年代、サイモン・クズネッツがＧＤＰという指標をアメリカ議会で紹介した時、彼は慎重に、ＧＤＰを経済進歩の一般的な尺度として使うべきではないと警告した。ＧＤＰに焦点を置くと、あまりにも多くの破壊へとつながるからだ。「国の繁栄の度合いを国民所得から推し量るのは、ほぼ不可能だ」と、クズネッツは述べた。「さらなる成長という目標は、何のために何を成長させるかを、はっきりさせる必要がある」。１世代後の１９６８年、アメリカの政治家ロバート・ケネディは、カンザス大学での講演で同様のメッセージを伝えた。「ＧＤＰでは、機知も勇気も、知恵も学びも、思いやり

も国への献身も測れない……それによって測定できるのは、人生を価値あるものにするもの以外のすべてである」

しかし、クズネッツから1世紀近く経ち、ケネディから半世紀が経った現在、ＧＤＰは世界のあらゆる場所で進歩の主な尺度になっている。クズネッツは思いがけずパンドラの箱を開いてしまったが、その後、誰もそれを閉めることができていないのだ。

もっとも、状況は変わり始めている。世界有数の経済学者の間でも、成長主義はイデオロギーとしての力を失い始めている。２００８年、フランス政府はＧＤＰ以外の方法で成功を定義するために、ハイレベルの委員会を設立した。同じ年、ＯＥＣＤとＥＵは「Beyond GDP」キャンペーンを開始した。その一環で、ノーベル賞受賞者のジョセフ・スティグリッツとアマルティア・センは、「暮らしの質の測り間違い――ＧＤＰはなぜ無意味なのか」と題した報告書を発表した。その中で、彼らはクズネッツの訴えを取り上げ、ＧＤＰを過信すると社会と生態系に起きていることが見えなくなる、と論じた。この報告書を受けてＯＥＣＤは、住宅、仕事、教育、健康、幸福などの福祉指標を組み入れた新しい指標「ベターライフ・インデックス」（ＢＬＩ）を発表した。

現在、代替指標は急速に増えている。「持続可能経済福祉指標」（ＩＳＥＷ）と「真の進歩指標」（ＧＰＩ）は、社会と環境のコストに応じてＧＤＰを補正しようとする。この新しい考え方は、政策にも浸透し始めた。ニュージーランドの首相ジャシンダ・アーダーンは２０１９年、ＧＤＰの成長ではなく幸福度の向上を目指すことを約束し、大きな注目を集めた。スコットランドの首相ニコラ・スタージョンはすぐその後に続いた。アイスランドの首相カトリーン・ヤコブスドッティルも同様である。

それぞれの発表にソーシャルメディアは興奮し、この話題は急速に拡散した（もちろん、この3人のリーダーが皆、女性であることも注目された）。人々は明らかに、これまでとは違うものを受け入れようとしている。

突然のブレイクだ。しかもそれは富裕国だけの話ではない。現在、世界中のNGOが、「ウェルビーイング・エコノミー」（幸福経済）の重要性を語っている。ブータン、コスタリカ、エクアドル、ボリビアはすべてこの方向に舵を切った。2013年、中国の国家主席、習近平は、長年の方針を覆し、GDPを自国の進歩の主な指標にしないことを発表した。

＊

より包括的な指標を採用することは、正しい方向への重要な一歩になる。もし政治家が「真の進歩指標」（GPI）を重視し、それによって評価されるようになれば、彼らは生態系を破壊するものを削減し、社会の利益を向上させようとするだろう。もっとも、それがGPIである必要はない。提案されているどの代替指標でもかまわない。GDPの専制から脱却しさえすれば、わたしたちは真に重要だと思うものについて、オープンに議論できるようになるのだ。これは究極の民主的行為だが、これまでは成長主義というイデオロギーがそれを阻んでいた。

だが同時に、このアプローチには限界があることを認めなければならない。より良い指標を用いるようになれば、成長を求める政治的圧力を減らすことができるかもしれないが、それだけでジャガノートの台頭を阻むことはできない。資源とエネルギーの消費が増えるのは、単に政治家と経済学者がＧＤＰ成長を追求するからではなく、資本主義が絶え間ない拡大という要求に基づいて組み立てられているからなのだ。仮に幸福度を進歩の指標にしても、産業活動が拡大し続けたら、生態系の危機は続くだろう。その状況は、健康状態を改善するために血圧を測っていた人が、それをやめて、毎週パブで行われるクイズの点数や、毎日何回笑ったかを指標にするようなものだ。幸福度は向上したように思えるかもしれないが、健康状態は依然として悪いままだ。

ここで、理解しておくべき重要なポイントは、ＧＤＰは論理的必然性のない経済指標ではない、ということだ。ＧＤＰは間違っているわけではなく、修正すればすむ会計上の間違いでもなく、資本主義が順調に進んでいるかどうかを調べるために特別に考案されたものだ。ＧＤＰが社会と生態系のコストを計算に入れないのは、資本主義が社会と生態系のコストを計算に入れないからだ。したがって、政策担当者がＧＤＰの測定をやめれば、資本は自動的に増収を追求しなくなり、経済はより持続可能なものになる、と考えるのは甘すぎる。幸福度に重点を置くことを唯一の解決策と見なす人々は、この点を見逃しがちだ。社会を成長要求から解放したいのであれば、もっと賢くなるべきだ。

第5章 ポスト資本主義への道

ルールに従っていては、世界を救うことはできません。
なぜなら、ルールは変わらなければならないからです。
——グレタ・トゥーンベリ

成長しなくても繁栄できることを理解したら、わたしたちの視野は一気に広がる。違う種類の経済を想像できるようになり、気候変動という緊急事態にどう対処すべきかを、より合理的に考えられるようになる。それはいくらかコペルニクス革命に似ている。初期の天文学者は、地球が宇宙の中心だという仮定からスタートしたが、それはとてつもない混乱をもたらした。他の惑星の動きは意味不明なものとなり、解くことのできない数学的な問題が生じた。しかし天文学者たちが、地球と他の惑星が太陽の周りを回っていることをついに認めると、突如としてすべての計算が容易になった。同じことが、成長を経済の中心から外した時にも起きる。突如として生態系の危機をはるかに容易に解決できるようになるのだ。

さあ、わたしたちが直面している問題から始めよう。ＩＰＣＣの指摘によると、不確かなネガティブ・エミッション技術に頼ることなく気温上昇を１・５℃（あるいは２℃）以下にとどめるには、世界のエネルギー消費を削減する必要がある。なぜなら、使うエネルギーが少ないほど、クリーンエネルギーへの迅速な移行が容易になるからだ。もちろん低所得国は人々の必要を満たすためにエネルギー消費を増やす必要がある。ここで注目すべきは、必要をはるかに超えた消費を行っている高所得国だ。

だが、これは部屋を出る時に電気を消すというように、個人の行動を変えればすむ話ではない。確かに個々人が節電することは重要であり、ＬＥＤ電球に変えたり、家の断熱性を高めたりすべきだが、最終的には経済全体の仕組みを変える必要がある。

経済が毎年生み出すあらゆる物を採取・生産・輸送するために、どれほどのエネルギーが必要とされるかを考えてみよう。地球から資源を抽出し、工場で完成品にするにはエネルギーが必要だ。製品を梱包し、トラックや列車や飛行機で世界中に輸送するのにもエネルギーが必要とされる。さらには、保管用の倉庫や販売するための店舗を建て、そこから出た廃棄物を処理するにも、エネルギーが必要だ。すなわち、資本主義は巨大なエネルギー吸引装置なのだ。[1] エネルギー消費を減らすには、経済全体の成長を目指すのをやめなければならない。必要性の低い生産形態を縮小し、強力な社会的成果を支えることを軸として、経済を組織する必要がある。

これが、わたしたちの言う「脱成長」だ。脱成長とは、経済の物質・エネルギー消費を削減して生物界とのバランスを取り戻す一方で、所得と資源をより公平に分配し、人々を不必要な労働から解放して繁栄させるために必要な公共財への投資を行うことだ。それは、よりエコロジカルな文明への第一歩となる。もちろん、その結果、ＧＤＰ成長は減速、停止、あるいはマイナスに転じるかもしれない。しかし、そうなっても問題はない。なぜならGDPは重要でないからだ。経済が今まで通りなら、これは不況を引き起こすかもしれない。しかし、不況が起きるのは、成長に依存した経済が成長を止める時だ。それは大惨事になる。脱成長は、それとはまったく異なる。これはまったく別の種類の、そもそも成長を必要としない経済に移行することなのだ。その経済の中心になるのは、際限のない資本の蓄積ではなく、人間の繁栄と生態系の安定である。

大量消費を止める5つの非常ブレーキ

第2章で見てきたように、高所得国は毎年1人当たり平均28トンもの資源を消費している。これを持続可能なレベルにまで引き下げなくてはならない[2]。資源に注目することには幅広いメリットがある。まず、資源の消費を減らせば、生態系への負担を軽減できる。森林や生息地の破壊を減らし、生物多様性の崩壊を防ぐことができるのだ。さらには、経済が消費するエネルギーが減り、クリーンエネルギーへの移行をより早く実現できる。また、必要とされるソーラーパネル、風力タービン、バッテリーが少なくなり、それらの原材料が採取される地域（ほとんどはグローバル・サウス）の負担が減り、そこで暮らすコミュニティの負担も減る。

つまり、脱成長——資源・エネルギーの消費を減らすこと——は、多面的な危機に対する生態学的に首尾一貫した解決策なのだ。良いニュースは、脱成長は人間の幸福に悪影響を及ぼすことなく実現できることだ[3]。むしろ、人々の生活を向上させながら実現できる。なぜ、それが可能なのだろう？　資本主義は使用価値ではなく交換価値を中心とするシステムであることを思い出そう。商品生産の大半が目指すのは、人間の要求を満たすことではなく、利益を蓄積することだ。したがって、成長志向のシステムは往々にして、人間の要求をあえて満たそうとせず、要求を持続させようとする。そのことを理解すると、積極的かつ意図的に浪費する大規模経済の存在が見えてくるが、それは是認できるどの目的にとっても有益ではない。

ステップ1——計画的陳腐化を終わらせる

この傾向が最も明らかなのは計画的陳腐化という慣習である。売上を伸ばしたくてたまらない企業は、比較的短期間で故障して買い替えが必要になる製品を作ろうとする。この手法が最初に実行されたのは1920年代のことだった。アメリカのゼネラル・エレクトリック社を中心とする電球メーカーがカルテルを組み、平均で約2500時間だった白熱電球の寿命を1000時間以下に短縮したのだ。[4] 効果は抜群で、売上と利益は急増した。このアイデアはたちまち他の産業に広がり、現在、計画的陳腐化は資本主義的生産の特徴として広く普及している。

冷蔵庫、洗濯機、食洗機、電子レンジといった家電製品を例にとってみよう。メーカーはこうした製品の平均寿命が7年以下に落ちたことを認めている。[5] しかし、「壊れる」のは、システム全体が故障するからではなく、内蔵された小さな電気部品が壊れるからだ。それらは容易にかつ低コストで、もっと長持ちするように設計できるはずなのだが。しかもそうした部品の修理費用は法外に高くつき、機器全体を買い替えるのとそれほど変わらない。それどころか、多くの場合、修理できないように設計されている。結局、理不尽にも消費者は数年ごとに、まだ十分使える金属やプラスチックの大きな塊を捨てるはめになるのだ。

わたしたちが毎日使っているハイテク機器についても同じことが言える。アップル製品を所有したことのある人なら、よくご存じだろう。アップルの成長戦略は、次の三つの戦術に依存しているようだ。1・使い始めてから数年経つと、動作が遅すぎて役に立たなくなる。2・修理は不可能か、あり得ないほど高額。3・広告キャンペーンによって、自分が使っている製品は時代遅れだと人々に思わせる。もちろんそれはアップルだけではない。ハイテク企業は2010年から2019年までに、130億台のスマートフォンを販売した。現在使用されているのは、そのうちの30億台ほどだ。[6] つまり過去10年間で、100億台のスマートフォンが廃棄されたことになる。加えてデスクトップ、ラップトップ、タブレット、それに大量の電子機器廃棄物のほとんどが、計画的陳腐化によって生み出されている。毎年、1億5000万台の廃棄コンピューターがナイジェリアなどに輸送される。それらは金属を回収した後、無秩序に広がる野外のゴミ捨て場に山積みにされ、水銀、ヒ素、その他の有毒物質が、地面に垂れ流しになっている。[7]

アップグレードできて長持ちするデバイスを作れないわけではなく、実際、作れるはずなのだが、成長を優先するために、その開発は抑制されている。「最高のイノベーター」と呼ばれる複数の巨大テクノロジー企業が、わたしたちが必要とするイノベーションを抑え込んでいるのだ。成長要求に反するというのがその理由だ。電化製品やスマートフォンに限ったことではない。すべてそうなのだ。数回穿いただけで破れるナイロン製のストッキング、古いドングルや充電器を使えなくする新しいポートを備えた機器など、計画的陳腐化の不条理な事例については、誰もが話すネタを持っている。イケアが数十億ドル規模の帝国を築くことができた主な理由は、使い捨ての家具を発明したことにある。スカンジナビアの森全域が、捨てやすいように設計された安いテーブルや組み立て式の棚に加工されているのだ。

ここにパラドックスがある。資本主義は効率重視の合理的なシステムだと、わたしたちは考えがちだが、事実はまったく逆だ。計画的陳腐化は、意図的な非効率の典型である。その非効率さは（奇妙なことに）利益の最大化という観点から見れば合理的だが、人間の要求とエコロジーの観点から見れば、非合理的だ。資源、不必要なエネルギー、人間の労働を浪費しているという点でもきわめて非合理的だ。計画的陳腐化によって意図的に作られた空白を埋めるためだけに、スマートフォンや洗濯機や家具の生産に何百万時間もが費やされている。それは、底なしの需要の穴に生態系と人間の命をシャベルで放り込むようなものだ。そうしても穴が埋まることは決してない。

真に合理的で効率的な経済では、アップルのような企業は、寿命が長く、モジュール式のデバイス（フェアフォンのように自分で修理できる倫理的《エシカル》なスマートフォン）を開発し、新製品の販売を減らし、既存の在庫の維持とアップグレードに努めるだろう。だが、資本主義経済において、そのような選択肢はない。中には、スマートフォンや洗濯機を次々に買い替える人を非難したくなる人もいるだろうが、それは的外れだ。個人もこのからくりの犠牲者なのだ。個人を責めると、システム的な原因から目を逸らすことになる。

こういった非効率性にどう対処すればよいのだろう。選択肢の一つは、保証期間の延長を義務づけることだ。電化製品の寿命を最長25年まで延ばす技術はすでに存在し、追加費用はほとんどかからない。簡単な法律で、現状よりずっと長い保証期間をメーカーに義務づけることができる。もしアップルが10年保証を課せられたら、耐久性があってアップグレード可能な製品をどれほど素早く売り出すかは見ものだ。

また、「修理する権利」を法によって保護し、一般のユーザーや独立した修理工が手頃な価格の部品で修理できるようにすることもできる。そうした法律はすでにヨーロッパの多くの議会で検討されている。もう一つの選択肢は、大型家電や機器についてはリース方式に切り替え、メーカーに修理の全責任を負わせ、モジュールのアップグレードによる効率向上を課すことだ。

こうした方法をとれば、製品（家電やパソコンだけでなく、家具、住宅、自動車も含め）は現在の何倍も長持ちするようになるだろう。その効果は絶大だ。もし洗濯機やスマートフォンが4倍長持ちするようになれば、その消費量は75％減る。マテリアル・スループット（物質の処理量）は大幅に削減されるが、人々の生活にマイナスの影響はまったくない。むしろ、絶えず機器を取り換えることへの苛立ちや出費から解放され、生活の質は向上するだろう。

ステップ2――広告を減らす

計画的陳腐化は、成長志向の企業が消費の回転をスピードアップさせるために用いる戦略の一つにすぎない。もう一つの戦略は広告だ。

過去1世紀の間に、広告業界は劇的な変化を遂げた。１９２０年代まで、消費はどちらかと言えば消極的で、人々は必要な物を買うだけだった。広告も、製品の有用性を消費者に知らせる程度だった。しかし、この状況は成長の妨げになった。なぜなら、必要が満たされると、購買意欲は低下したからだ。「必要」という限界を超える「解決策」を求めていた企業は、エドワード・バーネイズが開発した広告理論にそれを見つけた。精神分析学者ジークムント・フロイトの甥であるバーネイズは、心理を操作すれば、必要をはるかに超える消費を促すことができると指摘した。人々の心に不安の種をまき、その不安を解消するものとして自社製品を紹介するのだ。あるいは、その製品が社会的受容、階級、性的能力を提供すると約束して、売ることもできる。懸命に需要を拡大しようとしていたアメリカの企業にとって、この種の広告はたちまち必要不可欠なものになった。

１９９０年代に行われた調査では、アメリカのＣＥＯの90％が、広告キャンペーンなしに新製品を売るのは不可能だと考えていることが明らかになった。85％は、広告が「しばしば」不必要な物を人々に買わせる、と答えた。51％は、広告は本当は欲しくない物を消費者に買わせる、と答えた。[8] これらは驚くべき数字であり、広告が業界規模で操作されていることを明らかにした。インターネットの時代にあって広告は、バーネイズも想像が及ばなかったほど、さらに強力かつ狡猾になっている。ブラウザのクッキー、ソーシャルメディアのプロフィール、ビッグ・データによって、企業は個々人の性格――特別な心配事や不安――だけでなく、その人の、その時々の心理状態に合わせた広告さえ見させることができる。グーグルやフェイスブックなどの企業は、ＢＰやエクソンモービルより時価総額が高いが、収益のほぼすべてを広告に頼っている。わたしたちはこれらの企業をイノベーターと見なしているが、そのイノベーションの大部分は、人々に物を買わせるための、より精緻なツールの開発に焦点を合わせているようだ。

これは一種の心理戦だ。石油産業が、次第に到達困難になっていく地下資源を抽出するために、より攻撃的な方法をとるようになったように、広告業者も人々の関心の残り数ミリ秒を引きつけるために、より攻撃的な方法へ舵を切った。言うなれば、わたしたちの心を水圧破砕《フラッキング》しているのだ。わたしたちは毎日、大量の広告にさらされ、広告は年を追うごとにより狡猾になっていく。それは意識に対する攻撃であり、公共の空間だけでなく、人々の心も植民地化している。その戦略は成功しているらしい。広告費は物質的消費に大いに影響することが、研究によって明らかになっている[9]。広告費が増えるほど、消費も増えるのだ。現在、世界の広告支出は急速に増えている。２０１０年の４０００億ドルから２０１９年には５６００億ドルとなり、世界最大級の産業になっている[10]。

時として広告は、計画的陳腐化と一体化して毒入りカクテルをつくる。ファッション業界を例にとってみよう。衣料品小売業者は、飽和状態の市場で売上を伸ばすために、捨てられるための服をデザインするようになった。数回着ただけでだめになり、数か月で「流行遅れ」になるペラペラの安っぽい服だ。加えて広告は人々に、自分の服はださくて、時代遅れで、ふさわしくないと思わせる（この戦術は「認知的陳腐化」と呼ばれることがある）。現在の平均的なアメリカ人が1年間に購入する衣類の数は、１９８０年代の5倍になった。イギリスでは、「ファストファッション」が主流になるにつれて、２００１年から２００５年までの4年間で繊維製品の購入が37%増えた[11]。衣料品業界の資源消費量は年間1億トン以上に跳ね上がり、それに伴ってエネルギー・水・土地の消費量も急増している。

アメリカのデータを基準にすると、理論上は、ファストファッションを規制するだけで、人々が必要な衣服を入手できるようにしながら、布地の消費量を80％まで削減できるはずだ。

広告の力を抑制する方法はたくさんある。たとえば、総広告費を削減するために、割当額（クォータ）を導入する。あるいは、心理的に操作する広告手法を規制する。また、人々が見るものを選択できない公共空間から――オンラインのものもオフラインのものも――広告を締め出すのも一手だ。人口2000万のサンパウロは、すでに都市の主要な場所でこれを実施している。パリもこの方向へ動き、屋外広告を削減し、学校周辺では全面的に禁止した。結果は？　人々はより幸福になった。より安全だと感じ、自らの生活により満足できるようになった。広告の削減は、人々の幸福にプラスの影響を直接与えるのだ。[12] これらの措置は、無駄な消費を抑えるだけでなく、わたしたちの心を解放し、常に干渉されるのではなく、自分の考え、想像力、創造性に集中できるようにする。広告が消えた空間は、絵画や詩、それに、コミュニティを築き本質的価値を構築するためのメッセージで埋めることができる。

経済学者の中には、広告を制限すると市場の効率性が損なわれる、と懸念する人もいる。広告は人々が何を買うかを合理的に判断するのを助ける、と彼らは言う。しかし、この主張には説得力がない。実のところ、広告の大半はまったく逆のことをしている。それらは人々に不合理な判断をさせるために設計されているのだ。[13] 現実を見よう。インターネットの時代に、商品を見つけて評価するために、広告が必要だろうか？　検索するだけでことは足りる。皮肉なことに、インターネットは広告であふれているが、広告を時代遅れにしたのだ。わたしたちはこの事実を歓迎すべきだろう。

ステップ3——所有権から使用権へ移行する

資本主義にはもう一つ非効率的な側面がある。それは物を所有することだ。わたしたちが購入する商品の多くは、必要ではあっても、たまにしか使用しない。芝刈り機や電動工具のような機械は、おそらく月に1度、1、2時間使うだけで、あとは使われずに眠っている。メーカーは、誰もがガレージがいっぱいになるほど物を所有することを望んでいるが、その大半は容易に共有できる。より合理的な方法は、地域に作業場を設け、そこに機器を保管し、必要に応じて使えるようにしておくことだ。いくつかのコミュニティはすでにそれを実施し、地域の基金で機器を購入し、管理している。これらのプロジェクトは自治体の主導で規模を拡大し、アプリでの容易なアクセスを可能にできる。所有権から「使用権」への移行がマテリアル・スループットに与える影響は大きい。1台の機器を10家族が共有すれば、その製品の需要は10分の1になり、人々は時間とお金を節約できる。

これはとりわけ自動車に関して真実だ。電気自動車への切り替えが必要なのはわかっているが、最終的には自動車の総数を大幅に減らさなければならない。今のところ最も効果的な介入は、安価な（あるいは無料の）公共交通機関への投資であり、移動に必要な物資とエネルギーという観点から見ると、電気自動車より効率的だ。「効率」は、化石燃料からの脱却を目指すあらゆる計画にとってきわめて重要だ。多くのヨーロッパの都市が学んでいる通り、さらに効率的なのは自転車だ（この原稿を書いている時点で、ミラノではコロナウイルスのロックダウン解除後、感染拡大を防ぐために、35キロメートルに及ぶ公道を自転車道にしている)。公共交通機関も自転車も利用できない移動については、カーシェアリングを推進するために、公営のアプリベースのプラットフォームを開発するとよい。公営にすれば、ウーバーやエアビーアンドビーなどのプラットフォームを搾取の手段にしている不労所得生活者《ランティエ》の仲介は不要になる。

ステップ4——食品廃棄を終わらせる

ここに何度聞いても驚かされる事実がある。毎年、世界で生産される食品の最大50%——20億トンに相当する——が廃棄されているのだ。[14] これはサプライチェーン全体で起きている。高所得国では、原因は農家とスーパーマーケットにある。農家は見栄えのよくない野菜を処分し、一方スーパーマーケットは、過剰に厳しい賞味期限を設け、攻撃的な広告を行い、まとめ買い割引や、1個買えばもう1個無料といった作戦を展開する。結局、家庭では、購入する食品の30%から50%を捨てることになる。一方、低所得国では、原因は貧弱な輸送・保管インフラにあり、食品は市場に届く前に腐ってしまう。

食品廃棄は、エネルギー、土地、水、排出量に関して生態系に多大なコストをかけている。しかし、それは大きなチャンスも示している。理屈から言うと、食品廃棄を終わらせれば、現在必要とされている食料を確保しつつ、農業の規模を半分に減らすことができるのだ。そうすれば、世界のCO_2排出量は最大13%削減され、同時に、最大24億ヘクタールの土地を野生生物の生息地と炭素隔離のために利用できるようになるだろう。[15]

脱成長の観点から言えば、これはすぐできて、利益が大きい。数か国がすでにこの方向へ踏み出している。フランスとイタリアでは、最近、スーパーマーケットの食品廃棄を防ぐための法律が制定された（スーパーマーケットは売れ残った食品を慈善団体に寄付しなければならない）。韓国は、生ゴミを埋立地に廃棄することを全面的に禁止し、家庭とレストランに対しては、捨てた生ゴミの重さによって料金を徴収するコンポストの使用を求めている。

ステップ5――生態系を破壊する産業を縮小する

意図的な非効率性とゴミの問題に加えて、生態系を破壊し、しかも社会的必要性の低い産業についても語る必要がある。化石燃料産業はその最たるものだが、他の領域にもそれは見られる。

牛肉産業はその一例だ。世界の農地の60％近くが牛肉を生産するために――直接的には牧草地として、間接的には飼料を育てる農地として――使われている。[16]カロリーや栄養素を摂取するために必要な土地とエネルギーという点では、牛肉は地球上で最も資源効率が低い食物だ。加えて、牧草地と飼料用地を確保しなければならないという圧力が、森林破壊の最大の原因になっている。今これを書いている間にも、アマゾンの熱帯雨林のかなりの面積が、文字通り牛肉のために焼き払われている。しかも牛肉は、人間の食生活に欠かせないものではなく、人間の消費カロリーのわずか2％にすぎない。ほとんどの場合この産業は、人間の福利を損なうことなく大幅に縮小できるはずだ。[17]

恩恵は驚くべき規模になる。牛肉を非反芻動物〔ニワトリなど〕の肉や、豆類などの植物性タンパク質に切り替えると、約１１００万平方マイルの土地が解放される。これはアメリカ、カナダ、中国を合わせた面積に相当する。[18]この単純な移行によって、地球上の広大な土地を、森林や野生動物の生息地に戻すことができる。併せて、新たなCO_2の吸収源が生まれ、IPCCの試算によると、CO_2排出を最大で年間8ギガトン削減できる。現在の年間排出量のほぼ20%だ。牛肉産業の成長を抑制することは実現可能な革新的政策の一つであり、危険な気候変動を回避するために欠かせない、と科学者たちは言う。[19]その第一歩になるのは、高所得国が牛肉農家に給付している補助金を廃止することだろう。研究者はレッドミートに課税する案も検証し、「排出削減につながるだけでなく、人々の健康を増進し、医療費を抑える」としている。[20]

牛肉産業はほんの一例で、他にも縮小を検討できる産業は多い。軍事産業、プライベートジェット産業、使い捨てのプラスチック製品やコーヒーカップの製造、SUV車、マック・マンション〔粗製濫造された豪邸〕などだ（アメリカでは、1970年代から現代までに、家のサイズが2倍になった）。[21]また、オリンピックやワールドカップのために数年ごとに新しいスタジアムを建てるのではなく、既存のインフラを再利用すればいい。気候変動に関する目標を達成するには、民間航空も縮小する必要がある。まずは搭乗回数に応じた課税などから始め、最終的には、鉄道で行ける航路を廃止し、乗客1人1マイル当たりのCO_2排出量が最も多いファーストクラスとビジネスクラスを廃止する。さらにはエネルギー集約的な長距離サプライチェーンに基づく経済から、身近な場所で生産が行われる経済へ移行しなければならない。

この件についてオープンで民主的な話し合いをする必要がある。すべての部門は成長し続けなければならないと決めつけるのはやめて、わたしたちが経済に何を求めているかについて話し合おう。すでに十分大きくなっていて、これ以上成長すべきでないのは、どの産業か。規模を縮小したほうがよいのは、どの産業か。まだ拡大する必要があるのは、どの産業か。これまで、こうした質問がなされたことはなかった。しかし、2020年のコロナウイルスのパンデミックで、誰もが必要不可欠《エッセンシャル》な産業と、不必要な産業の違いを知った。どの産業が使用価値を中心に組織され、どの産業が交換価値を中心に組織されているかが、たちまち明らかになったのだ。わたしたちはこの教訓を踏まえて、前進することができる。

＊

これは完全なリストを目指すものではない。ここでわたしが言いたいのは、人間の福利に悪影響を与えることなく、マテリアル・スループットを大幅に削減することは可能だということだ。ここが重要なポイントだが、このアプローチは物質のフローを減らすだけでなく、そのフローを支える土台《ストック》（工場や機械や輸送インフラなど）も減らすことができる。毎年採取される物質の半分は、ストックを増強し維持するために使われる[22]。もしわたしたちが消費する製品の量が半分になったら、それらを生産する工場や機械は半分になり、輸送する飛行機やトラックや船は半分になり、流通に必要な倉庫や小売店は半分になり、廃棄処理に必要なゴミ収集車や廃棄物処理場は半分になり、このすべてのインフラを製造・維持・操作するために必要なエネルギーは半分になる。つまり効率が何倍も良くなるのだ。

最終的に政府は、資源とエネルギーの消費を削減するための具体的な目標を設定する必要がある。第3章で見てきたように税を課すだけでは不十分だろう。生態経済学者は、厳しい制限を設定するしかない、と考えている。現在の資源とエネルギーの消費量を上限とし、プラネタリー・バウンダリー内に収まるまで、毎年、徐々に下げていくのだ。[23] これは特に過激な手法ではない。すでにわたしたちは資本家による人的搾取に対抗するために、最低賃金、児童労働禁止、週末の休みの保証など、あらゆる種類の制限を設けている。資本家による自然の搾取に対しても、同様の制限を設ける必要がある。

重要なこととして、これは公正かつ公平な方法で行われなければならない。すべての人が、満足できる生活を送るために必要な資源と生計手段を利用できるようにしよう。また、中小企業が大企業に締め出されるようなことがあってはならない。これは上限・手数料・分配のシステムによって実現できる。資源・エネルギーの消費量に応じて漸増する手数料を企業に課し、その収益をすべての市民に均等に分配するのだ。たとえば、フランスで2018年に始まった「黄色いベスト運動」は、労働者階級と貧困層からの搾取によって環境目標を達成しようとする政府の試みに抗議するものだった。そもそも不公平によって引き起こされた問題を、不公平な方法で解決することはできない。正反対のアプローチをとる必要がある。

仕事はどうなる？

だが、ここから事態は厄介になる。先に提案した政策は、総工業生産高を減らすだろう。人間のニーズという観点に立てば、これらの政策は喜ばしいが（スマートフォンの寿命が2倍になって困る人はいないはずだ）、難しい問題が残る。製品がより長持ちし、物を共有するようになり、食品の廃棄が減り、ファストファッションが縮小すると、そうした産業の雇用は減り、サプライチェーンの至るところで仕事が消える。経済が合理的かつ効率的になればなるほど、必要とされる労働力は減っていくのだ。

これは見方によっては素晴らしいニュースだ。そうなれば、社会が必要としない物を生産・販売する仕事は減り、不必要な仕事で無駄に働かされる人は減る。人々は解放され、他のことに時間とエネルギーを使えるようになる。しかし解雇される労働者にとっては災難だ。政府は失業対策に追われるようになるだろう。

このことは出口のない迷路のように思えるかもしれない。実際、政治家が脱成長を言語道断と見なす理由もそこにある。しかし抜け出す道はある。不必要な仕事が減れば、週の労働時間を47時間（アメリカの平均）から30時間、あるいは20時間にまで短縮できる。併せて、必要な労働を公平に分配すれば、完全雇用を維持できる。このアプローチをとれば、誰もが脱成長によって生まれた時間の余裕を享受できる。加えて、再訓練プログラムを提供して、斜陽産業から他の職種への転職を容易にし、誰も取り残されないようにする。公的な雇用保障（たまたま人気を博している政策）[24]を導入すれば実現可能であり、職を求める人は皆、コミュニティが真に必要とし社会のためになる仕事に就くことができる——介護、エッセンシャル・サービス、クリーンエネルギーのインフラ建設、地産地消の農業、劣化した生態系の再生といった仕事だ。そのような仕事に対して、生活賃金〔労働者が基本的ニーズを満たすのに必要な最低所得〕が支払われる。[25]雇用保障は、政府が実施できる最も強力な環境政策の一つだ。なぜなら、雇用が保障されれば、失業を心配することなく、破壊的な産業の縮小についてオープンに話し合えるようになるからだ。

このアプローチのさらに喜ばしい点は、労働時間の短縮が幸福感の向上につながることだ。その驚くべき効果は何度も実証されている。アメリカの研究では、労働時間が短い人は長い人より幸福度が高いという結果が出た。所得の差を補正しても同様だった。[26] フランスが週35時間労働制に移行した時、労働者は生活の質が向上したと報告した。[27] スウェーデンで行われた実験では、労働時間を30時間に短縮した従業員は、生活満足度と健康状態の向上を報告した。[28] データもまた、労働時間の短縮が仕事に対する満足感を高め、やる気と幸福感を急上昇させることを示している。[29] 加えて、労働時間の短縮は——おそらく他の何よりも——職場と家庭の両方でジェンダー平等を促進する。[30]

批判的な人の中には、余暇が増えると人々は飛行機での長距離移動といったエネルギー集約的なレジャーを行うのではないか、と心配する人もいる。しかし、証拠はまったく逆のことを示している。余暇の少ない人ほど、より集約的な消費をしやすいのだ。そのような人は、高速での移動、食事の宅配、衝動買い、買い物《リテール》セラピーなどに頼っている。フランスの家庭を対象とする研究では、長い労働時間は、環境負荷の高い商品の消費と直結していることが判明した。収入の差を補正した場合も同様だった。[31] 対照的に、余暇を多く与えられた人々には、環境負荷の低い活動に惹かれる傾向が見られた。運動、ボランティア活動、学習、友人や家族との交流などだ。[32]

影響は国全体に及ぶ。たとえば、アメリカが労働時間を西ヨーロッパの水準にまで減らすと、エネルギー消費量は驚くべきことに20％も減少することが研究によって明らかになっている。労働時間の短縮は、最も即効性があって影響力の大きい気候政策の一つなのだ[33]。

しかし、おそらく労働時間短縮の最も重要な影響は、それによって人々がより多くの時間を「ケア」、すなわち、家族の看病、子供との遊び、森林の復元の手助けといったことに費やせるようになることだろう。この必要不可欠な労働は、通常、大半を女性が担っており、資本主義のもとでは無視されている。経済活動の外に置かれ、無報酬で、目に見えず、GDPの数字にも反映されない。しかし脱成長すれば、労働力を本当に重要なこと――真に使用価値のあるもの――に再分配できるようになる。ケアは、社会とエコロジーの幸福に直接貢献する。ケアを行うことは、幸福感や意義の向上という点では、物質的な消費より強力であり、爆買いしている時のドーパミンよりはるかに強い幸福感をもたらす。

労働時間の短縮がもたらす恩恵はそれだけではない。ある科学者グループは、その証拠を次のようにまとめた。「既存の研究は、労働時間の短縮は社会に三つの利益をもたらすことを示唆する。その三つとは、失業率の低下、生活の質の向上、環境負荷の減少である[34]」。すなわち、労働時間の短縮は、人道的で環境に配慮する経済を築くためのカギなのだ。

*

このアイデアは目新しいものではなく、特に過激なわけでもない。1930年、イギリスの経済学者ジョン・メイナード・ケインズは、「孫の世代の経済的可能性」と題したエッセイを記した。その中でケインズは、今後、技術革新と労働生産性の向上が進み、2030年までに週の労働時間はわずか

15時間になる、と予測した。生産性の向上については、ケインズは正しかったが、労働時間についての予測は実現しなかった。なぜだろう。それは、労働生産性の向上がもたらした利益を、資本家が横取りしたからだ。企業は、労働時間を短縮して賃金を上げる代わりに、増えた利益を自分のポケットに入れ、従業員には、これまで通りの長時間労働を強いた。生産性向上による利益は、人間を労働から解放するためではなく、絶え間ない成長のために使われたのだ。

　この意味において資本主義は、啓蒙主義への支持を主張しながら、啓蒙主義を裏切っている。わたしたちは、資本主義は自由と人間の解放を軸として構築された、と考えがちだ。それは資本主義が売り物にしているイデオロギーだ。しかし資本主義は、すべての人のニーズを何重にも満たし、人々を不要な労働から解放できる技術力を備えているにもかかわらず、その技術を、新たな「ニーズ」を生み、生産と消費のトレッドミルを際限なく拡大するために使っている。真の自由をもたらすという約束は永遠に果たされない[35]。

不平等を減らす

　脱成長のシナリオにおいてすべての人は必要を満たすのに十分な所得を得られるのだろうか、と人々はしばしば懸念する。はっきり言って、答えはイエスだ。国民所得（全国民が得る所得の総額）はその国の経済が生産するすべての財の総額に等しい。国民が必要とするものを生産している限り、それらを購入するのに十分な所得が得られるはずだ。問題は、分配の仕方だ。公平な所得分配を実現することが重要なのだ。

この一部は、労働時間短縮と雇用保障によって自動的に行われる。これらの措置は、労働者の交渉力を飛躍的に向上させ、国民所得に占める彼らの取り分は増えるだろう。また、時給ではなく、週または月単位の生活賃金政策を導入することで、労働者をさらに手厚く保護することもできる。脱成長のシナリオにおいてこれが意味するのは、所得を資本家から労働者に還元し、ケインズがエッセイを執筆した１９３０年以来続く、生産性向上がもたらす利益の横領を、食い止めることだ。言い換えれば、労働時間を短縮するためのコストは、不平等を減らすことによって賄われるのだ。

その余地は十分ある。イギリスの国民所得に占める労働者の所得の割合は、１９７０年代には75％だったが、現在では65％に低下した。アメリカでは60％に下がった。これらの減少を元に戻すことによって、最低賃金をかなり上げることができる。これに関しては企業にも十分余裕がある。ＣＥＯの報酬はこの数十年で超高額になり、毎年1億ドルもの報酬を得ている重役もいる。ＣＥＯの給与と一般労働者の賃金格差は、爆発的に拡大し続けている。１９６５年には、ＣＥＯの収入は普通の労働者の約20倍だった。ところが現在では平均で３００倍以上になっている。[36] 一部の企業では、その格差はさらに極端だ。２０１７年、マクドナルドのＣＥＯスティーブ・イースターブルックの収入は２１７０万ドルだったのに対し、マクドナルドのフルタイムで働く従業員の年収の中央値は７０１７ドルだった。３１００対1だ。言い換えれば、マクドナルドの平均的な従業員がスティーブ・イースターブルックの年俸と同じ報酬を得るには、３１００年間――古代ギリシャの誕生から現在まで――毎日、働かなくてはならないのだ。[37]

一つの方法は、「最高賃金」制度を導入して、役員と従業員の報酬比に上限を設けることだろう。政策研究所のアソシエイトフェローであるサム・ピジガティは、税引き後の報酬比を10対1以下にすべきだと主張する。[38] そうすればCEOはただちに従業員の賃金を可能な限り引き上げようとするだろう。見事な解決策であり、前例もある。スペインの大規模な労働者共同組合モンドラゴンは、役員の給与は従業員の最低賃金の6倍を超えてはならないというルールを定めている。さらに望ましいのは、これを国家規模で行い、国の定める最低賃金の何倍かを超える所得に100%課税することだ。そうすれば、所得分布はたちまち変わるだろう。

しかし、問題は所得の不平等だけではない。富の不平等も問題だ。たとえばアメリカでは、最も裕福な上位1%が国家の富のほぼ40%を所有している。下層の50%は何も持たないに等しく、所有する富は全体でわずか0・4%だ。[39] 世界レベルでの格差はさらに深刻で、最も裕福な上位1%が世界の富のほぼ50%を所有している。この種の不平等から生じる問題は、最富裕層が搾取的な不労所得生活者《ランティエ》になることだ。彼らは必要をはるかに超えるお金と財産を蓄積すると、住宅や商業用の不動産、特許ライセンス、ローンなど、あらゆる形でそれを貸し出すようになる。彼らがこれらの物を独占するため、他の人々は彼らに家賃を支払ったり借金を返済したりしなければならない。富裕層のこうした所得は、労せずして自動的に得るものであることから、「パッシブ・インカム」(受動的な所得)と呼ばれるが、他の人々から見れば、それは少しも受動的ではない。人々はあくせく働いて、自分が必要とする以上の収入を得なければならないが、それはひとえに富裕層に家賃を支払ったり借金を返済したりするためなのだ。まるで現代の農奴制であり、まさに農奴制と同じく、自然界に深刻な影響を及ぼしている。農奴制では、領主に年貢を納めるために、小作人は必要以上に土地から収穫することを強いられた。そのせいで森林破壊と土壌の劣化が進んだ。同じことが現在も進行中だ。わたしたちはただ大金持ちや大富豪に貢ぐために、地球を略奪させられているのだ。

この問題を解決する一つの方法は、富裕税（あるいは連帯税）の導入である。経済学者のエマニュエル・サエズとガブリエル・ズックマンは、10億ドルを超える富の所有に対し、10％の年間限界税率を課すことを提案している。これは最富裕層が資産の一部を売却することを後押しし、富のより公平な分配につながるだろう。しかし、生態系の危機の時代にあっては、さらに野心的にことを進めなくてはならない。結局、これほどの富を所有するに「値する」人はいないのだ。それは自ら稼いだものではなく、レントシーキングや政治的占有によって、低賃金労働者や安価な自然から搾取したものだ。極端な富は、社会と政治システムと自然界を腐敗させる。このことについて民主的対話をする必要がある。破壊的で容認できない蓄えとは、どの程度だろう？　1億ドルか、1000万ドルか、それとも500万ドルか？

ここまでの章で見てきたように、不平等を減らすことは、生態系への負荷を減らす強力な手段になる。生態系への影響が大きい贅沢な消費が減り、社会全体に広がる競争心に由来する消費も減るだろう。加えて、不必要な成長への圧力も排除されるはずだ。わたしがここで提案する政策は資本の蓄積を防ぐことにつながるだろう。レントシーキング行動は減り、富裕層は力を失い、庶民は自らが必要とする以上の採取と生産を強制されなくなる。経済は不要な交換価値から離れ、使用価値にシフトする。政治的占有は減り、民主主義の質も向上する。これから見ていくように、民主主義には、本質的な生態学的価値があるのだ。

公共財を脱商品化し、コモンズを拡大する

過剰な工業生産をスケールダウンする場合、労働力と所得と富をより公平に分配することで生活への影響を抑えることができる。しかし、もう一つ重要なことがある。幸福感に関して言えば、重要なのは所得の額ではなく、その所得で何が買えるか、どのような生活ができるか、ということなのだ。

わたし自身の経験として、ロンドンの住宅事情を考えてみよう。ロンドンの住宅価格は驚くほど高く、普通の2LDKのアパートでも、家賃は1か月2000ポンド〔30万円強〕、購入するには60万ポンド〔約1億円〕必要だ。これらの価格は、住宅を建てるのに必要な土地、材料、人件費とは無関係で、政治的決定がもたらしたものだ。1980年以降、公営住宅の民営化が進み、2008年以降は、低金利と量的緩和が資産価格を押し上げてきた。一方、ロンドン市民の賃金はそのペースに追いつかず、近づいてさえいない。このギャップを埋めるために、ロンドンの一般市民は長時間働くか、ローン（将来の労働が要求される）を組まなければならなくなった。かつては数分の一の費用で手に入れることができた基本的な社会サービスを利用するためだけに、である。言い換えれば、住宅価格が高騰するにつれて、ロンドン市民の所得の福祉購買力は低下しているのだ。

ではここで、恒久的な家賃統制《レントコントロール》によって、家賃を下げることを想像してみよう（その政策は、イギリス人の74%が支持している）[40]。物価は依然として高いが、突如としてロンドン市民は、生活の質を下げ

ることなく今より短い労働時間と少ない稼ぎでやっていけるようになる。余暇という形で収入が増え、家族や友人と過ごしたり、好きなことをしたりする時間が増えるだろう。

同じことは、人々の幸福にとって欠かせない他のものについても行うことができる。医療と教育はその最たるものだ。インターネットは？　公共交通機関は？　エネルギーと水の基本割当は？　ロンドン大学の研究者たちは、ユニバーサル・ベーシックサービス〔無償で提供する社会保障サービス〕はすべて、（富、土地、炭素などへの累進課税がもたらす）公的資金で賄えることを証明した。わたしたちが支払う費用は現在よりはるかに安くなり、併せてすべての人に適切で尊厳のある生活を保障できる。[41]加えて、公共の図書館、公園、スポーツ施設に投資するのも有益だ。労働時間の短縮に伴って、こうした施設は特に重要になり、人々は環境への負荷を最小限に抑えながら、豊かな時間を過ごせるようになるだろう。[42]

基本財を脱商品化し、コモンズを拡大することで、所得の福祉購買力を高めることができる。そうすれば、人々は所得を増やさなくても、豊かに暮らすために必要なものを利用できるようになる。このアプローチによって、第1章で見てきた「ローダーデールのパラドックス」を覆すことができる。資本家は成長（私有財産）を生むためにコモンズ（公共の富）を囲い込んだ。かつては無料で利用できた資源が有料になり、人々はそれを利用するために、より多く働かなければならなくなった。しかし脱成長の経済を創出すれば、この方程式を逆転させることができる。コモンズを復活させるか、新たなコモンズを創生して、所得を増やす必要がないようにするのだ。コモンズは成長要求の解毒剤になる。

「豊かさ」が成長の解毒剤となる

ここからポスト資本主義経済の核心へと入っていく。計画的陳腐化を終わらせ、資源の消費に上限を設定し、労働時間を短縮し、不平等を減らし、公共財を拡大する――これらはすべて、エネルギー要求を減らし、クリーンエネルギーに迅速に移行するために必要なステップだ。だが、それだけに終わらず、これらすべては資本主義の論理を根本的に変える。

第1章では、資本主義の台頭が、人為的な希少性の創出に依存していたことを述べた。囲い込みでも植民地化でも、人々を低賃金労働に従事させ、生産性を競わせ、大量消費者にするには、希少性を創出する必要があった。人為的希少性は、資本蓄積のエンジンとして機能した。これと同じロジックが今も至るところで働いている。労働市場を見てみよう。人々は常に失業の脅威にさらされている。労働者はより勤勉かつ生産的に働かなければならず、さもなければ、より生産的な誰か――通常は、より貧しく、より危機的状況にある人――に仕事を奪われる。生産性が向上すると、一部の労働者は解雇され、政府は新たな雇用を創出するために、経済を成長させるべく奔走し始める。労働者自身、成長を求める合唱に加わり、選挙では成長を約束する政治家に投票する。だが、この状況は必然ではない。わたしたちはより高い賃金と短い労働時間という形で、生産性の向上がもたらした利益を労働者に還元できるはずだ。労働者が常に失業の脅威にさらされているのは、仕事が人為的に希少になっているせいなのだ。

所得分配についても同じことが言える。成長がもたらした新たな収益の大半は富裕層のポケットに流れ込み、労働者の賃金は据え置かれ、貧困は解消されない。政治家と経済学者は、これらの問題を解決するにはさらなる成長が必要だと叫び、貧困の悲劇に心を動かされた人々は皆、賛同する。しかし、経済が成長しても、政治家や経済学者が約束するような効果は決して得られない。なぜなら、成長がもたらす収益は、たとえあったとしても、非常にゆっくりと浸透するからだ。かくして不平等は、所得の人為的希少性を永続させる。

消費の分野でも同じことが起きている。不平等は劣等感を引き起こす。人々が長時間働き、収入を増やして不必要なものを買おうとするのは、その劣等感を埋め、少々の尊厳を保つためだ[43]。この意味で不平等は、幸福感の人為的希少性を生み出している。経済学者と政治家はしばしばそれを戦略として利用している。イギリスの前首相ボリス・ジョンソンはかつて、「不平等は嫉妬心をかき立てるために欠かせない」と述べ、それが資本主義を支えている、と続けた。

計画的陳腐化も人為的希少性の戦略の一つだ。小売業者は商品の寿命を意図的に短くすることで新たなニーズを生み出し、消費のジャガノートが止まるのを防ごうとする。広告も同様で、欠乏感、すなわち自分には何かが欠けているという感覚を人為的に引き起こす。広告を見ると、自分は十分に美しくなく、性的な魅力もスタイリッシュさも足りないと思えてくる。

さらには、時間も人為的希少性の対象となる。不必要な長時間労働を強いられる人々は、自由に使える時間がほとんどなくなり、料理、家の掃除、子供や高齢の両親の世話といった、自分でできるはずの仕事を、お金を払って企業に委託せざるを得なくなる。その一方で、働きすぎによるストレスが、抗鬱剤、睡眠導入剤、アルコール、栄養士、夫婦カウンセリング、高額な休暇といった、かつてはそれほど必要とされていなかった新たな商品・サービスへのニーズを生み出す。これらの代金を支払うために、人々はさらに働いて収入を増やさなければならず、不必要な生産と消費の悪循環に陥っていく。

人為的希少性は、公共サービスにも組み込まれるようになった。1980年代以降、公共サービスには民営化の波が続々と押し寄せ、教育、医療、運輸、図書館、公園、プール、水道、住宅、さらには社会保障制度までがその対象になった。至るところで成長のために社会サービスが攻撃されている。目的は、公共サービスを希少にして、民間の代替品を半ば強制的に購入させることだ。その支払いのために、人々はより多く働かなければならなくなり、その結果、新たな商品やサービスが生み出される。それらは市場を必要とし、このシステムのどこでも新たな消費への圧力が生じる。

2018年の金融危機の後にヨーロッパ全土で展開された緊縮財政では、この論理がピークを極めた。緊縮（希少性の同義語である）とは、高齢者への暖房手当から失業手当、公共部門の賃金まで、あらゆる社会サービスと福祉への公共投資を削減することによって、成長のエンジンを再起動しようとする無謀な試みである。それはわずかに残っていたコモンズを切り刻み、「快適すぎる」あるいは「怠惰すぎる」と見なされた人々を再び飢餓の脅威にさらし、生き残るには生産性を上げるしかない状況に追い込む。この論理は、18世紀と19世紀と同様にあからさまだ。イギリスのデイヴィッド・キャメロン首相政権下では、福祉削減は「怠け者」をしっかり働かせ、生産性を向上させるために行われた（それは労働《ワーク》と福祉《ウェルフェア》を組み合わせ、ワークフェアと呼ばれた）。

繰り返すが、希少性は成長のために意図的に創出されている。1500年代の囲い込みと同じく、希少性と成長はコインの裏表なのだ。

このことは資本主義の核になっている驚くべき幻想を露呈する。通常、わたしたちは資本主義を、非常に多くのものを生み出すシステムと見なしている（テレビ画面や店先にあふれる品々を考えてみよう）。だが実際は、資本主義は絶え間ない希少性の創出を軸として組み立てられたシステムなのだ。資本主義は、生産性と利益を驚くほど向上させるが、それらを豊かさと自由にではなく、新たな形の人為的希少性に変える。そうしなければ資本蓄積のエンジンが止まる恐れがあるからだ。成長志向のシステムの目的は、人間のニーズを満たすことではなく、満たさないようにすることなのだ。実に不合理で、生態系にとっては暴力的だ。

この仕組みを理解すれば、解決策はすぐ見えてくる。成長のために希少性が創出されるのであれば、人為的に創出された希少性を逆行させれば、成長を不要にできるはずだ。公共サービスを脱商品化し、コモンズを拡大し、労働時間を短縮し、不平等を減らすことによって、人々は豊かに暮らすために必要なものにアクセスできるようになる。しかも、そのために新たな成長は必要とされない。人々は自らの幸福を損なうことなく労働時間を減らすことができる。不必要な物の生産は減り、不必要な消費への圧力も減る。こうして自由な時間を手にしたわたしたちは、時間の希少性がもたらす消費パターンから解放される。[44]

＊

人為的希少性の圧力から解放され、基本的要求が満たされると、生産性を向上させなければならないという競争心からも解放される。その結果、経済の生産量は減るが、それは必要な減少でもある。経済は縮小しても、まだ十分豊かだろう。私有財産（あるいはＧＤＰ）は縮小し、企業とエリートの所得は減るが、公共の富は増え、他の全員の生活は向上する。交換価値は下がるが、使用価値は上がる。突然、新たなパラドックスが出現する。豊かさが成長の解毒剤であることが明らかになるのだ。事実、豊かさは成長要求そのものを無効にし、ジャガノートをスローダウンし、そのハンドルを生物界に明け渡すことを可能にする。ヨルゴス・カリスが指摘したように、「資本主義は、豊かな状況では作動しない」のだ。[45]

中には、脱成長は緊縮財政の新たなバージョンにすぎない、と批判する人もいる。しかし、実際はまったく逆だ。緊縮財政は、より多くの成長を実現するために希少性を求める。一方、脱成長は、成長を不要にするために豊かさを求める。気候の崩壊を回避したいのであれば、21世紀の環境主義者は新たな要求をはっきり述べなくてはならない。「わたしたちが求めるのは根本的な豊かさだ」と。

債務を帳消しにする

人為的希少性を逆行させることは、成長という独裁者からの解放に向かう強力な一歩になる。しかし、対処しなければならない圧力、すなわち無効にすべき成長要求は他にもある。

おそらく最も強力なのは債務だろう。大学への進学を希望する学生や、住宅を購入しようとする家庭は、ローンを組む必要があるかもしれない。その問題点は、ローンには利子が付きもので、しかも利子は複利で計算されるので、借金が指数関数的に増えていくことだ。民間の債権者から借りた場合、借りただけ返せばいいというわけではない。従って膨らむ借金を返すために、収入を増やさなければならなくなる。悪くすると、元金の何倍もの金額を一生かけて返済するはめになる。返済しなければ、借金はかさみ、いずれは財政危機に陥る。成長か、さもなければ破綻か、だ。

複利の借金は、ある種の人為的希少性を生み出し、生態系に直接、影響を与える。対外債務を抱えた国々は、伐採や採鉱などの資源採掘産業に対する規制の緩和を迫られ、生態系を搾取している（政府が自国の中央銀行に負う債務は当てはまらない。対外債務と違って、返済義務がないからだ）。同じことは家庭についても言える。高利の住宅ローンを抱える人々は、そうでない人々より長く働いていることが、研究によって明らかになった[46]。人類学者デヴィッド・グレーバーが述べているように、債務という財政上の義務のせいで「わたしたちは不本意ながら略奪者に等しくなり、世界をただ金に変えられるものとして眺めるようになる[47]」

幸い、このプレッシャーを緩める方法がある。債務の一部を帳消しにすればよいのだ。生態系崩壊の時代において、債務の帳消しは、より持続可能な経済へ向かう重要な一歩となる。過激に聞こえるかもしれないが、前例はいくつもある。古代オリエント社会は定期的に帳簿を一新して、非商業的な債務を無効にし、債権者による束縛から人々を解放した。この原理はヘブライ法で「ヨベルの年」として制度化され、借金は7年ごとに自動的に帳消しにされた[48]。実のところ、債務の帳消しはヘブライの贖罪の概念の核になった。

これを現代の経済でどう行うかについては数十ものアイデアが出されている。２０１９年、アメリカの大統領候補バーニー・サンダースは学生の借金を帳消しにする計画を明らかにしたが、当時、その額は1・6兆ドルにも達していた。キングス・カレッジ・ロンドンの研究者たちは、政府が学生の借金だけでなく、他の不当な債務も帳消しにする方法を公表した。不当な債務とは、住宅投機と量的緩和によって生まれた住宅ローンの債務、貸し手が政府によってすでに救済されている古い債務、証券の流通市場で価値が切り下げられ、返済不能になった債務などだ。[49] わたしたちは、債務の帳消しが可能であることを知っている。２０２０年のコロナウイルス危機に際して、数か国の政府は突然、借金を帳消しにできることに気づいた。

同じことをグローバル・サウスの国々の対外債務についても行うことができる。その債務は驚異的なペースで増え続けている。大半はアメリカ連邦準備制度が金利を高騰させた１９８０年代の遺物だ。その高金利のせいで、サウスのすべての国は永遠にウォール街に隷属することになった。[50] 加えて、悪徳金融業者からの借金や、退陣して久しい非民主主義的な独裁者が残した借金もある。「債務帳消しキャンペーン」の研究者たちは、こうした不当な債務を帳消しにする方法を提案している。それを実行すれば、貧しい国々は、成長を求めて自国の資源を略奪したり国民を搾取したりすることから解放されるだろう。富裕国にとっては、他の国々に負う気候債務を返済するための大きな一歩になるだろう。

もちろん大口債権者は損をすることになるが、それはそれでいいと考えるべきかもしれない。より公平で環境に配慮する社会をつくるためなのだから、耐えてもらうことにしよう。わたしたちは、誰も傷つかない方法で債務を帳消しにできる。[51] 誰も死なない。結局、複利はフィクションにすぎない。フィクションの長所は、変更できることだ。次に紹介するデヴィッド・グレーバーの言葉は、おそらく最も雄弁にそれを語っている。

（債務の帳消しが）有益なのは、人間の苦痛を大幅に軽減できるからだけではない。お金は重要ではなく、借金の返済が道徳の本質ではないこと、さらには、これらすべては人間が決めたことであり、民主主義の真髄は、全員が同意する形で取り決めを変更できることであることを、わたしたちに気づかせるからだ[52]。

新たな経済のための新たな資金

しかし、債務の帳消しは一過性の解決策にすぎず、問題の根本的な解決にはならない。解決しなければならない、より深い問題がある。

わたしたちの経済が借金だらけになっている主な理由は、経済システム自体が、債務の上に成り立っていることにある。わたしたちは、銀行でローンを組む時、銀行が貸してくれるお金は、銀行が他の人の預金から集めて、地下金庫かどこかに保管している蓄えだと考えがちだが、そうではない。銀行が保有すべきとされる蓄えは、貸し出す資金の約10％か、それ以下でしかない。これは「部分準備銀行制度」と呼ばれる制度だ。つまり、銀行は実際に保有する資金の約10倍の資金を貸し出しているのだ。となると、実際には存在しない、その資金はどこから来るのだろう？　銀行は、借り手の口座に入金する時、そのお金を何もないところから作り出す。文字通り、融資することで作り出すのだ。

現在、市中に出回っている資金の90％以上は、こうやって作られる。言い換えれば、わたしたちの手を渡っていく通貨のほとんどは、誰かの借金なのだ。この借金は、利子をつけて返さなくてはならず、それには、より多くの労働・採取・生産が必要とされる。そう考えると、これは大変なことだ。結局のところ、銀行は何もないところから無料で作り出した製品（すなわち、お金）を効率良く売った後、人々には、その返済をするために現実の世界で実質的な価値を持つものを採取・生産することを要求しているのだ。常識外れの突拍子もないことなので、人々はそれが事実であることを理解できない。1930年代にヘンリー・フォードはこう言った。「国民はおそらく銀行制度や貨幣制度について知らないか、あるいは理解していないのだろう。もし理解していたら、明日の朝までに革命が起きるはずだ」

さて、ここから問題が生じる。銀行は、融資するお金は作り出すが、利息の支払いに必要なお金は作らない。したがって常に不足があり、欠乏した状態になる。この欠乏（希少性）が激しい競争を生み、誰もが借金を返済するための資金を得る方法を見つけようとする。その方法には、さらに借金を重ねることも含まれる。

椅子取りゲームを見たことがあれば、この状況を理解できるだろう。音楽が止まるたびに、椅子は減らされ、プレーヤーは残ったわずかな椅子をめぐって競いあう。熾烈な競争だ。では、もっと大きなものを賭けるとしたら、どうなるだろう。ゲームに負けるだけではなく、家を失い、子供たちは腹をすかせ、薬代も払えなくなるとしたら。そうなれば、どんな手を使ってでも椅子を奪い取ろうとするはずだ。その状況を想像すれば、わたしたちの経済がどのように機能しているかについて、大まかなイメージを掴めるだろう[53]。資本主義社会の表面だけを見る人は、多くの経済学者と同じく、こう結論づけるかもしれない。激しい競争、利益の最大化、利己的な行動は、人間の本性に組み込まれているのだ、と。しかし、そうした行動は、本当に人間の本質なのだろうか？　それとも、ゲームのルールにすぎないのだろうか？

過去数十年にわたって生態経済学者は、複利に基づく貨幣制度は地球の生態系の微妙なバランスの維持とは両立しない、と述べてきた。この問題をどうすべきかについては、いくつかのアイデアが浮上している。あるグループは、債務が指数関数的に膨らむ現在の複利システムを、単利システムに切り替えるだけでよいと主張する。単利システムでは利息は元金だけにつくので、債務の増加は直線的だ。そうすれば債務の総額は大幅に減り、貨幣制度は生態系と調和するものになり、金融危機を招くことなく、脱成長経済に移行できるだろう[54]。

2番目のグループはさらに踏み込んで、債務ベースの通貨を完全に廃止すべきだ、と主張する。商業銀行に信用通貨を作らせる代わりに、国が債務なしで通貨を作り、経済に貸しつけるのではなく、経済で使うようにするのだ。通貨を作る責任は、説明責任と透明性を備えた民主的な独立機関が担う。その機関の使命は、人間の福利と生態系の安定を両立させることだ。もちろん、銀行は依然としてお金を貸すことができるが、そのためには100％の準備金――ドルに対してはドルで――を用意しなければならない[55]。

「公共貨幣システム」と呼ばれるこのアイデアは決して奇抜なものではない。初めて登場したのは1930年代で、シカゴ大学の経済学者が大恐慌による債務危機の解決策として提案した。2012

年には再び注目された。ＩＭＦの進歩的な経済学者らが、債務を減らし世界経済をより安定させる方法として奨励したからだ。イギリスでは、ポジティブ・マネーという組織がこのアイデアを軸とする運動を展開してきた。現在、よりエコロジカルな経済に向かうための有望な手段の一つとして注目されている。このアプローチの強みは、単に借金を減らすだけでなく、国民皆保険制度、雇用保障、生態系の再生、エネルギー転換などに直接、資金を提供できることにある。しかも、収益を生み出すためのＧＤＰ成長を必要としない[56]。

ポスト資本主義のイメージ

資本主義の「転覆」や「廃止」について語る時、わたしたちは、その後どうなるのか、という不安に囚われる。地球の死を目前にして、現行の経済システムを攻撃するのは簡単だが、改革を求める人々が、新たな社会がどのようなものになるかを述べることはほとんどない。そのため、未来は恐ろしく、予測不能なものに思える。資本主義が消えた後の空洞をどのような悪夢が埋めることになるのか、いったい誰にわかるだろう。

しかし、経済システムを成長要求から解放する仕組みに着目すると、ポスト資本主義経済がどのようなものであるかが見えてくる。それはまったくもって怖いものではない。ソビエト連邦の指揮管理システムの失敗を繰り返すのではなく、自主的に貧困になって原始的な生活に戻るわけでもない。それどころか、いくつかの重要な点で馴染みがある。と言うのも、わたしたちが通常、経済と見なすもの（あるいは、経済はそうあるべきだと考えるもの）に似ているからだ。すなわち、ポスト資本主義経済では、人々は有益な物やサービスを生産し販売する。合理的かつ十分な情報を得た上で、何を買うかを決断できる。労働に見合う報酬を得ることができる。無駄を最小限にしながら人間としてのニーズを満たすことができる。必要とする人々に資金が届く。イノベーションによって高品質で長持ちする製品が作られ、生態系への負荷が減る。労働時間は短縮され、人々はより幸福になる。そして、基盤となっている生態系の健全さを無視するのではなく、大切にする。

新しい経済はこのように馴染みのあるものだが、既存の経済とは根本的に異なり、その軸になっているのは、資本主義が一番の目的としてきた「蓄積」ではない。

はっきり言って、このいずれも、容易には実現できないだろう。容易だと考えるのは甘すぎる。加えて、わたしたちがまだ完全には答えを出せていない難問がいくつも残っている。誰一人として、ポスト資本主義経済のための簡単なレシピを提示することはできない。結局、それは集団のプロジェクトとして進めていくべきなのだ。ここでわたしにできるのは、いくつかの可能性を示し、それらが人々の想像力を刺激することを祈るだけだ。どうやって実現するかについては、社会正義や環境正義を求める歴史上のあらゆる闘争と同じく、ムーブメントが必要とされるだろう。すでにそれはいくらか出現している。学校の気候変動ストライキ、環境保護団体エクスティンクション・レベリオン、ビア・カンペシーナ〔中小農業者の国際組織。小規模で持続可能な農業を目指す〕、スタンディング・ロック〔アメリカ先住民による水源保護活動〕等々。人々はより良い世界を切望するだけでなく、その実現のために結集している。こうしたムーブメントは自然に生じるわけではない。それを起こすには地域社会の組織化というハードワークが求められる。また、環境保護運動は、現職の政治家に軌道修正を要求できるほどの政治的力を獲得するために、労働者階級や先住民族と連携する必要があるだろう。

わたしは政治戦略家ではないが、希望的観測を一つ述べておきたい。必要とされる転換を遂げるには、全体主義的な政府が上から強制するしかないと考える人々もいる。しかし、この思い込みは間違っている。真実はまったく逆だ。

民主主義の力

2014年、ハーバード大学とイェール大学の科学者チームが、自然界に対する人々の考え方について調査し、驚くべき結果を発表した。彼らが知りたかったのは、人々は限りある資源を将来の世代と共有しようとするかどうかである。問題は、将来の世代からのお返しは期待できないところにある。わたしたちが孫世代のために環境保護を優先し、目先の金銭的利益をあきらめても、孫たちはそのお返しをしてくれない。資源を次世代と共有しても、得る利益はほとんどないのだ。経済学者はこの観点から、人々は資源を使い果たし、将来の世代には何も残さないという「合理的」な選択をするだろう、と予測する。

しかし、実際はそうではないことが明らかになった。ハーバード大学とイェール大学のチームは、人々をグループに分け、世代を超えて管理する共有資源を割り当てた。その結果、平均で68%もの人が、持続可能な形で資源を利用することを選択し、再生可能な量しか取らなかった。将来の世代の繁栄のために、彼らは自らが得られるはずの利益をあきらめた。つまり、大多数の人は、経済理論の予測とは逆の行動をとるのだ。

問題は、残り32％の人が、目先の利益のために共有資源を存分に使うという選択をすることだ。時が経つにつれて、この利己的な少数派のせいで共有する資源は減り、各世代に残される資源は少なくなる。その損失はたちまち累積し、4世代目までに資源は完全に枯渇し、次世代には何も残らない。この驚くべき衰退のパターンは、現在、地球上で起きていることに非常によく似ている。

しかし、そのグループに、直接民主主義によって集団で決定することを求めると、驚くべきことが起きた。持続可能な選択をした68％の人々が利己的な少数派を抑え、破壊的な衝動を阻止できたのだ。実のところ、民主主義的な意思決定では、利己的な人もより持続可能な決定に投票するようになった。そうなったのは全員が運命を共にすることを理解していたからだ。何度調べても、民主主義のもとでは資源は１００％、次世代のために維持された。科学者たちは12世代に及ぶ実験を行ったが、結果は常に同じだった。資源はまったく減らなかった。[57]

この実験が非常に魅力的なのは、生態経済学者が「定常経済」と呼ぶものを、広範かつ直感的に支持しているからだ。定常経済は、以下に示す二つの原則に従うことによって生態系のバランスを保つ。

(1) 生態系が再生できる量を超えて採取してはならない。
(2) 生態系が安全に吸収できる量を超えて廃棄、あるいは汚染してはならない。

定常経済を実現するには、資源の消費と廃棄に、明確な上限を設ける必要がある。数十年間にわたって経済学者たちは、「人々はそれを理不尽だと思うから、そのような上限の設定は不可能だ」と主張してきた。しかし、それは間違いだとわかった。機会があれば、人々は、まさにそのような政策を望むのだ。

*

それがわかれば、生態系の危機を新たな視点から見られるようになる。問題は「人間の本性」ではない。一部の人が自分の利益のために集団の未来を破壊することを許している政治システムが問題なのだ。

なぜこうなったのだろう？　わたしたちの大多数は民主主義社会で生きているのに、なぜ実際の政策決定は、ハーバード大学とイェール大学の実験が予測するものとこれほどまでに異なるのだろうか。それは、わたしたちの「民主主義」が少しも民主的でないからだ。所得分配がますます不平等になるにつれて、最富裕層の経済力の強化は、そのまま彼らの政治力の強化につながった。今やエリートが民主主義システムを掌握しているのだ。

これはとりわけアメリカにおいて顕著であり、企業は政治広告に莫大な資金を投じることができ、政党への献金もほとんど制限されていない。これらの措置は「言論の自由」という原則のもとに正当化されているが、政治家は企業や大富豪からの直接的な支援なしには当選できなくなり、エリートが好む政策を支持せざるを得なくなっている。加えて大企業や富裕な個人は、政府へのロビー活動に莫大な資金をつぎ込んでいる。その額は1998年には14・5億ドルだったが、2020年には35・5億ドルに達した。[58]費やしただけの甲斐はあり、ある研究によると、アメリカ議会へのロビー活動に費やされた資金は、減税や優遇措置といった形で、最大220倍にもなって返ってくるそうだ。[59]

このように政治が掌握されているので、アメリカの政策決定では、大多数の市民が賛成していない場合でも、ほぼ常に経済エリートの利益が優先される。この意味で、アメリカは民主主義というより金権主義に近い。[60]

イギリスにも似たような傾向が見られるが、理由は異なり、それには古い歴史がある。イギリスの金融の中心で、経済の動力源であるシティ・オブ・ロンドンは、国の民主的法律の多くと議会による監視を、長年にわたって免れてきた。シティ・オブ・ロンドン議会の投票権は、住民だけでなく企業にも割り当てられる。大きな企業ほど所有する票の数は多く、最大手の企業はそれぞれ79票を有している。また、貴族院（上院）の議員は選挙ではなく任命によって選出され、貴族が92議席を継承している。イギリス国教会が26議席を所有し、その他多くの議席が、多額の寄付の見返りとして富裕層に「売却」されている。[61]

同様の金権政治的傾向は金融の世界にも見られる。ブラックロックやバンガードといった民主的正当性のない巨大な資産運用会社が、多くの企業の株主投票を支配している。少数のエリートがその他大勢のお金の使い方を決め、企業の業務に並外れた影響を及ぼし、社会や生態系への懸念より利益を優先させているのだ。[62]メディアの存在も大きい。イギリスでは、3社が新聞市場の70%を支配し、その半分をルパート・マードックが所有している。[63]アメリカでは6社が全メディアの90%を支配している。[64]この状況で経済について真の意味で民主的な対話をするのは、事実上不可能だ。

国際レベルでも同様で、世界銀行とＩＭＦ――世界経済ガバナンスを担う二つの主要機関――の議決権は、少数の富裕国に偏って割り当てられている。世界人口の85％を擁するグローバル・サウスが所有する議決権は、50％以下だ。同様の偏りはＷＴＯにも見られ、そこでの交渉力は市場の大きさに左右される。世界で最も豊かな経済大国が、世界貿易システムのルールに関する重要な事柄をほぼ思い通りに決定する一方、生態系崩壊による損失が最も大きい貧しい国々の発言は、常に無視される。

現在、わたしたちが生態系の危機に直面している理由の一つは、政治システムが完全に腐敗していることにある。将来の世代のために地球の生態系を維持したいという大多数の思いは、嬉々としてすべてを使い尽くそうとする少数のエリートによって踏みにじられている。より環境に配慮する経済を勝ち取りたいのであれば、民主主義を可能な限り拡大しなければならない。それは、政治からビッグマネーを排除することを意味する。急進的なメディア改革、厳格な選挙資金法の策定、企業人格（法人格）の無効化、独占企業の解体、協同組合への移行、企業役員への労働者の登用、株主投票の民主化、グローバル・ガバナンスの民主化――以上のことを行い、資源をコモンズとして管理するのだ[65]。

本書の冒頭では、世界中の多くの人々が資本主義に疑問を抱き、より良いシステムを強く求めていることを指摘した。望ましい経済について、オープンで民主的な対話ができるとしたら、どうだろうか。それはどんな経済だろう。資源はどのように分配されるだろう。それはどのような形のものであれ、限りない成長に執着する、現在の極度に不平等で横暴なシステムとはまったく違ったものになるはずだ。今のような経済は誰も望んでいない。

長い間、わたしたちは資本主義と民主主義はセットになっていると教えられてきた。しかし実際には、両者はおそらく両立しない。資本主義は、生物界を犠牲にしても永続的な成長に執着し、多くの人が重視する持続可能性に背を向ける。この問題について発言の機会を与えられたら、大多数の人は、成長要求とは逆の、定常経済の原理に基づく経済を選択するだろう。言い換えれば、資本主義には反民主主義的な傾向があり、民主主義には反資本主義的な傾向があるのだ。

このことには興味を惹かれる。というのも、両者のルーツの少なくとも一部は啓蒙思想にあるからだ。啓蒙思想は一方では「人間本来の理性の自立」を促した。すなわち、伝統、権威者、神から授かったとされる知恵に疑問を抱くことを奨励したのだ。これは民主主義の核心になっている。その一方で、ベーコンやデカルトといった啓蒙思想家の二元論哲学は、自然を征服することを賛美し、それが資本主義拡大の基本的ロジックになった。皮肉なことに、啓蒙運動のこの二つの目的は両立しない。わたしたちは資本主義とそれによる自然の征服に疑問を抱くことを許されない。そうすることは、一種の異端と見なされる。言い換えれば、わたしたちは批判的で自立した理性を信じることを奨励されるが、資本主義を疑問視することは許されないのだ[66]。

*

生態系崩壊の時代にあっては、この障壁を打ち破らなければならない。資本主義を理性によって精査する必要がある。ポスト資本主義経済への旅は、この最も基本的な民主主義的行動から始まる。

第6章 すべてはつながっている

はるか昔
人々と動物が共に地球上で暮らしていた頃
人は、望めば動物になることができ
動物は人になることができた
彼らは時には人であり
時には動物であった
両者に違いはなく
皆同じ言葉を話していた
――イヌイットの長老、ナルンジアク[1]

わたしたちは川の守り人ではない。わたしたちは川である。
――コロンビア、マグダレナ川の漁師

ある種の写真は心に焼きつく。ブラジルの写真家セバスチャン・サルガドの作品を初めて見た時のことは忘れられない。わたしは薄暗いギャラリーに一人たたずみ、モノクロ写真に見入っていた。クウェートの広大な砂漠、油井がその風景を分断し、炎と煙が太い柱になって噴き上げている。もう一つの写真は、タンザニアの難民キャンプを写したものだ。地平線まで無秩序に広がる仮設テントと、そこでどうにか生き延びようとする無数の家族。また別の写真は、アマゾンの熱帯雨林の真ん中にある露天掘りの金鉱の様子を捉えている。武装した衛兵の監視下、大勢の男たちが肩を並べて穴を掘り、あるいは泥の地面を裸足でとぼとぼ歩いている。これらの写真は、現代の文明が抱えるトラウマを証言しており、何か月もの間、わたしの脳裏から消えようとしなかった。

サルガドは世界各地の危機に瀕した前線からの写真報道に人生を費やしてきたが、やがて挫折する。1990年代の後半、強制退去と移民に関するプロジェクトを終えた時、彼は写真報道をやめることを決意した。「わたしは病気だった。体調が悪かった。人間という種に対する信頼感を失っていた」と、後にカナダの『グローブ・アンド・メール』紙に語っている。彼と妻のレリアは国外で暮らしていたが、母国ブラジルに戻ることにした。夫妻は、サルガドの両親から農園を受け継いでいた。サルガドが幼少期の大半を過ごした場所だ。彼の記憶にあるそこは神秘的な森で、生物と水にあふれる楽園だった。しかし戻ってみると、かつての風景は何も残っていなかった。集約的な畜産と森林破壊のせいで、不毛で生物のいない乾き切った荒れ地になっていた。泉は涸れ、丘は浸食され、土壌は埃に化していた。

サルガド夫妻は心の傷を癒そうとするかのように、誰もが無理だと言う試みに挑戦した。その土地を元の大西洋岸の熱帯森林に戻そうというのだ。作業は1999年に始まったが、その結果には誰もが驚いた。６年後、１７３０エーカーの荒れ地は希望に満ちた緑に覆われた。そして２０１２年までに森林は回復した。泉は再び湧くようになり、動物たちも戻ってきた。鳥、哺乳類、両生類、それに数種の絶滅危惧種までも。現在、その土地は生態系回復の希望の光となり、それに刺激されて、世界各地で同様のプロジェクトが数多く進められている。

サルガドの物語が強力なのは、生態系がいかに早く再生するかを示しているからだ。これに関する研究は実にエキサイティングだ。２０１６年、国際的な科学者チームが、新世界（南北アメリカと周辺の島々）の熱帯の森林再生に関する過去最大のデータベースを発表した。湿潤森から乾燥森まで、あらゆる生態系が原生林のバイオマスの90%にまで自然に回復するには、平均でわずか60年しかかからないことを彼らは発見した。ただ放っておくだけでそうなるのだ。[2] 場合によってはもっと早い。コスタリカでは、家畜の放牧のために破壊された熱帯雨林がわずか21年で再生した。サルガドの農園で起きたことと同様だ。また、一般に生物多様性の回復にはもっと年月がかかるが、わずか30年で原生林のレベルにまで回復した例もある。[3] 森林が再生すると、大気中から膨大な量のCO_2を吸収する。その量は、１ヘクタール当たり年間11トンを超える。

これらの発見は真の希望をもたらす。わたしたちが過剰な産業活動を縮小し始めれば、生物界は驚くべきスピードで回復するのだ。これは遠い夢ではない。わたしたちは生きている間に、この目でその再生を見ることができるだろう。しかし、迅速に行動しなければならない。地球温暖化がこれ以上進めば、生態系がその再生能力を失う可能性が高いからだ。

この観点に立てば、脱成長は結局のところ、脱植民地化のプロセスだと考えざるを得ない。資本主義の成長は常に領土拡大の論理を中心として組み立てられてきた。資本が自然の領域を次々に蓄積の回路へ引き入れるにつれて、土地、森林、海、さらには大気さえ植民地化されてきた。過去500年にわたって、資本主義の成長は、囲い込みと奪取のプロセスであり続けた。脱成長とはこのプロセスを逆転させることだ。それは解放であり、治癒と回復と修復の機会が訪れることを意味する。

地政学的な見地からも同じことが言える。前述の通り、高所得国の過剰消費はグローバル・サウスの土地と人々からの不当な収奪によって維持されている。そのような植民地主義は、世界の大半の地域で半世紀前に終わっているはずなのだが、ここまで見てきた通り、古い略奪のパターンは今も続き、破壊的な結果をもたらしている。高所得国の脱成長が、サウスのコミュニティを採取主義の捕縛から解放するのであれば、それは真の意味で脱植民地化だと言える。実際、グローバル・サウスの社会運動は、以前から脱成長をはっきりと要求してきた。それは2010年に130か国以上の草の根団体によって作成された「コチャバンバ人民合意」に見ることができる。その協定は、北半球の成長主義が植民地主義的であることを認めた上で、地球資源の消費を抑制し、貧しい国からの搾取を終わらせることを、豊かな国々に求めている。

*

わたしは長年にわたって脱成長の研究をするうちに、まったく予想外のものに辿り着いた。――それは、希望である。それでも、まだ何か自分が気づいていないことがあるのではないかという不安を折々に感じる。経済をどう修正するかということにばかり気を取られていると、大局を見失う恐れがある。確かに、わたしたちは資本主義を超えて進化する必要がある。だが資本主義は、直面する危機の要素ではあっても、根本的な原因ではない。真の原因ははるかに根深い。

前述の通り、16世紀から17世紀にかけての資本主義の台頭は、何もないところから始まったわけではなかった。第1章で見てきたように、資本主義が台頭するには、暴力と収奪と奴隷化が必要とされたが、自然についての新たな物語も必要だった。資本主義は歴史上初めて、自然を人間とは根本的に異なるもの、すなわち人間より劣っていて、人間に従属し、人間に備わる精神を持たないものと見なすことを人々に求めた。つまり、世界を二分することを求めたのである。過去500年にわたってこの地球を支配してきた資本主義という文化は、その裂け目に根差している。

ひとたびそれを理解すれば、わたしたちが直面している闘いは、単に経済をめぐる闘いではないことがわかる。それは、人間の存在論《オントロジー》をめぐる闘いであり、勝利を収めるには、土地や森林や人を脱植民地化するだけでなく、わたしたちの心も脱植民地化しなければならない。この旅を始めるには、新たな希望の源、新たな可能性の泉、すなわち他の可能性を探る新たなビジョンが必要となる。この旅の途上では、環境に配慮した文明の構築は、限界や乏しさとは無縁であることを知るだろう。それは桁違いにスケールが大きく、想像をはるかに超える取り組みなのだ。

祖先の知恵

人類学の世界でわたしが発見した喜びの一つは、自分が知らなかった深い意味を持つ人間の物語をつなぎ合わせることにあった。大学院生の頃には、しばしば授業で学んだ新たな視点に圧倒された。まるで平凡な小さな山小屋から外に出ると、そこは崖っぷちで、目の前に果てしない歳月に及ぶ風景が広がっているように感じたのだ。人類の物語は旅のようなものであり、わたしたちの祖先はアフリカから出発して、何万年もかけて地球の至るところに移り住んだ。その過程でサバンナから砂漠、ジャングルから草原、湿原からツンドラまで、さまざまな生態系に遭遇した。新しい地域に足を踏み入れるたび、先住の種と互恵関係を築いて持続可能な暮らしをするために、生態系の仕組みを学ばなければならなかった。うまくいくこともあれば、失敗することもあった。

その両方をはっきり見ることができるのは、オーストロネシア人の拡大のプロセスだ。彼らは3000年前から2000年前までにアジアから出て、太平洋の南や東へ拡散し、広域の島々に移り住んだ。彼らの文化的ルーツは、安定したモンスーン気候が支配するアジア大陸にある。その大陸では、河川流域全体を農地に変えることができた。彼らはそのような広大な土地で暮らすうちに、資源は無限にあり土地は思い通りに利用できる、という感覚に慣れていった。

移住者たちは、オーストロネシアの島々にこの文化を持ち込んだ。しかし、本土の拡大の論理は、島々ではうまく機能しなかった。結果は壊滅的だった。移住者たちは、人間という捕食者に慣れていない巨大なカメ、鳥、魚など、手軽なタンパク質を手当たり次第に捕獲し、島のメガファウナ〔巨型動物類〕をズタズタにした。また、作物を栽培するために木を伐り倒した。こうしたことは、本土ではたいした影響を及ぼさなかったが、島では悲惨な結果をもたらした。キーストーン種（中枢種）が絶滅し、生態系はバランスを失い、生活は破綻した。多くの社会は崩壊し、いくつかの島は放棄された。

しかし、移住を繰り返すうちに、オーストロネシア人は自らの過ちから学んでいった。島という限られた生態系の中で社会を築き、繁栄するには、生態系に対してまったく異なるアプローチをとる必要があった。それは次のようなものだ――拡大のイデオロギーを統合のイデオロギーに変える。他の種に注意を払い、それらの習慣や言葉、別の種との関係のあり方を学ぶ。ある地域から安全に採取できる量はどのくらいか、それを持続させるために、どのくらいお返しすればよいかを知る。自分たちが依存する島の生態系を守るだけでなく、豊かにする。動物、森林、川との関係について、より環境に配慮した新たな考え方を発展させ、決して忘れないようにするために神話や儀式に組み込んでいく――これらの段階を経た社会は、ついに太平洋の島々で繁栄できるようになった。

今、わたしたちは同じような岐路に立たされている。わたしたちの文明は拡大に取り憑かれてきたが、突然、島に住んでいることに気づいたのだ。では、どうすればいいだろう。無謀な古いイデオロギーにしがみつくか、それとも、新しい、より知的なあり方を模索するのか。幸いなことに、もし後者を選ぶのであれば、ゼロから始める必要はない。人間は、驚くほどさまざまな場所で、生態系に配慮する生き方を発展させてきた。島に近い環境で生きるコミュニティに注目すれば、真に環境に配慮した知性とはどういうものかについて、貴重な手がかりが得られるだろう。

アニミズムのエコロジカルな暮らし

アマゾンの熱帯雨林の写真を見たことがあれば、そこがどのような場所か、大まかなイメージをお持ちだろう。緑に覆われ、蒸気が立ちのぼり、つるが絡みあい、生命が満ちあふれている。また、数百もの先住民族の居住地でもあり、彼らは何世代にもわたって熱帯雨林に暮らしてきた。エクアドルとペルーの目に見えない国境沿いに暮らすアチュアル族もその一つだ。

この10年から20年の間、アチュアル族は独特の世界観ゆえに注目の的になってきた。その世界観は人類学者や哲学者を惹きつけ、学者たちの自然に対する考え方を一変させた。アチュアル族にとって「自然」は存在しない。自然というカテゴリーを当然のものと見なしがちな西洋人にとっては、とんでもないことのように思えるかもしれない。私自身、初めてその考え方を知った時には、ばかばかしいと思った。しかし、この考えを長く心に留めておくと、心の奥底で変化が起き始める。そこには強力な秘密が隠されているのかもしれない。

アチュアル族はジャングルに囲まれた狭い土地に暮らしている。周囲には木々が密生し、緑色の巨大な波のようにそそり立っている。暗く陰鬱で、カエルの鳴き声と、オオハシ、ヘビ、サル、ジャガー、無数の昆虫の気配に満ち、コケ、キノコ、らせんを描くつる植物の宇宙が広がる。多くの人々にとって、他の社会から切り離されたこうした生活は、恐ろしく孤独で心細く感じられるだろう。しかし、アチュアル族の目に映るジャングルは、まったく異なる。彼らは辺り一帯に人間を見ているのだ。

アチュアル族から見れば、ジャングルに生息する動植物のほとんどが人間の魂に似た魂（ワカン）を持っている。そのため動物も植物も「人間」に分類され、人間と同じく主体性、意思、それに自意識まで持っている。動植物は感情を抱き、仲間どうしだけでなく、他の種や人間とさえ――夢を通じて――メッセージをやり取りする。動植物と人間に本質的な違いはない。アチュアル族は動植物を親類と見なしている。食べるために狩るサルなどの動物は、義理の兄弟であり、それらとの関係は慎重なルールと互いへの尊敬の上に成り立っている。食料にする植物のことは、養い世話をすべき子供と見なしている。アチュアル族にとって、ジャングルは単なる栄養源ではない。親密なつながりと親類関係に満ちた場所なのだ。

そうしたことはすべて昔ながらの比喩にすぎない、と片づけたくなるかもしれないが、そうではない。両親、子供、義理の親戚や隣人と良好な関係を保つことが、安全で幸福な生活を維持するために欠かせないことを、わたしたちが知っているのと同様に、アチュアル族は、森を共有する、人間ではない（あるいは人間以上の）多様な人格《パーソン》からなるコミュニティと良好な関係を保つことが、生活を維持するために欠かせないことを知っている。アチュアル族はそのコミュニティと相互依存の関係にあり、コミュニティが存在しなければ、自分たちも存在し得ないことを理解している。両者は運命を共有しているのだ。

アマゾンの熱帯雨林に暮らす民族のほとんどは同様の原則を持っており、それは当たり前の倫理観として広く普及している。しかし、こうした考え方をするのはアマゾンの先住民だけではない。バリエーションはさまざまだが、この倫理観はすべての大陸の、無数の先住民コミュニティで共有されている。[4]その一貫性には驚かされる。また、多くの場合、植物と動物だけでなく、川や山などの無生物も人間と見なされている。

アマゾンとは地球の反対側にある、マレー半島の熱帯雨林に暮らす先住民、チェウォン族を例にとってみよう。人口はかろうじて300人に届くほどだが、自分たちのコミュニティは植物、動物、森を流れる川も含むと彼らは言う。実際、それらをまとめて「わたしたちの仲間」（ビ・ヘ）と呼んでいる。繰り返すが、これは単なる空想的な比喩ではない。チェウォン族は、あらゆる生き物は同じ道徳意識（ルワイ）に支えられている、と考えている。リスとつる植物と人間は、外見はまったく異なるが、彼らに言わせれば、同じ道徳的存在の一部なのだ。すべての生物は、広範な生態系全体をスムーズに機能させ、生命の網を形づくる親密な相互依存性を維持することに対して倫理的責任を負っている。ミツバチが人間の幸福に倫理的責任を負うのと同様に、人間はミツバチの幸福に倫理的責任を負う。

マレー半島から4000キロメートル離れたニューギニア島のベダムニ族には、次のような言葉が伝わっている。「わたしたちは動物を見ると、ただの動物だと思いがちだが、彼らが人間と実によく似ていることを、わたしたちは知っている」。近くのニューカレドニア島に住むカナック族にも同様の倫理観があり、その対象は、動物だけでなく植物にまで及ぶ。彼らはこう主張する——人間と植物にはつながりがあり、人間と植物は同じ種類の身体を持っている。祖先は死後、戻ってきて、一本の樹木に宿る——。ベダムニ族とカナック族は、西洋人が当然と見なしている人間、植物、動物の区別を否定し、その間に階層を認めようとしない。長年にわたって西洋哲学の中心にあり続けてきた、人間を頂点とし他の生物を従属物と見なす「存在の大いなる連鎖」のような考え方は、彼らの世界には存在しない。

これらのコミュニティにとって、人間と「自然」を区別することは不可能だ。一方、資本主義社会に生きるわたしたちは、両者を日常的に区別している。この区別は、初期のメソポタミア文明、神を超越した存在と見なす宗教、ベーコンやデカルトのような啓蒙哲学者から受け継いだものだ。そのような区別は無意味だ。それどころか、道徳的に非難されるべきであり、暴力的でさえある。それは、人間のある集団が他の集団の人間性を否定し、人種の違いを理由に権利を奪うようなものだ。かつてヨーロッパ人はそうやって植民地化と奴隷制を正当化した。そのような区別は、相互依存の理解に基づく正しい生き方に対する冒涜とさえ思える。

＊

アチュアル族を始めとする先住民族の世界観は、生態系との関わり方に強く影響する。人間性を備えた存在に満ちている自然界を、わたしたちはどう扱うだろうか。人間と共に社会的共同体に暮らし、親族のような役割さえ担う存在を、どう扱えばよいだろうか。それらを「天然資源」、「原材料」、さらには「環境」と見なすことは考えられない。アチュアル族、チェウォン族、その他の先住民族の観点に立てば、自然を資源と見なして消費することは、倫理的に理解しがたいことなのだ。結局、何かを消費するには、それを人間以下の存在――客体《オブジェクト》と見なす必要がある。人間以下のものが存在せず、すべてが紛れもなく主体《サブジェクト》である世界では、そのようなことは不可能だ。

とは言え、誤解しないでいただきたい。確かに、これらのコミュニティも周囲の生態系から搾取している。魚を獲り、動物を狩り、植物を育て、果物やナッツや塊茎を得ている。この現実は、ある疑問をわたしたちに投げかける。動物が人格を備えているのであれば、それを食べるのは一種のカニバリズムではないのか、と。北極圏に暮らすシャーマンは、人類学者のクヌート・ラスムッセンにこう語った。「人生最大の禍《わざわい》は、我々の食べるものすべてに魂が宿っていることだ」

これは、解くことのできない難問のように思える。しかし、そう思えるのは、そもそも人間と非人間を区別しようとするからだ。両者を同じ集合体の要素と見なせば、この難問は解決する。重要なのは、そのどちらかではなく、両者の関係なのだ。突然、平衡とバランスの問題になる。先住民族はオオハシを狩り、塊茎を掘り出すが、彼らはそれを、採取ではなく交換の精神で行っている。根底に互恵の精神があるのだ。ここで働くモラルは、「取ってはならない」ではなく（もしそうなら、生きていけない）、「相手が望むより多く、あるいは、与えられるより多く取ってはならない」、すなわち、「生態系が再生できる量を超えて取るべきではない」というものだ。そして、自らが依存する生態系を損なわず、豊かにするために、できる限りお返しをしなくてはならない。

それには多くの労力が必要とされる。耳を傾け、共感し、対話することが求められる。多くの先住民族の社会では、とりわけシャーマンが、人間と非人間との関係を円滑にするスキルを磨いている。20世紀の大半を通じて、人類学者はシャーマンを人間と祖先との仲介役と見なしてきた。しかし現在では、多くの場合、シャーマンは人間のコミュニティと、人間が拠り所とする幅広いコミュニティを仲介していることが明らかになっている。

シャーマンは人間以外の生物と親密になる。アマゾンのシャーマンは、トランス状態や夢の中でそれらとコミュニケーションをとり、メッセージや意思を伝えあう。彼らは人間ではない隣人たちとの交流に長い時間を費やすので、生態系の働きについて専門的な知識を身につけている。たとえば川にいる魚について、翌年の産卵に必要な量を維持しながら、どの季節に、どの種類を、どれだけ獲っていいかを知っている。また、サルの集団を損なうことなく、どれだけ狩っていいかを知っている。果樹の森がいつ健康で、いつ弱るかを知っている。彼らはこの知識を用いて、森が安全に提供できる分を超えた植物や動物を、部族の人々が決して取らないようにしている。

この意味で、シャーマンは生態学者《エコロジスト》のような存在だ。ジャングルの生態系を支える脆弱な相互依存関係を理解し維持する専門家であり、その植物学と生物学の知識は、高名な大学教授でさえ押し黙るほどだろう。

*

そんなふうに世界を経験できたら、どれほどスリリングだろう。資本主義文化の中で育ち、支配と二元論に縛られたわたしたちには想像も及びそうにない。生物界を意図と社会性が息づくものとして捉えたら、その世界での経験はどれほど豊かになるだろう。そこには誰が住んでいるだろう。それはどのような存在だろう、彼らはどのような経験をしているのだろう。彼らとわたしたちは何を語りあうだろう。そのような生き方を夢想するだけで、魅惑的な世界への扉が開かれるようだ。その扉は、目に見える場所に隠されている。

人類学者は、そうした考え方をアニミズムと呼ぶ。宗教学者のグラハム・ハーヴェイはアニミズムをきわめてシンプルに定義している。曰く、「その世界は人《パーソン》で満ちているが、人間はその一部でしかなく、常に他の生物との関係の中で生きている」[5]。アニミストは、動物、植物、ひいては川や山さえ、客体《オブジェクト》としてではなく、主体《サブジェクト》と見なす。そのような世界観に、「それ」（ｉｔ）は存在しない。あらゆるものは「あなた」（ｔｈｏｕ）なのだ[6]。

　ここが理解すべき重要な点だ。「アニミストが人間でないものを人間として語る時、彼らはその存在に人間の性質を投影し、変装した人間と（誤って）見なしているだけだ」と考える人もいるが、それは間違いだ。彼らの世界で起きているのは、そういうことではない。アニミストは他の種を、主体、すなわち、人間と同じように、世界を主観的かつ感覚的に経験する主体と見なしているのだ。それらは主体であるがゆえに、人と見なされる。なぜなら、主体であることは、パーソンであることを意味するからだ。

　彼らがなぜそう考えるようになったのかは、容易に理解できる。森での狩猟と採集に頼る先住民族は、その土地の植物と動物を熟知していなければならない。そこで何万時間も費やして、サル、鳥、ジャガーの鳴き声を学んだり真似たりし、やがては、その意味や気分のわずかな違いさえ理解できるようになった。それは狩りを成功させるために欠かせないスキルだ。また、彼らは、さまざまな植物がどのような土壌を好み、気温や光の変化に反応してどう動くか、甲虫やアリや鳥とどのように交流するかも学んでいく。彼らが生活できるかどうかは、こうした知識を習得できるかどうかにかかっている。その習得の過程では、これらすべての存在が独自の方法と感覚によって世界を経験し、独自の知性で世界と交流し、反応していることを、否応なく理解する。それは人間以外のパーソンと心の深部で共感するプロセスだ。[7]

ある意味、これは当たり前のことのように思える。しかし、わたしたちはそれを容易に忘れてしまう。特に都市で暮らしていると、他の種と出会うことはめったになく、出会ったとしても飾りものにすぎないので、なおさらだ。農村や農場でも、野生生物はしばしば有害生物と見なされ、可能な限り駆除される。この状況では、人間以外の存在を――それらについて考えることがあったとしても、――主体ではなく客体と見なしやすい。あるいは、もしかしたら、わたしたちは忘れたり、誤解したりしているのではなく、心の奥底で真実だとわかっていることから無意識のうちに目を背けているのかもしれない。なぜなら、自分たちの経済システムが、他の生物を組織的に搾取することに依存していることを認めるのは、耐えがたいからだ。

アニミズムをどう捉えるにしても、一つ確かなことがある。それは、アニミズムは徹底的にエコロジカルであることだ。実のところアニミズムは、現在、生態学の核になっている原則を先取りしている。その原則は次の一言に要約できる。「すべては密接に結びついている。そのようにふるまいなさい」。これは単なるレトリックではない。実際の効果があるのだ。そのように生きることは、世界に現実の物質的な影響をもたらす。科学者の試算によれば、地球の生物多様性の80%は、先住民族が管理する地域で発見されている。[8]明らかに、先住民族は正しいことをしている。彼らは生物を守り育んでいる。そうするのは、慈善の精神からではなく、生物が美しいからでもなく、すべての生き物が基本的に相互に依存していることを理解しているからなのだ。

成長主義が地球史上6度目となる大量絶滅を加速させるにつれて、アニミズムの価値観と資本主義の価値観の対比は、これ以上ないほど顕著になっていくだろう。

デカルトの敗北とスピノザの勝利

アニミズムは、その考え方に慣れていない人々には、最初は少し奇妙で、突飛とさえ思えるかもしれない。それも当然だろう。結局のところ、わたしたちは、ルネ・デカルトと啓蒙主義を形づくった二元論哲学の後継者であり、啓蒙主義の前提はアニミズムのそれとはまったく逆なのだ。

前述した通り、デカルトは神と創造物は根本的に異なるという古い一神教の考えからスタートし、それを一歩推し進めた。デカルトは創造物を二つに分けた。一方は精神（あるいは魂）で、もう一方は単なる物質だ。精神は特別で、神の一部であり、通常の物理法則や数学では表現できない。この世のものとは思えない神聖な存在である。そして人間は、精神と魂を持つという点で、あらゆる生物の中で特別な存在であり、神との特別なつながりを持っている。それ以外の創造物は——人間の体も含め——不活発で、思考力のない物質にすぎない。それが「自然」である。

デカルトの考えに経験的証拠はなかったが、彼の思想は1600年代のヨーロッパのエリートの間で人気を集めた。なぜならそれは教会の権力を強化しただけでなく、資本家による労働と自然からの搾取を正当化し、植民地化に道徳的許可を与えたからだ。「理性」という概念自体、二元論の前提に基づくようになった。「人間だけが魂を持つ。なぜなら人間だけが理性を持つからだ。理性の第1段階は、わたしたち——わたしたちの精神——が身体とは別のものであり、世界の他の部分とも別のものであることを理解することだ」とデカルトは論じた。

この観点から、世界を密接につながったものと捉えるアニミズムは非合理的で知性に欠ける、と長く考えられてきた。19世紀の高名な人類学者は、アニミズムを「子供じみている」と表現し、「子供は世界を魔法に満ちた場所として眺めるが、それは認知のエラーであり、正さなければならない」と主張した。やがては理性だけでなく、近代性や近代科学までもが、人間と自然、主体と客体の明確な区別の上に定義されるようになった。アニミズムは、出現しつつある「近代」という概念の引き立て役にするのに最適だったのだ。

しかし、デカルトの言葉に誰もが納得したわけではない。原稿のインクが乾くか乾かないうちに、彼は同時代の学者たちから根本的な誤りを指摘され、激しく攻撃された。その後、400年間の科学の進歩により、デカルトが間違っていただけでなく、アニミストの思想は、生物と物質の実際の働きと深く共鳴していることが明らかになる。

＊

デカルトへの反発は、オランダの勇敢な哲学者バールーフ・デ・スピノザから始まった。スピノザは1600年代にアムステルダムのセファルディ系ユダヤ人の家庭で育った。ちょうどデカルトが有名になりつつあった頃だ。当時のエリートたちはデカルトの二元論を称賛したが、スピノザは納得しなかった。

それどころか、彼の考えはまったく逆だった。彼は、宇宙は一つの究極の原因――現在で言うビッグバン――から生まれたに違いない、と主張し、それを前提として論を進めた――だとすれば、神と魂と人間と自然は、根本的に異なる種類の存在のように見えるかもしれないが、実は唯一の壮大な「実在」の異なる側面にすぎず、同じ力に支配されている――。スピノザの主張は、当時の人々の世界観を根底から覆すものだった。彼の主張が意味したのは、神は「創造物」と同等の存在であり、人間は自然と同等の存在であり、精神と魂は物質と同じ存在だということ、つまり、すべては物質であり、精神であり、神であるということなのだ。

当時、こうした考えは異端だった。魂は存在しないのか？　超越的な神は存在しないのか？　スピノザの教えはキリスト教の核となっている考えを否定し、自然と労働の搾取に関して、道徳的難問を浮上させる恐れがあった。もし自然が神と同じなら、人間に自然を支配する権利はないはずだ。

スピノザへの反動は大きく、迅速だった。彼の思想は当時の権力者の思想と対立したため、容赦ない迫害を受けた。アムステルダムのユダヤ人社会は、スピノザを破門《ヘーレム》にし、コミュニティから追放した。キリスト教の支配者層も彼を追放し、カトリック教会は彼の著作を「禁書目録」に加えさえした。家族からも疎まれ、また、街頭で暴行を受けた。ある時は、シナゴーグの階段で「異端者め！」と叫ぶ暴徒に刺された。しかし、それでも彼はめげなかった。刺された時に身に着けていて破れた外套を反逆のシンボルとして着用した。

ヨーロッパは岐路に立っていた。道は二つ。一方はデカルト、もう一方はスピノザへと続いていた。やがて教会と資本家の全面的な支援を得て、デカルトの思想が勝った。その思想は、支配階級の力に正当性を与え、彼らが世界に対して行っていることを良しとした。その結果として現在、わたしたちは二元論に基づく文化の中で暮らしている。しかし別の道もあったはずだ。わたしはふと、スピノザの思想が主流になっていたら、この世界はどうなっていただろうか、と考える。人々の倫理観はどうなっていただろう。経済は？　もしそうなっていたら、わたしたちは生態系の崩壊という悪夢に直面していなかったのではないだろうか。

この話の注目すべき点は、その後の数世紀にわたって科学者たちが、スピノザの主張の多くが正しいことを確認したことだ。精神と物質に根本的な違いはなく、精神は他のあらゆるものと同じく、物質の集合であることが認められた。人間と非人間に根本的な違いはなく、同じ生物から進化したことが認められた。そして、まだ完全には解明されていないが、宇宙のあらゆるものは同じ物理法則に支配されていることが認められた。二元論は、かつては啓蒙科学の極みと見なされていたが、皮肉にも科学そのものに敗北したのだ。実のところ、現在、立場は逆転し、スピノザは近代ヨーロッパ哲学の最高の思想家の一人にして、科学史における重要人物として広く認められている。

しかし、科学が二元論から脱却しても、デカルトの世界観の一部は残った。今日に至るまで西洋社会ではほとんどの人が、人間は基本的に自然とは切り離された存在だと考えている。この信念を正当化するために、宗教家は魂という概念を持ち出すだろう。一方、無神論者は、知性と意識の問題だと主張するだろう。「人間だけが内なる自己と世界について熟考する能力を持ち、それが人間を他の生物より優れたものにしている」と彼らは言う。さらには、「人間だけが真の主体であり、他の存在は『客体』にすぎず、遺伝子コードに従って機械的にその生を演じているだけだ」と言う。４００年経っても、わたしたちはデカルトの言葉を繰り返しているのだ。

20世紀半ばから、エトムント・フッサールやモーリス・メルロ゠ポンティなどの哲学者が、現象学という新たな枠組みを用いて、これらの慣れ親しんだ前提を疑問視し始めた。彼らはこう主張する――人間の意識、すなわち自己は、抽象的で超越的な精神の中には存在し得ない。すべての意識は、現象を経験することから生まれ、経験は基本的に身体に依存する。わたしたちが知るすべて、考えるすべて、すなわち、自意識は、世界における身体的経験から生まれる――。哲学者デイヴィッド・エイブラムは、それを次のような詩的な言葉で表現した。

> この身体、この舌、この耳がなければ、あなたは話すことも他者の声を聞くこともできない。語ることも、熟慮することも、思うこともできない。なぜなら、交流や出会い、感覚的経験による気づきがなければ、問うべきものも知るべきものも存在しないからだ。それゆえ、生きた身体は、他者だけでなく自分との交流を可能にし――熟考、思索、認識を可能にするものである。[10]

もちろん、こうしたことは、すでに自分の身体を十分認識している人々――特に、生活のために、畑や工場や家庭で肉体労働をする女性たち――にとっては、特に驚くようなことではなかった。しかし、現象学の台頭は、ヨーロッパのエリートの男性たちが、自分には身体があること、すなわち、理性だけで生きているわけではないことに気づく節目となった。現象学は精神と身体を区別することをきっぱり否定したのだ。

ひとたびこれを受け入れれば、わたしたちの経験の領域に存在する他の「現象」や、わたしたちが関わる他の生物――他の人間だけでなく植物や動物――も、等しく主観的経験を持つ存在であることを認識しやすくなる。彼らもわたしたちと同じように身体を持ち、世界を感じ、世界と関わり、反応し、形づくっているのだ。実のところ、わたしたちが見ている世界は、彼らがわたしたちと共につくったものであり、彼らの世界は、わたしたちが彼らと共につくったものである。わたしたちと彼らは、知覚の官能的なダンスで互いに交流し、継続的な対話を通して、世界を知っていくのだ。

こんなふうに考えていくと、突如として主体と客体の区別は崩壊する。フッサールは、経験の宇宙は主体と客体の関係によっては定義されず、むしろ集団によって生み出された間主観的《インターサブジェクティブ》な領域である、と論じた。わたしたちが知るすべて、考えるすべて、わたしたちであるすべては、他の主体との相互作用によって形づくられるのだ。

現象学に由来するこれらの洞察は、アニミストが長く主張してきたことへ、わたしたちを導く。もしわたしたちが、人間は主体だから特別だ、という考えからスタートしたのであれば、非人間も主体であることを理解することによって、まったく新しい地平に立つことになる。突然、人《パーソン》の領域は、人間のコミュニティを超えて広がり、人間以外の他者を包含するようになるのだ。

ここで西洋の思想家について述べたのは、西洋哲学にも常に少数意見が存在したことを示したかったからだ。しかし先住民族の思想家たちは、そもそもデカルトの仮定に悩まされることもなく、自らの思想を発展させ、完全な形で実施してきた。そのような思想家に、ベルタ・カセレス（ホンジュラスの活動家で、ダム建設に反対し、2016年に暗殺された）、シェリア・ワット゠クロウティア（イヌイットの指導者で、2007年にノーベル平和賞にノミネートされたが、アル・ゴアが受賞した）、アイウトン・クレナッキ（ブラジル先住民の活動家で指導者）がいる。わたしが特に影響を受けたのは、アメリカ先住民アルゴンキン族の学者で活動家のジャック・D・フォーブスと、同じくアメリカ先住民ポタワトミ族の科学者で哲学者のロビン・ウォール・キマラーだ。

これらの非凡な人々の著作を読むと、いつもエメ・セゼールの言葉を思い出す。本書の第1章で触れたが、セゼールは、植民地化は人間や自然を「モノ化」するプロセスだったと述べた。自然であれ人間であれ生物はすべて、合法的に搾取するためにモノと見なされる必要があった。これが、安価な自然と、資本主義の成長のための道を開いた。この歴史を踏まえると、脱植民地化は脱モノ化から始めなければならないことがわかる。先住民族の学者たちは、まさにそれをわたしたちに教える。わたしたちは、再び自らをより幅広い生物コミュニティの一員と見なすことを学ばなければならない。脱成長へのアプローチが、この倫理を中心に据えていなければ、わたしたちは重要な点を見失っていることになる。

第二の科学革命が明らかにする人間と他の生物との関係

20世紀後半、現象学はアニミストの原理をヨーロッパ哲学の中心に再び植えつけた。科学がすぐ後に続いた。この20年間に重要な科学的発見が相次ぎ、人間と他の生物との関係についての認識が根本的に変わり始めた。

細菌を例にとってみよう。わたしたちは何世代にもわたって細菌は悪いものだと教わり、それを信じきっていた。抗菌せっけんや化学的な消毒液で武装し、身体、家、それに食べ物から、わたしたちが「病原菌」と呼ぶ、目に見えない小さな敵を取り除いていった。しかし、近年、科学者たちはそうした考えを覆し始めた。

わたしたちの腸、皮膚、その他の器官には、何兆もの微生物が生息し、わたしたちはこれらの小さな生物に支えられて生きていることが明らかになった。腸内細菌は食物を分解し、わたしたちが利用できる栄養素に変えることで、腸の消化吸収作用を支えている。また、免疫反応の調節も助けている。さらには、脳を健康に保つためにもきわめて重要であり、神経経路と神経系のシグナル伝達を活性化してストレス処理を助け、不安や鬱を防ぎ、メンタルヘルスを促進しているのだ。細菌は社会生活に影響を及ぼしている可能性さえある。最近の科学者たちは、微生物を除去されたマウスは反社会的な行動をとることを発見し、人間も同様である可能性が高いと予想している。[11] これらの事実は、精神と身体、人間と「自然」を区別することとはまったく相容れない。二元論的な考えの土台となっている仮定は、科学の前に崩壊しようとしているのだ[12]。

細菌だけではない。細菌の繁殖を制御するファージなど、一部のウイルスも人間にとって有益だと考えられている[13]。そうしたウイルスがいなければ、体内の細菌の働きがバランスを崩す恐れがある。

仮に、自分の体を構成する細胞をすべて数えたら、「自分」の細胞より他の生命体の細胞のほうが多いことがわかるだろう[14]。この事実を掘り下げていくと、自己についての認識が一変する。共に生き、身体的・精神的状態を共に管理し、それなしでは生きていけない数兆もの他の存在と容易には区別できないのであれば、自己とはいったい何なのだろうか。イギリスの科学哲学者ジョン・デュプレはこう述べている。「これらの発見を知ると、生物は独立した存在だと主張しにくくなる。その生物がどこで終わり、どこから他の生物が始まるかを区別することさえ難しい[15]」

進化の時代を視野に入れると、さらに奇妙なことになる。人間は2組のDNAを持っている。1組は各細胞の核に含まれ、もう1組はミトコンドリアに含まれている。ミトコンドリアは、細胞の中に存在する「細胞器官」(オルガネラ)だ。このミトコンドリアのDNAは、進化のある時点でわたしたちの細胞に飲み込まれた細菌に由来すると、生物学者たちは考えている。現在、この小さな細胞器官は、人間の生命維持においてきわめて重要な役割を担っている。食べ物を、わたしたちの身体が利用できるエネルギーに変えているのだ。この話を聞くと、落ち着かない気分になる。わたしたちは、最も基本的な代謝機能はもとより、自分の核となる遺伝子コードまで他の生物に依存しているのだ。

それが示唆する意味合いは深い。オックスフォード大学の学際的マイクロバイオーム計画と連携した科学者チームは、細菌に関連する発見は、人間にまつわる科学だけでなく、存在論《オントロジー》にも革命をもたらし得ることを指摘する。「わたしたちの内部や周囲にある、これまでは目に見えなかった微生物をマッピングできるようになったことで、世界の生物学的構造と、他の生物に対する人間の位置づけを再考せざるを得なくなった」

＊

細菌に関する発見が、わたしたちと世界の関係についての考え方に革命を起こしているように、木や森林に関する驚くべき発見が植物についての考え方を一新させている。

木を見る時、わたしたちはそれを単体と見なしがちだ。ちょうど自分を一人の人間と見なすように。しかし事実はそれほど単純でないことを生物学者たちは発見した。木は「菌根菌」という土壌中の菌類に依存している。菌根菌は菌糸と呼ばれる糸状の構造からなり、木の根の細胞に入り込んで菌根を形成する。菌根菌は、植物が光合成によって生成する糖の一部をもらっており（自分では糖を合成できない）、一方、木は生存に欠かせないが自分では生成できないリンや窒素などを菌根菌からもらっている。

この互恵関係は、単一の木とそれにつながった菌根菌とに限定されるものではない。目に見えない菌類のネットワークは、さまざまな木の根をつないで地下のインターネットを形成しているのだ。この網の目は、時には長距離にまたがり、コミュニケーション、エネルギー、栄養、薬効成分の共有さえ可能にする。生態学者ロバート・マクファーレンは、この仕組みを次のように説明する。

枯れかかった木は自らの資源をコミュニティに譲渡しているらしい。また、日陰に生えた苗木は、強力な隣人から余分な資源を分け与えられている可能性がある。さらに驚くべきことに、この植物のネットワークは互いに警告を送ることができる。たとえばアブラムシに攻撃されている植物は、近くの植物に、アブラムシが来る前に防御反応を高めておくよう指示するのだ。木が植物ホルモンを介して地上でコミュニケーションをとることは以前から知られていたが、そのような警告は、地下の菌類ネットワークで送るほうが発信と受信の両面において、より正確である。[16]

木は協働し、コミュニケーションをとり、分け与える。その相手は同じ種だけではない。ベイマツとシラカバは養分を与えあう。これは木に限ったことではない。現在では、ひと握りの種を除く、ほぼすべての植物が、菌根菌と同じような関係を持っていることがわかっている。腸内細菌に関する発見と同様に、これらの発見は種の境界についてのわたしたちの考え方に異議を唱える。木は本当に個体なのか？　独立した生物なのか？　それとも、幅広い複数の種からなる生物なのだろうか？

菌根ネットワークでは、さらに驚くべきことが起きている。ブリティッシュコロンビア大学の森林保全学科のスザンヌ・シマード教授によると、植物の菌根ネットワークは人間や他の動物の神経ネットワークのように機能しているそうだ。菌根ネットワークがノード間で情報をやり取りする方法は、神経ネットワークの働きに非常によく似ている。神経ネットワークが動物の認知と知性を可能にしているのと同様に、菌根ネットワークは植物に同様の能力を与えているのだ。近年の研究により、このネットワークは伝達、コミュニケーション、協働を容易にするだけでなく、人間のニューロンと同じように、問題解決、学習、記憶、意思決定を行えることが明らかになった[17]。

これらの表現は単なる比喩ではない。生態学者モニカ・ガリアーノは植物の知性に関する画期的な研究を発表し、植物は自分に起きたことを記憶し、それに応じて行動を変化させることを明らかにした。つまり植物は学習するのだ。2018年の『フォーブス』誌のインタビューで彼女はこう主張する。「わたしの表現は決して比喩ではありません。わたしが学習と呼ぶのは学習であり、記憶と呼ぶのは記憶なのです[18]」

実際、植物は新たな困難に遭遇したり、周囲の世界の変化についてメッセージを受け取ったりすると、積極的に行動を変える。植物には感覚がある。見て、聞き、感じ、匂いを嗅ぎ、それに反応する[19]。もし、つる植物が木に登っていく様子をコマ撮りにした映像を見たことがあれば、つるが動いているように思えただろう。そのつるは自動機械《オートマトン》ではなく、感じ、動き、バランスを取り、問題を解決し、新しい地形をどう進んでいけばよいか模索しているのだ。

知れば知るほど、その不思議さ（あるいは親近感、と言うべきだろうか）は増してくる。シマードの研究によると、木は菌根ネットワークを通じて自分の親類を認識できるそうだ。文字通り「母なる木」は、自分の種子から芽を出した近くの幼木を知っていて、非常時には情報に応じて資源を分配する。シマードによると、木はトラウマに対して、動物にいくらか似た「感情的」な反応をするらしい。ナタで切られたり、アブラムシに攻撃されたりすると、セロトニンレベルが変化し、付近の仲間に緊急メッセージを送り始める（そう、植物はセロトニンを分泌するのだ。動物の神経系に見られる神経化学物質の多くも分泌する）。

当然ながら、だからといって植物の知性が動物のそれと同じというわけではない。実のところ、わたしたちがすぐ何らかの種の知性を他の種の知性と比較しようとすることが、まさに問題なのだと、科学者たちは警告する。そうした比較は、異なる種類の知性の働きを見ようとするわたしたちの目を曇らせる。脳を探すことからスタートしたら、4億5000万年もの間、地中でパルスを放ち続け、進化してきた菌根に気づくことは決してないだろう。

植物の知性に関する研究は始まったばかりであり、この道がどこへ続くのか見当もつかない。しかしシマードは、植物に知性があるという知見は必ずしも新しいものでないことを、注意深く指摘する。

北米の西海岸に住むコースト・セイリッシュ族や他の先住民族の古い教えに耳を傾ければ、彼らが（これらの知見を）すでに知っていたことがわかる。それは描かれ、口伝されてきた。母なる木という考え方は、はるか昔から彼らの世界に存在した。その世界では、菌のネットワークも、森を健全に保つ地下のネットワークも、木々が互いと交流しコミュニケーションをとっていることも、すべて現実だった。彼らは木を「木の人」と呼ぶ……西洋科学はしばらくの間、それを封印していたが、今、わたしたちはそこに戻りつつある。[20]

*

木は、互いとつながっているだけでなく、わたしたちともつながっている。この数年間、人間と木の関係についての研究が驚くべき発見をもたらした。

日本の科学者チームは、国内の数百人を被験者として実験を行った。被験者の半数には、森の中を15分間散歩してもらい、残り半分は都市を散歩してもらって、直後の感情の状態を調べた。すべてのケースにおいて、森を散歩した人は都市を散歩した人に比べて大幅に気分がよくなり、緊張、不安、怒り、敵意、鬱、倦怠感が減少した[21]。この効果はすぐ現れ、強力だった。

木はわたしたちの行動にも影響を与える。研究者たちは、人は木の近くで過ごすと、より協力的で、親切で、寛大になることを発見した。また、世界に対する畏怖や驚きは増し、その結果、他者との関わり方が変わり、攻撃性や非礼な行為が減る。シカゴ、ボルチモア、バンクーバーでの研究により、樹木が多い地域では、暴行、強盗、薬物使用などの犯罪が著しく少ないことが明らかになった。社会経済的地位や他の交絡因子を調整しても同様だった[22]。まるで、木と共に過ごすことで、より人間らしくなるようだ。

なぜそうなるのか、理由はよくわかっていない。緑が多い環境は快適で落ち着くというだけのことなのだろうか？　ポーランドで行われた研究は、そうではないことを示している。その研究では、被験者は冬の都会の森で15分間立たされた。葉も、緑も、低木の植え込みもなく、ただまっすぐ伸びた裸の木々があるだけだ。そのような環境では、気分へのプラスの影響はほとんどないと予想されたが、結果は違った。裸の森で立って過ごした被験者には、都市景観の中で15分間過ごした対照群に比べて、心理的・感情的状態の大幅な向上が認められたのだ[23]。

気分と行動だけではない。木は身体の健康にも影響を与え、その影響は具体的で、計測可能なのだ。

樹木の近くに住むと、心血管疾患のリスクが下がることが明らかになった。[24]森林を散歩すると、血圧、コルチゾールレベル、心拍、その他、ストレスや不安の指標が下がることがわかっている。[25]さらに興味深いことに、中国の科学者チームは、慢性疾患を持つ高齢の患者が森林で過ごすと、免疫機能が大幅に改善することを発見した。[26]確かなことはわからないが、これは木が放出する化学物質と関係があるのかもしれない。たとえば、ヒノキが放出する香りの良い成分（フィトンチッド）は、免疫細胞を活性化し、ストレスホルモンのレベルを下げることがわかっている。[27]

カナダの科学者は、木の恩恵を数値化する研究を行い、木がわたしたちの健康と幸福に及ぼす影響は、多額の金銭より強力であることを発見した。１ブロックの街路樹がたった10本増えるだけで心血管代謝は向上し、その効果は2万ドルの臨時収入に匹敵した。その10本の木がもたらす幸福感の向上は、１万ドルの臨時収入、平均年収が1万ドル高い地域への引っ越し、あるいは7歳の若返りに匹敵した。[28]

これらの結果は衝撃的で、実に謎めいており、科学者はまだその理由を解明できていない。しかし、それほど驚くようなことではないだろう。何といっても、人類は何百万年もの間、木と共に進化してきたのだ。ＤＮＡを木と共有してさえいる。数えきれないほどの世代を経た後、わたしたちは他の人間に依存するのと同じように、健康と幸福を木に依存するようになった。木と人間は、本当の意味で、親類なのだ。

樹木、菌類、人間、細菌の驚くべき相互依存関係は、氷山の一角にすぎない。生態学者は、そのような関係を文字通り至るところに発見している。地球上のどの生態系においても、種は互いに豊かになる形で相互作用している。捕食者と非捕食者との関係さえ見直されるようになった。かつてそれは、支配と略奪の関係と捉えられていた。「食うか食われるか」、「ジャングルの掟」、「殺すか殺されるか」というように。ライオンの狩りの映像を見ればわかるように、捕食の瞬間をクローズアップすると、それはかなり残酷だ。しかし、ズームアウトして視野を広げていくと、別の何かが起きていることがわかる。捕食がバランスと平衡を支えていることが見えてくるのだ。

たとえばアラスカでは、オオカミがカリブーの個体数を抑制している。これはカリブーが若木を食い荒らすことを防ぎ、結果的に、森林が成長し、繁茂することを可能にする。森林が浸食を防ぐことで、土壌の健全さが保たれ、川にはきれいな水が流れる。健康な土壌ではベリーや地虫が育ち、澄んだ川では魚やその他の淡水生物が育つ。魚やベリーや地虫は、やがてクマやワシの餌になる。こうした相互依存性は、生態系に強さと回復力を与え、そのネットワークを文字通り血の通ったものにする。しかし、この相互依存は逆の方向にも働く。オオカミが絶滅した地域では、生態系全体がバラバラになる。森林は崩壊し、土壌は浸食され、川には沈泥《シルト》が堆積し、ワシやクマは姿を消す。

同じようなエコシステムの力学は、極地を含む全大陸の全域で観察されている。何ものも単独では存在しない。個体というのは幻想だ。この地球上の生命はすべて、関係性が織りなす網の目の一部なのだ。

これらの原則が惑星レベルで、すなわち地球システム全体で働いていることを示す証拠さえある。科学者たちは、植物、動物、細菌のバイオームが、陸地、大気、海洋とどのように相互作用し、地表の気温から海の塩分濃度、大気の組成に至るすべてをコントロールしているかを学んでいる。この惑星は、相互に影響しつつ連動する一つの巨大なシステムなのだ。イギリスの科学者ジェームズ・ラヴロックと彼に賛同するアメリカの生物学者リン・マーギュリスは、地球を「超個体」と表現し、人体が自己調整して体内システムのバランスを保っているように、地球も生命を維持するために自動的に自己制御していると述べた。これが「ガイア仮説」であり、ギリシャ神話に登場する大地の女神ガイアにちなんで名づけられた。もっとも、地球システム科学と生物地球科学によるこれらの発見は、長年にわたって地球を生き物と見なし、母とさえ見なしてきた人々にとっては、驚くようなことではないだろう。

ポスト資本主義の倫理

こうしたことのすべては、わたしたちにとってどのような意味を持つのだろうか。これらの科学的知見を踏まえて、わたしたちはどう生きればよいのだろうか。

議論を進めるために、植物に関する発見に話を戻そう。植物の知性に関する研究がソーシャルメディアで広まり始めた時、誰もが好意的に受け止めたわけではなかった。もし植物に知性があり、ある意味で意識さえ持っているのであれば、作物の収穫はある種の殺人行為に他ならない。この事実を、わたしたちはどう受け止め、対処すればよいだろうか。家具を作るために木を伐採することが木の家族を引き裂くことになるのであれば、わたしたちはどうすればいいのだろう。このように考えると、生活はあまりにも多くの倫理的問題をはらむことになり、立ち行かなくなる。この問題は解きがたいので、多くの人は唯一合理的な対応として、植物に知性があるという科学そのものを否定するだろう。

興味深いことに、これはまさにアチュアル族やチェウォン族などのアニミズムのコミュニティが直面するジレンマだ。おそらく、彼らが何世代にもわたって考え続け、辿り着いた答えに、わたしたちは学ぶことができるだろう。作物を収穫したり、木を伐採したりすることは、必ずしも非倫理的な行いではない、と彼らは言う。さらに言えば、狩りや動物を食べることも同様だ。非倫理的なのは、感謝の気持ちや互恵の念を抱かずに、そのような行為をすることだ。非倫理的なのは、必要とするより多く、返せるより多く、取ることだ。非倫理的なのは、過剰に搾り取ることであり、なお悪いのは無駄にすることだ。

前述の通り、アチュアル族とチェウォン族にとって重要な原則は互恵主義である。わたしたちも、自らが相互依存の関係の中で生きていることを、まず認識しなければならない。ロビン・ウォール・キマラーは、この交換の倫理は、わたしたちが関わる相手が尊い存在であることに気づくことから始めるべきだ、と論じる。つまり、相手を尊敬に値する主権者として認めるのだ。生物界から食物や資源を受け取る時には、祖母から手作りの健康的な料理をもらう時のような、思いやりと礼儀正しさと感謝の念を持って受け取るべきだ、とキマラーは指摘する。権利としてではなく、贈り物として受け取るのだ[29]。

これは単に、「ありがとう」と小声で言いながら生活を続けていくということではない（もちろん、このシンプルな行為を習慣にすれば、生物界との関わり方がまったく違ったものになるはずだが）。そうではなく、贈り物という概念が強力なのは、自制を促すからだ。わたしたちは、必要以上に取らず、相手が分け与えられる以上のものを取らないようになる。これは本質的に、保全に役立つことであり、限界を超えて過剰なスピードで消費が行われている現在の文化に照らすと、急進的な行為でさえある[30]。そして人類学者の誰もが知る通り、贈り物はわたしたちを永続的な交換の契約に縛りつけもする。贈り物をもらうと、自ずとお返しに何ができるかを考える。贈り物には永続性があり、誰かから贈り物をもらったら、相手に何かお返しをした後でなければ、次の贈り物は受け取れないだろう。この意味において、贈り物の論理はきわめてエコロジカルだ。それがもたらすのは平衡であり、バランスである。実際、生態系はそのようにして自らを維持している。

こうしたことのすべては、資本主義の論理と真っ向から対立する。結局のところ、資本主義は「与えるより多く取る」という包括的な原則を拠り所にしている。この論理は囲い込みと植民地化に始まり、以来500年間、作動し続けている。余剰を蓄積するには、自然と身体をモノと見なして「外部化」し、それらから一方的に価値を抽出する必要があるからだ。

では、互恵の原理を、個々のやり取りを超えて、植物、動物、生態系にまで拡大することは何を意味するだろうか。経済システム全体をこうしたルールで管理することには、どのような意味があるだろうか。興味深いことに、生態経済学者たちはすでにこの方向へ進み始めている。前述したように、生態経済学の基本原則は、経済を定常状態に保つことだ。それは、再生可能な量を超えては採取せず、安全に吸収される量を超えては廃棄しないことを意味する。アチュアル族とチェウォン族は大いに共感することだろう。

では、どうすればその閾値を知ることができるだろう。ここで生態学者《エコロジスト》の出番となる。生態学《エコロジー》はユニークな科学分野で、あるシステムの構成要素を解明するだけでなく、全体の中での相互作用を解明しようとする。生態学者は生態系の健全さを理解し、管理することに長けており、ある意味でシャーマンに似ている。大学教育によるものであれ、土地との長年の関わりによるものであれ、彼らの専門知識を利用すれば、生態系のバランスを崩すことなく、どれだけの木を伐採できるか、どれだけの魚を獲っていいか、どれだけの鉱石を採掘できるかを判断し、それに応じて制限や割当を設定することができるだろう。

さらに良いこととして、害を最小限に抑えるだけでなく、生態系を積極的に再生する方向へ転換できる。ここからが互恵関係の出番で、話はエキサイティングになっていく。たとえば、農業について考えてみよう。現代の工業型農場は、単一栽培用の広大な農場として建設され、見渡す限り同じ作物の畑が続き、他のあらゆる生物を駆除するよう設計された化学殺虫剤や除草剤をふんだんに浴びせられている。アメリカ中西部の航空写真を見たことがあれば、それがどのようなものか、おわかりだろう。資本主義農業のもとで、土地は全体主義の論理に従い、ただ一つの目標のために作り変えられる。その目標とは、短期的な収穫を最大化することだ。このアプローチは豊かな表土を粉塵に変え、地中に溜まった膨大な量のCO_2を放出させてきた。また、昆虫と鳥の個体数は激減し、化学物質の流出により淡水の生態系全体が破壊された。

幸いなことに、別の道がある。バージニアからシリアに至るまで、世界中の勇敢な農家が、「リジェネラティブ農業」（環境再生型農業）と呼ばれる、よりホリスティックな方法を試している。それは、複数の作物種を一緒に植えることで回復力のある生態系を築く一方、堆肥、有機肥料、輪作によって土壌に生物と肥沃さを回復させようとするものだ。この方法を導入した地域では、収穫高が増え、ミミズが戻り、昆虫の数や鳥の種の多様性も回復した。[31] おそらく何よりありがたいのは、不毛な土地が回復するにつれて膨大な量のCO_2が大気中から消えていくことだ。科学者たちは、気候崩壊を回避したいのであれば、世界中のほとんどの農場と牧草地でリジェネラティブ農業を展開する必要がある、と考えている。今のところ、それはどのような炭素回収技術よりはるかに効果的だ。

互恵関係とはこのようなものだ。受け取ったのと同じだけお返しをすれば、生態系の健全さは大幅に回復する。生命が甦るのだ。再生型のアプローチは農業に限ったものではない。林業や漁業でも展開され、多くの場合、先住民族やグローバル・サウスの小規模農家が長年用いてきた技術を利用している。

しかし、巨大なアグリビジネスはこのアプローチをなかなか採用しようとしない。それが作物の品質を向上させ、長期的に土壌を肥沃にすることを知っているはずなのだが。なぜなら、時間と労力がかかるからだ。また、地域の生態系に関する詳細な知識も必要とされる。何十種類もの種の性質や行動、および相互作用を理解しなければならない。さらには、思いやり《ケア》が求められる。農場を工場ではなく生態系として扱う時、人々は、アグリビジネスの短期的な搾取主義とは相容れない、新たな関係を土地との間に築き始める。

*

いくつかのコミュニティでは、この原理をさらに発展させている。単に生態系と互恵関係を結ぶだけでなく、自然に法的人格を与えているのだ。これが奇矯なことのように思えるのなら、わたしたちがすでに、人間でない存在に人格を与えていることを思い出そう。その存在とは企業である。それは生命より富の蓄積を重視する、歪んだ人格の見方だ。わたしたちはこの論理を１８０度転換できる。エクソンモービルやフェイスブックに人格を与える代わりに、生きた存在に人格を与えるのだ。企業を「法人」と見なすのであれば、セコイア、川、川の流域に人格を与えてもいいはずだ。

　ここ数年、ニュージーランドでは一連の驚くべき判決が下され、国際的な波紋を呼んでいる。２０１７年、ワンガヌイ川に法的人格を認める判決が下された。同国で3番目に長く、マオリ族が古くから神聖視してきた川だ。現在、この川と、山から海までのこの川にまつわるすべての物理的要素と理念的要素は「不可分の生きた存在」として認められている。マオリ族は１８７０年からこの川をめぐる権利を主張し、戦ってきた。交渉のリーダーを務めるジェラード・アルバートの言葉を借りれば、「わたしたちは昔からずっと、川を祖先と見なしてきた」。川だけではない。同じ年、裁判所は同様の法的人格を、ニュージーランド北島の西海岸にそびえるタラナキ山に与えた。その数年前には、テ・ウレウェラ国立公園が法的人格を認められ、政府が管理する国有財産ではなく、自立した存在になった。

　ニュージーランドでの判決に続き、インドではガンジス川とヤムナ川に法的権利が付与された。「生きた人間に付随するすべての権利、義務、法的責任」を与えられたのだ。コロンビアでは、最高裁判所がアマゾン川に法的権利を認めた。人間に害を及ぼす行為が起訴されるのと同様に、今後、これらの川に害を及ぼす行為はすべて起訴される可能性がある。

　さらにその先を行く国もある。エクアドルで２００８年に制定された憲法は、自然そのものに、「その重要なサイクルを存続、持続、維持、再生する」権利を認めた。2年後、ボリビアでは、「母なる大地の権利法」が制定され、「母なる大地とは、相互に関連・依存・補完し、運命を共有するすべての生命システムと生き物からなる不可分のコミュニティによって形成される動的《ダイナミック》な生物システムである」

と認めた。中には、これらの権利は現実的でなく、美辞麗句にすぎないのではないか、と懸念する人もいるが、それでも、ここには多くの可能性がある。すでに、川と流域に害を及ぼしかねない大規模な工業プロジェクトを阻止する取り組みがいくつか成功している。

このアプローチをさらに拡大して、地球全体を含めることは可能だろうか？　そう考える人々もいる。現在、先住民族のコミュニティと支持者たちが、「母なる地球の権利に関する世界宣言」を国連総会で採択させようとしている。その宣言案では、地球には「生きて存続する権利、尊重される権利、生物生産力《バイオキャパシティ》を再生し、その重要な循環とプロセスを維持する権利」があるとしている。科学者たちの間でも、主要な惑星プロセスを保護する枠組みを求める声が高まっている。彼らは、炭素循環、窒素循環、海流、森林、オゾン層といった主要な惑星プロセスは、生物の環境条件を維持するために保護されるべきだと主張する。これらのプロセスは、人間が定めた国境を越えているため、それらを保護するには国家の枠を超えた協力が必要となる。

少ないほうが豊か

これらすべては、意識の重大な変化が起こり始めていることを語っている。生態系の危機は、人間を超えた世界との関係について、わたしたちを新しい考え方へ（というより、古来の考え方へ）導いているように思える。その考え方は、問題の核心へわたしたちを向かわせ、危機の大本になっている亀裂をどうすれば修復できるかを示唆し、より豊かな未来を想像する力を与えてくれる。それは資本主義の古い教義《ドグマ》から解放され、生命ある世界との互恵関係に根差す未来だ。

生態系の危機は、急進的な政策対応を必要とする。高所得国はエネルギーと資源の過剰な消費を削減し、クリーンエネルギーへと急速に転換しなければならない。また、永続的な成長ではなく、人間の幸福と生態系の安定を重視するポスト資本主義経済へ移行しなければならない。しかし、それ以上に必要とされるのは、生物界との関係についての新しい考え方だ。どうすれば、これらすべてを統合し、実現できるだろうか？

この本を書き始めた時、わたしは、脱成長を中心的な枠組みとすることに不安を覚えた。結局、それは最初の一歩にすぎないからだ。しかし、人類が辿ってきた旅を振り返るうちに、そうではないと思えてきた。脱成長は、この困難な問題にアプローチする道筋を示している。脱成長が意味するのは、土地と人々、さらにはわたしたちの心を脱植民地化することだ。また、コモンズの脱・囲い込み、公共財の脱・商品化、労働と生活の脱・強化、人間と自然の脱・モノ化、生態系危機の脱・激化をそれは意味する。脱成長は、より少なく取るというプロセスから始まるが、最終的には、あらゆる可能性の扉を開くことになる。わたしたちを、希少性から豊富さへ、搾取から再生へ、支配から互恵へ、孤独と分断から生命あふれる世界とのつながりへと進ませるのだ。

結局のところ、わたしたちが「経済」と呼ぶものは、人間どうしの、そして他の生物界との、物質的な関係である。その関係をどのようなものにしたいか、と自問しなければならない。支配と搾取の関係にしたいだろうか。それとも、互恵と思いやりに満ちたものにしたいだろうか？

＊

わたしが執筆しているロンドンの部屋の窓の外には、1本の木が生えている。栗の巨木で、大地から堂々と立ち上がり、生い茂った枝を5階の高さまで伸ばしている。栗という種は800万年ほど前から存在し、最後の大量絶滅をどうにか生き延びた。目の前にあるこの木は樹齢が500年で、はるか昔に失われた古代の森の名残だ。この木は、わたしが本書に記した物語の証人のような存在だ。囲い込みがまだ始まっておらず、その根が養分を吸い上げている土地が権利書や証書に縛られないコモンズだった頃から、そこに生えていた。初期の植民地侵略の船が出航した頃にも、そこにあった。いくつもの季節が過ぎ、工場の排煙が空に流れ出し、気温が上昇し、自らの葉の中に住む昆虫や鳥が徐々に減っていくのを、木はじっと見ていた。

わたしはしばしば思いめぐらす。この静かな巨人はこの先の数十年、数百年、わたしとその後の数世代が生きている間に、何を目撃するだろう。この物語の続きはどうなるのだろうか、と。そうする勇気さえあれば、わたしたちは未来を変えることができる。すべてを失うのも、豊かな世界を取り戻すのも、わたしたち次第だ。

謝辞

次の物語は、仏陀が戒めとして語ったとされる。ある夫婦が、幼い一人息子を連れて砂漠を越える旅をしていた。食料が乏しくなり、彼らは日に日に飢えていった。しかし、目的地に辿り着きたいという思いがあまりに強く、進路を変えることができなかった。飢餓のあまり我を忘れた夫婦は、生き延びるために子供を殺して食べた。やがて砂漠の果てに辿り着いたが、目的地は魅力を失い、我に返った夫婦は悲しみと後悔で呆然とするばかりだった。

わたしたちはここで何をしているのか？　どこへ行こうとしているのか？　それは何のためなのか？　人間が存在する目的は何なのか？　成長主義は、わたしたちが立ち止まってこれらの疑問について考えることを阻む。どのような社会を実現したいかを考えることを阻む。実のところ成長の追求は、考えること自体を阻むのだ。わたしたちは我を忘れ、あくせく働き、深く考えようとせず、自分が何をしているか、周囲で何が起きているかに気づかず、自分が何を、そして誰を犠牲にしているかに気づかない。[1]

脱成長という考えは、わたしたちを夢から目覚めさせる。詩人ルーミーはこう記している。「座って、じっとして、耳を傾けなさい。あなたは酔っていて、わたしたちは屋根の端っこにいるのだから」

もっとも、脱成長が意味するのは、進んで惨めな生活をしたり、人間の可能性に厳しい限界を設けたりすることではない。むしろ正反対で、豊かに生き、自分たちの行動とその理由について、より高いレベルの意識に到達することなのだ。

しかし夢は強力だ。夢から逃れるには、心に刻み込まれた轍、文化に焼きつけられた前提、政策を形づくるイデオロギーから逃れる必要がある。それは生易しいことではなく、勇気と鍛錬を必要とする。わたしにとっては長い旅であり、終着点ははるか先だ。それでもわたしは一歩ずつ前進している。そうできるのは、わたしを轍から引き上げ、世界を眺める新しい方法を示してくれる仲間の支えがあるからだ。

次の人々との個人的な会話と、時には協力から多大な恩恵を受けた。ヨルゴス・カリス、ケイト・ラワース、ダニエル・オニール、ジュリア・スタインバーガー、ジョン・ベラミー・フォスター、イアン・ゴフ、アジェイ・チャウダリー、グレン・ピーターズ、ユアン・マクゴーギー、アサド・レーマン、ベヴ・スケッグス、デヴィッド・グレーバー、サム・ブリス、リカルド・マスティーニ、ジェイソン・ヒルシュ、フェデリコ・デマリア、ピーター・ヴィクター、アン・ペティフォー、ロレンツォ・フィオラモンティ、ピーター・リップマン、ホアン・マルティネス゠アリエ、マーティン・カーク、アルヌア・ラダ、フザイファ・ズームカワラ、パトリック・ボンド、ルパート・リード、フレッド・デイモン、ヴェンデ・マーシャル、フェデリコ・クルス、ルールズ・チームの皆さん、『ガーディアン』紙と『フォーリン・ポリシー』誌の編集者、本書に収めた主張の多くをわたしが最初に発表したアルジャジーラやその他の放送局、そしてもちろん、わたしのエージェントであるゾーイ・ロスと、この考えを発表する機会をくれたペンギン・ランダムハウスの編集者トム・エイヴリィに感謝する。

また、多くの人々の著作物から刺激を受け、さまざまなことを学んだ。シルヴィア・フェデリチ、ジェイソン・ムーア、ラジ・パテル、アンドレアス・マルム、ナオミ・クライン、ケヴィン・アンダーソン、ティム・ジャクソン、ジュリエット・ショア、ヴァンダナ・シヴァ、アルトゥーロ・エスコバル、ジョージ・モンビオ、ハーマン・デイリー、ケイト・アロノフ、ロバート・マクファーレン、アブドゥッラ・オジャラン、アリエル・サレー、デイヴィッド・ウォレス＝ウェルズ、ニモ・バッシー、ロビン・ウォール・キマラー、ティモシー・モートン、ダニエル・クイン、キャロリン・マーチャント、ヴィジャイ・プラシャド、デヴィッド・ハーヴェイ、マリア・ミース、グスタボ・エステバ、アンドレ・ゴルツ、セルジュ・ラトゥーシュ、ビル・マッキベン、ジャック・D・フォーブス、フィリップ・デスコーラ、デイヴィッド・エイブラム、コフィ・クル、ブルーノ・ラトゥール、スザンヌ・シマード、マレイ・ブクチン、アーシュラ・ル＝グウィンに感謝する。彼らの著作は道標となって、わたしをここまで導いてくれた。

しかし、このリストはほんの表面をなぞったにすぎない。わたしは自分の礎と向かうべき方向を確かめるために、以下に挙げる傑出した人々の言葉と生き方に、幾度となく立ち返った。エメ・セゼール、フランツ・ファノン、トーマス・サンカラ、ベルタ・カセレス、マハトマ・ガンジー、パトリス・ルムンバ、サミール・アミンである。彼らは先駆者としてわたしを導いてくれた。

また、ロンドン・スクール・オブ・エコノミクス（ＬＳＥ）、バルセロナ自治大学、シューマッハ・カレッジ、ゴールドスミス・カレッジその他で教鞭を執っていた時に授業を通じて交流のあった学生たちにも感謝する。彼らはわたしの視野を広げ、新たな考え方や語り方をもたらしてくれた。

コロナウイルスによるロックダウンの最中のロンドンで、わたしは本書を書き上げた。それは奇妙で異常な時期として、いつまでもわたしの記憶に残ることだろう。この時期、わたしたちは突如として、経済のどの部分が本当に重要で、どの仕事に自分たちが最も頼っているかに気づいた。わたしにとって、気づくのは必然だった。パートナーのグディが国民保健サービス（ＮＨＳ）の医師だからだ。初期の数週間、毎朝、彼女が戦場のような場所へ向かうのを見送りながら、自分のまなざしに強い不安が浮かんでいないことを願った。彼女は連日、わたしの仕事よりはるかに重要な職務をこなし、くたくたになって戻ってきた。それでもわたしがその日書いた原稿を読ませてほしいと言うのだった。２人でよく運動がてら散歩に出かけたが、歩きながら、わたしがアイデアを処理し、主張を磨き、一連のストーリーを見出すのを彼女は助けてくれた。そうするうちに、季節は灰色の冬から若葉と花の春へ移っていった。本書――とりわけ最終章――は、わたしたちが共有した知的な旅の結晶である。彼女の知恵、洞察、パートナーシップ、文化に潜むあらゆる策略を見極める洞察力に、深く感謝している。彼女は日々、わたしを鋭敏にする。

２０１２年の初め頃、グディとわたしは、ロンドン・スクール・オブ・エコノミクスのポール・クルーグマンによる公開講座に参加した。当時はグレート・リセッションの最中で、クルーグマンは、アメリカが再び成長するには政府による大規模な刺激策が必要だ、と主張した。講座が終わり、歩いて家に戻りながら、グディは、「アメリカは世界で最も富裕な国の一つなのに、これ以上ＧＤＰを増やす必要があるのかしら」と尋ねた。「アメリカよりＧＤＰがずっと低くても、重要なすべての指標がはるかに良い国はたくさんあるわ。高所得経済は本当に永遠に成長し続けなくてはならないの？　何のために？」わたしは、「健全な経済やその他諸々にとって成長は不可欠なんだ」という決まり文句を返した。しかし、彼女の質問は、わたしを大きく揺さぶった。今も覚えているが、その後しばらく黙り込んでいる間に、わたしはただ教えられたことを繰り返しただけで、自分の頭で考えてはいなかったことに気づいた。その会話は、本書へと続く8年の旅の始まりだった。

疑問を持つことは、何より強力である。

原注

はじめに　人新世と資本主義

1　Damian Carrington, 'Warning of 'ecological Armageddon' after dramatic plunge in insect numbers,' *Guardian*, 2017.

2　Patrick Barkham, 'Europe faces 'biodiversity oblivion' after collapse in French birds, experts warn,' *Guardian,* 2018.

3　Roel Van Klink et al., 'Meta-analysis reveals declines in terrestrial but increases in freshwater insect abundances,' *Science* 368 (6489), 2020, pp. 417–420.
この研究は、水生昆虫の数が増えていることを示唆するが、疑問を投げかける論文が同じ雑誌に掲載されている。Marion Desquilbet et al., *Science* 370 (6523), 2020.

4　IPBES, *Global Assessment Report on Biodiversity and Ecosystem Services,* 2019.
昆虫種の40%が絶滅の危機に瀕していると、いくつかの研究が推定している。これらの主張に対し、IPBES評価報告書の共同議長Josef Setteleは次のように述べる。「おそらく40%という評価は高すぎ、10%という我々の評価は低すぎるが、10%以上、40%以下なのは確かだ」。Ajit Niranjan, 'Insects are dying and nobody knows how fast,' *DW*, 2020を参照。堅牢なデータが足りないため、長期的な評価は難しい。また、バイオマスの増減は変動する可能性があり、ある研究によると、イギリスでは蛾のバイオマスが1967年から1982年まで増加した後、徐々に減少し続けているそうだ。以下を参照。Callum Macgregor et al., 'Moth biomass increases and decreases over 50 years in Britain,' *Nature Ecology & Evolution* 3, 2019, pp. 1645–1649.

5　Rachel Kehoe et al., 'Cascading extinctions as a hidden driver of insect decline,' *Ecological Entomology* 46 (4), 2021, pp. 743–756.

6　Pedro Cardoso et al., 'Scientists' warning to humanity on insect extinctions,' *Biological Conservation* 242, 2020.

7　David Wagner et al., 'Insect decline in the Anthropocene: Death by a thousand cuts,' *Proceedings of the National Academy of Sciences* 118 (2), 2021.

8　IPCC, *Special Report: Climate Change and Land*, 2018.

9 Robert Blakemore, 'Critical decline of earthworms from organic origins under intensive, humic SOM-depleting agriculture,' *Soil Systems* 2 (2), 2018.

10 FAO, *The State of World Fisheries and Aquaculture* (UN Food and Agriculture Organization, 2020).

11 Ruth Thurstan et al., 'The effects of 118 years of industrial fishing on UK bottom trawl fisheries,' *Nature Communications* 1 (1), 2010.

12 Daniel Pauly and Dirk Zeller, 'Catch reconstructions reveal that global marine fisheries catches are higher than reported and declining,' *Nature Communications* 7, 2016.

13 Jonathan Watts, 'Destruction of nature as dangerous as climate change, scientists warn,' *Guardian*, 2018. 漁獲高の減少分は養殖で補えると考える人もいるが、それほど単純な話ではない。養殖魚1トン当たり、飼料として5トンの野生魚を捕獲しなければならない。養殖は大量の薬品と化学消毒剤を使用し、すでに海洋汚染の主な要因になっている。以下を参照。John Vidal, 'Salmon farming in crisis,' *Guardian*, 2017.

14 毎秒6個の原子爆弾が海に投下されているに等しい。Damian Carrington, 'Global warming of oceans equivalent to an atomic bomb per second,' *Guardian*, 2019.

15 海生生物は、海底から海面まで養分を循環させる温度勾配を必要とする。海が温まるにつれて温度勾配は減少し、養分の循環は滞る。

16 Damian Carrington, 'Ocean acidification can cause mass extinctions, fossils reveal,' *Guardian*, 2019.

17 Malin Pinsky et al., 'Greater vulnerability to warming of marine versus terrestrial ectotherms,' *Nature* 569 (7754), 2019, pp. 108–111.

18 Jurriaan De Vos et al., 'Estimating the normal background rate of species extinction,' *Conservation Biology* 29 (2), 2015.

19 IPBES, *Global Assessment Report on Biodiversity and Ecosystem Services*, 2019.

20 Gerardo Ceballos et al., 'Biological annihilation via the ongoing sixth mass extinction signaled by vertebrate population losses and declines,' *Proceedings of the National Academy of Sciences* 114 (30), 2017.

21 欧州科学アカデミー諮問委員会による。

22 IPCC, *Special Report: Global Warming of 1.5℃*, 2018.

23 NASA, 'NASA study finds carbon emissions could dramatically increase risk of US megadroughts,' 2015.

24 Chuan Zhao et al., 'Temperature increase reduces global yields of major crops in four independent estimates,' *Proceedings of the National Academy of Sciences* 114 (35), 2017.

25 Deepak Ray, 'Climate change is affecting crop yields and reducing global food supplies,' *Conversation*, 2019.

26 Ferris Jabr, 'The Earth is just as alive as you are,' *New York Times*, 2019.

27 Robert DeConto and David Pollard, 'Contribution of Antarctica to past and future sea-level rise,' *Nature* 531 (7596), 2016, pp. 591–597.

28 Will Steffen et al., 'Trajectories of the Earth System in the Anthropocene,' *Proceedings of the National Academy of Sciences* 115 (33), 2018, pp. 8252–8259.

29 Timothy Morton, *Being Ecological* (Penguin, 2018).

30 もちろん、成長だけが資本主義の明らかな特徴というわけではない。労働者階級の賃金労働と「私有財産」(すなわち、生産手段の排他的制御)もその主な特徴である。しかし、資本家と生態系の問題に関して言えば、成長に依存することは重大な問題だ。20世紀には、いくつかの社会主義政権も成長を追求した。たとえば、ソビエト社会主義共和国連邦が成長に取りつかれていたことはよく知られる。この点において、ソビエトには一種の資本主義的な性質(余剰と拡大のための再投資を中心に組織されている)があり、それは同国が、現在の危機に対し有効な代替手段を提案しない理由の一つだ。

31 Mathias Binswanger, 'The growth imperative revisited: a rejoinder to Gilányi and Johnson,' *Journal of Post Keynesian Economics* 37 (4), 2015, pp. 648–660.

32 Johan Rockström et al., 'Planetary boundaries: exploring the safe operating space for humanity,' *Ecology and Society* 4 (2), 2009; Will Steffen et al., 'Planetary boundaries: Guiding human development on a changing planet,' *Science* 347 (6223), 2015.

33 どの国がプラネタリー・バウンダリーを超えているかについては、以下を参照。goodlife.leeds.ac.uk/countries.

34 www.calculator.climateequityreference.orgを参照。

35 関連する証拠は以下を参照。Jason Hickel, Paul Brockway, Giorgos Kallis,

Lorenz Keyßer, Manfred Lenzen, Aljoša Slameršak, Julia Steinberger, and Diana Ürge-Vorsatz, 'Urgent need for post-growth climate mitigation scenarios.' *Nature Energy* 6 (8), 2021. 1.5℃以下を保つ可能性を66%にするには、2020年以降、世界排出量を年10%削減しなくてはならない。世界経済が（PwCの予測通り）年2.6%で成長すれば、この実現には年14%の脱炭素化が求められる。これは従来の脱炭素化の比率（年1.6%）のほぼ9倍であり、最良のシナリオが仮定する最高比率（年4%）の3倍を超える。つまり、到底届かない数値だ。1.5℃以下に保つ可能性を50%にするには、年7.3%の排出量削減、年10.7%の脱炭素化を必要とし、これもまた到達不可能だ。2℃以下（パリ協定の通り）に保つ可能性を66%にするには、年4.1%の排出量削減と年7%の脱炭素化を要し、やはり届きそうもない（しかし、もし経済が成長しなければ、実現の可能性はある）。これらは世界規模の数値であり、高所得国にとって実現ははるかに難しい。パリ協定の目標である2℃を達成し、平等の原則を守るには、高所得国は排出量を年12%削減しなければならない。ゼロ成長のシナリオでもこれは不可能だ。つまり、脱成長は不可欠なのだ。以下を参照。Jason Hickel and Giorgos Kallis, 'Is green growth possible?' *New Political Economy*, 2019（ただし、わたしがここで引用した数値は、論文の発表以降、更新されていることにご注意を）.

36 わたしが「成長すればするほど、エネルギー需要が増える」と言うのは、任意のエネルギー源の組み合わせのもとで経済が必要とするベースラインとの比較においてである。

37 Hickel and Kallis, 'Is green growth possible?' 加えて、835の実証研究のレビューから、デカップリングでは気候目標は達成できないことが明らかになっている。達成するには、著者たちが「脱成長」のシナリオと呼ぶものが必要だ。Helmut Haberl et al., 'A systematic review of the evidence on decoupling of GDP, resource use and GHG emissions: part II: synthesizing the insights,' *Environmental Research Letters*, 2020. また、その他の179の研究のレビューによると、「経済全体にわたる、国内または国際的な絶対的資源のデカップリングが可能だという証拠はなく、ある種のデカップリングが生態系の持続可能性にとって必要であることを示す証拠もない」。T. Vadén et al., 'Decoupling for ecological sustainability: A categorisation and review of

research literature,' *Environmental Science and Policy*, 2020.
38 'Survey of young Americans' attitudes toward politics and public service,' Harvard University Institute of Politics, 2016.
39 *Edelman Trust Barometer*, 2020.
40 同じ段落で述べた2015年 YouGov社の世論調査より。
41 Yale Climate Opinion Maps, Yale Program on Climate Change Communication.
42 Stefan Drews et al., 'Challenges in assessing public opinion on economic growth versus environment: considering European and US data,' *Ecological Economics* 146, 2018, pp. 265–272.
43 *The New Consumer and the Sharing Economy*, Havas, 2015.
44 'The EU needs a stability and well-being pact, not more growth,' *Guardian*, 2018.
45 William Ripple et al., 'World scientists warn of a climate emergency,' *BioScience*, 2019.
46 World Inequality Database.
47 Lorenz Keyßer and Manfred Lenzen, '1.5℃ degrowth scenarios suggest the need for new mitigation pathways,' *Nature Communications* 12 (1), 2021; Kai Kuhnhenn et al., *A societal transformation scenario for staying below 1.5℃* (Heinrich-Böll-Stiftung, 2020). IPCCの2018年報告書における主要シナリオは、資源・エネルギースループットの減少を前提とする。これは、投機的なネガティブ・エミッション技術を頼みとしない唯一のシナリオだ。その根拠となる論文は以下。Arnulf Grubler et al., 'A low energy demand scenario for meeting the 1.5℃ target and sustainable development goals without negative emission technologies,' *Nature Energy* 3 (6), 2018, pp. 515–527. このシナリオに関するわたしの見解ついては、Hickel and Kallis, 'Is green growth possible?' を参照。
48 以下を参照。Serge Latouche, *Farewell to Growth* (Polity, 2009); Giorgos Kallis, Christian Kerschner and Joan Martinez-Alier, 'The economics of degrowth,' *Ecological Economics* 84, 2012, pp. 172–180; Giacomo D'Alisa et al., eds., *Degrowth: A Vocabulary for a New Era* (Routledge, 2014); Giorgos Kallis, *Degrowth* (Agenda Publishing, 2018); Jason Hickel, 'What does degrowth mean? A few points of clarification', *Globalizations*, 2020.

49 Joel Millward-Hopkins et al., 'Providing decent living with minimum energy: A global scenario', *Global Environmental Change* 65, 2020; Michael Lettenmeier et al., 'Eight tons of material footprint—suggestion for a resource cap for household consumption in Finland', *Resources* 3 (3), 2014.

50 脱成長の歴史と概要についてはKallis, *Degrowth* を、グローバル・サウスの見通しについては Arturo Escobar, 'Degrowth, postdevelopment, and transitions: a preliminary conversation,' *Sustainability Science*, 2015を参照。

51 この構想については、以下に負うところが大きい。Timothy Morton, *Ecology Without Nature* (Harvard University Press, 2007).(『自然なきエコロジー——来たるべき環境哲学に向けて』ティモシー・モートン著、篠原雅武訳、以文社、2018年)

第1章　資本主義——その血塗られた創造の物語

1 Jason Moore, *Capitalism in the Web of Life* (Verso, 2015).(『生命の網のなかの資本主義』ジェイソン・W・ムーア著、山下範久監訳、山下範久／滝口良訳、東洋経済新報社、2021年)

2 この部分はBraudelから引用。以下も参照のこと。David Graeber, *Debt: The First 5,000 Years* (Penguin UK, 2012), pp. 271-282.(『負債論——貨幣と暴力の5000年』デヴィッド・グレーバー著、酒井隆史監訳、高祖岩三郎／佐々木夏子訳、以文社、2016年)

3 この歴史についてわたしが最初に学んだのは、Silvia Federici, *Caliban and the Witch* (Autonomedia, 2004) からであり、本章の大部分は彼女の著作より引用した。(『キャリバンと魔女——資本主義に抗する女性の身体』シルヴィア・フェデリーチ著、小田原琳／後藤あゆみ訳、以文社、2017年)また、Jason Hirschとその著書 *Wildflower Counter-Power* (Triarchy Press, 2020) から知見を得られたことにも感謝する。

4 Samuel Kline Cohn, *Lust for Liberty: The Politics of Social Revolt in Medieval Europe, 1200-1425* (Harvard University Press, 2009).

5 Federici, *Caliban and the Witch*, p. 46.(『キャリバンと魔女』)

6 James E. Thorold Rogers, *Six Centuries of Work and Wages: The History of English Labour* (London, 1894), pp. 326ff; P. Boissonnade, *Life and Work in*

Medieval Europe (New York: Alfred A. Knopf, 1927), pp. 316–20.
7 Fernand Braudel, *Capitalism and Material Life, 1400–1800* (New York: Harper and Row, 1967), pp. 128ff; Karl Marx, *Capital* Vol. 1. (『資本論』マルクス著、エンゲルス編、向坂逸郎訳、岩波文庫、1969年、ほか)
8 Carolyn Merchant, *The Death of Nature: Women, Ecology, and the Scientific Revolution* (1981). (『自然の死——科学革命と女・エコロジー』キャロリン・マーチャント著、団まりな／垂水雄二／樋口祐子訳、工作舎、1985年)
9 Christopher Dyer, 'A redistribution of income in 15th century England,' *Past and Present* 39, 1968, p. 33.
10 John Hatcher, 'England in the aftermath of the Black Death,' *Past and Present* 144, 1994, p. 17.
11 これは Federici の言葉である。
12 荘園のコモンズの囲い込みは、コモンズに対する権利が御猟林憲章（1217年）に正式に記されてから間もなく、マートン法（1235年）とウェストミンスター第2法律（1285年）によって許可された。詳しくは以下を参照。Guy Standing, *Plunder of the Commons* (Penguin, 2019).
13 Henry Phelps Brown and Sheila V. Hopkins, *A Perspective of Wages and Prices* (Routledge, 2013).
14 Edward Wrigley and Roger Schofield, *The Population History of England 1541–1871* (Cambridge University Press, 1989).
15 この見解は以下より引用。Mark Cohen, *Health and the Rise of Civilisation* (Yale University Press, 1989).
16 Simon Szreter, 'The population health approach in historical perspective,' *American Journal of Public Health* 93 (3), 2003, pp. 421–431; Simon Szreter and Graham Mooney, 'Urbanization, mortality, and the standard of living debate: new estimates of the expectation of life at birth in nineteenth-century British cities,' *Economic History Review* 51 (1), 1998, pp. 84–112.
17 Timothy Walton, *The Spanish Treasure Fleets* (Florida: Pineapple Press, 1994); Kenneth Pomeranz, *The Great Divergence: China, Europe, and the Making of the Modern World Economy* (Princeton University Press, 2009). (『大分岐——中国、ヨーロッパ、そして近代世界経済の形成』K・ポメランツ著、川北

稔監訳、名古屋大学出版会、2015年)。この歴史に関する詳細と、関連する情報源については *The Divide* を参照。

18 Pomeranz, Chapter 6 in *The Great Divergence*; Sven Beckert, *Empire of Cotton: A Global History* (Vintage, 2015).

19 Andrés Reséndez, *The Other Slavery: The Uncovered Story of Indian Enslavement in America* (Houghton Mifflin Harcourt, 2016).

20 これらの数値は *Harper's* magazine の1993年の記事による。最低賃金と金利は1993年のレートで計算され、その結果は1993年のドルで表されている。現在の数値に換算すれば、さらに高くなるだろう。

21 Utsa Patnaik, *Agrarian and Other Histories* (Tulik Books, 2018); Jason Hickel, 'How Britain stole $45 trillion from India,' *Al Jazeera*, 2018; Gurminder Bhambra, '"Our Island Story": The Dangerous Politics of Belonging in Austere Times,' in *Austere Histories in European Societies* (Routledge, 2017).

22 B. R. Tomlinson, 'Economics: The Periphery,' In *The Oxford History of the British Empire* (1990), p. 69.

23 Ellen Meiksins Wood, *The Origin of Capitalism: A Longer View* (Verso, 2003). (『資本主義の起源』エレン・メイクシンス・ウッド著、平子友長/中村好孝訳、こぶし書房、2001年)

24 Karl Polanyi, *The Great Transformation* (Boston: Beacon Press, 1944). (『「新訳」大転換——市場社会の形成と崩壊』カール・ポラニー 著、野口建彦/栖原学訳、東洋経済新報社、2009年)

25 John Locke, *The Second Treatise of Government*, 1689. (『完訳 統治二論』ジョン・ロック著、加藤節訳、岩波文庫、2010年)

26 希少性の歴史に関する詳細は、以下を参照。Nicholas Xenos, *Scarcity and Modernity* (Routledge, 2017). (『稀少性と欲望の近代——豊かさのパラドックス』ニコラス・クセノス著、北村和夫/北村三子訳、新曜社、1995年)

27 これらは以下より引用。Michael Perelman, *The Invention of Capitalism: Classical Political Economy and the Secret History of Primitive Accumulation* (Duke University Press, 2000).

28 Mike Davis, *Late Victorian Holocausts: El Niño Famines and the Making of the Third World* (Verso Books, 2002).

29 Maitland はこのパラドックスについて、*Inquiry into the Nature and Origin*

of Public Wealth and into the Means and Causes of its Increase と題した著作で探究した。詳細は、以下を参照。John Bellamy Foster, Brett Clark and Richard York, *The Ecological Rift: Capitalism's War on the Earth* (NYU Press, 2011).

30 この歴史は、Merchant, *Death of Nature*（『自然の死』）で図示されている。

31 Stephen Gaukroger, *The Emergence of a Scientific Culture: Science and the Shaping of Modernity 1210–1685* (Clarendon Press, 2008).

32 Brian Easle, *Witch-Hunting, Magic and the New Philosophy* (The Harvester Press, 1980), Federici p. 149に引用されている。

33 Merchant, *Death of Nature*, p. 3.（『自然の死』）

34 Gaukroger, p. 325.

35 Immanuel Kant, *Lecture on Ethics*, 1779.

36 Juliet Schor, *The Overworked American: The Unexpected Decline of Leisure* (Basic Books, 2008).（『働きすぎのアメリカ人——予期せぬ余暇の減少』ジュリエット・B・ショアー著、森岡孝二／青木圭介／成瀬龍夫／川人博訳、窓社、1993年）

37 E. P. Thompson, *Customs in Common: Studies in Traditional Popular Culture* (New Press/ORIM, 2015).

38 この言葉は、1536年の Vagabonds Act で使用されている。

39 William Harrison, *Description of Elizabethan England, 1577.*

40 以下を参照。Max Weber, *The Protestant Ethic and the Spirit of Capitalism* (1930).（『プロテスタンティズムの倫理と資本主義の精神』マックス・ヴェーバー著、大塚久雄訳、岩波書店、1989年、ほか）

41 以下を参照。Raj Patel and Jason W. Moore, *A History of the World in Seven Cheap Things: A Guide to Capitalism, Nature, and the Future of the Planet* (University of California Press, 2017).

42 Federici はこの問題を *Caliban and the Witch* で詳細に記している。以下も参照。Maria Mies, *Patriarchy and Accumulation on a World Scale* (London: Zed, 1986).（『国際分業と女性——進行する主婦化』マリア・ミース著、奥田暁子訳、日本経済評論社、1997年）

43 Aimé Césaire, *Discourse on Colonialism*, 1955.

44 Mario Blaser, 'Political ontology: Cultural studies without 'cultures'?' *Cultural Studies* 23 (5–6), 2009, pp. 873–896.

45 Ngũgĩ wa Thiong'o, *Decolonising the Mind: The Politics of Language in African Culture* (London: James Currey, 1986).

46 この洞察は、以下より。Timothy Morton, *Being Ecological* (Penguin, 2018).

47 この洞察は、Daniel Quinnによる2002年のスピーチ、'A New Renaissance'より。

第2章　ジャガノート(圧倒的破壊力)の台頭

1 Jason W. Moore, 'The Capitalocene Part II: accumulation by appropriation and the centrality of unpaid work/energy,' *Journal of Peasant Studies* 45 (2), 2018, pp. 237-279.

2 「使用価値」と「交換価値」の概念——および、資本蓄積の公式——は、Marxの*Capital*による。資本と生態系崩壊の関係について、詳細は以下を参照のこと。Foster and Clark, 'The planetary emergency,' *Monthly Review*, 2012.

3 巨大な吸血イカの喩えは、Matt Taibbiによる。

4 David Harvey, *A Brief History of Neoliberalism* (Oxford University Press, 2007).(『新自由主義——その歴史的展開と現在』デヴィッド・ハーヴェイ著、渡辺治監訳、森田成也／木下ちがや／大屋定晴／中村好孝訳、作品社、2007年)

5 Matthias Schmelzer, *The Hegemony of Growth: The OECD and the Making of the Economic Growth Paradigm* (Cambridge University Press, 2016).

6 David Harvey, *A Brief History of Neoliberalism* (Oxford, 2005).(『新自由主義』)

7 サウスにおける植民地後の開発主義政策と、1980年代に始まるその逆転に関する詳細については、以下を参照。Jason Hickel, *The Divide* (London: Penguin Random House, 2018), Chapters 4 and 5.

8 Hickel, *The Divide*, Chapter 5.

9 Harvey, *A Brief History of Neoliberalism*.(『新自由主義』)

10 Jason Hickel, 'Global inequality: do we really live in a one-hump world?' *Global Policy*, 2019.

11 この仕組みに関する詳細は、以下を参照。Jason Hickel, 'The new shock

doctrine: 'Doing business' with the World Bank,' *Al Jazeera*, 2014.

12 Tim Jackson and Peter Victor, 'Productivity and work in the 'green economy': some theoretical reflections and empirical tests,' *Environmental Innovation and Societal Transitions* 1 (1), 2011, pp. 101–108.

13 1900年から1970年までの数字は、以下による。F. Krausmann et al., 'Growth in global materials use, GDP and population during the 20th century,' *Ecological Economics*, 68 (10), 2009, pp. 2696–2705. 1970年から2017年までの数字は、materialflows.netによる。2020年までの数字は、UN International Resource Panel projectionsによる。

14 Stefan Bringezu, 'Possible target corridor for sustainable use of global material resources,' *Resources* 4 (1), 2015, pp. 25–54. Bringezuは、安全な目標の範囲は250億～500億トンであるとする。もちろん、マテリアル・フットプリントの総計の限界を定義することは難しい。資源によって与える影響はさまざまであり、採取による影響は使用される技術によって異なるからだ。加えて、採取の種類によっては、世界規模ではなく、地域別に限度を設定すべき、という意見もあるだろう。それでも世界全体の閾値は500億トンが妥当というコンセンサスが得られている。

15 International Resource Panel, *Global Resources Outlook* (UN Environment Programme, 2019).

16 以下を参照。Z. J. Steinmann et al., 'Resource footprints are good proxies of environmental damage,' *Environmental Science & Technology* 51 (11), 2017. 資源フットプリント（原材料、エネルギー、土地、水）は、環境ダメージ・フットプリントの増加分の90%以上を占め、生物多様性喪失の90%の原因になっている。全体として、消費される資源の総量は、生態系への影響とつながり、その相関係数は0.73である。以下を参照。E. Voet et al., 'Dematerialization: not just a matter of weight,' *Journal of Industrial Ecology*, 8 (4), 2004, pp. 121–137.

17 GDPとエネルギーの関係は1対1ではない。効率が向上すると、一定のペースでデカップリングが進む。それでも、その関係は強力だ（つまり、GDPが1単位増加するたびに、より多くのエネルギーが消費される）。

18 しかし最近の研究は、天然ガスは石油より排出量が少ないという長年の仮定に疑問を投げかけた。Benjamin Hmiel et al., 'Preindustrial $^{14}CH_4$ indicates

greater anthropogenic fossil CH_4 emissions,' *Nature* 578 (7795), 2020, pp. 409–412.

19 'Global primary energy consumption,' Our World in Data, 2018.

20 FAO, *Current Worldwide Annual Meat Consumption Per Capita, Livestock and Fish Primary Equivalent* (UN Food and Agriculture Organization, 2013).

21 'Global consumption of plastic materials by region,' *Plastics Insight*, 2016.

22 ここの数字はマテリアル・フットプリントに関してであり、輸入製品の原材料の影響も含まれる。1人当たりの限度に関する議論については、以下を参照。Bringezu, 'Possible target corridor for sustainable use of global material resources.'

23 本書では、持続可能な閾値として1人当たり8トンを使用するが、それはGiljum Dittrichらが2030年の目標にした数値だ。

24 この段落のアイデアと用語については、Kate Raworthとの個人的なやり取りを参考にした。

25 Christian Dorninger et al., 'Global patterns of ecologically unequal exchange: implications for sustainability in the 21st century,' *Ecological Economics*, 2020.

26 これらの結果は、Hickel, 'Who is responsible for climate breakdown?' におけるわたし自身の計算に基づく。1850年から1969年までは領内排出量、1970年から2015年までは消費ベースの排出量を用いる。

27 Jason Hickel, 'Quantifying national responsibility for climate breakdown: An equality-based attribution approach to carbon dioxide emissions in excess of the planetary boundary', *Lancet Planetary Health*, 2020. ここで示した結果は、各地域内の国の超過分の合計である。

28 Climate Vulnerability Monitor (DARA, 2012).

29 'Climate change and poverty,' Human Rights Council, 2019.

30 Tom Wilson, 'Climate change in Somaliland—'you can touch it,' *Financial Times*, 2018.

31 Rockström et al., 'Planetary boundaries'; Steffen et al., 'Planetary boundaries.'

32 以下を参照。Giorgos Kallis, *Limits: Why Malthus was Wrong and Why Environmentalists Should Care* (Stanford University Press, 2019). 限界に関するこの新しい考え方は、ある程度、パリ協定に盛り込まれている。プラネタリー・バウンダリーの現実を認識した各国は、地球温暖化を1.5℃以下に

制限することを約束した――少なくとも、書面上は。他のすべてのプラネタリー・バウンダリーについても同様の誓約を後押しすることで、このアプローチを拡大できる。

第3章　テクノロジーはわたしたちを救うか？

1 Leo Hickman, 'The history of BECCS,' *Carbon Brief*, 2016.

2 Glen Peters, 'Does the carbon budget mean the end of fossil fuels?' *Climate News*, 2017.

3 大気から回収したすべてのCO_2の保管場所を探すという難問もあるだろう。また、地震などで漏れるおそれもある。H. De Coninck and S. M. Benson, 'Carbon dioxide capture and storage: issues and prospects,' *Annual Review of Environment and Resources*, 39, 2014, pp. 243–270.

4 Sabine Fuss et al., 'Betting on negative emissions,' *Nature Climate Change* 4 (10), 2014, pp. 850–853.

5 Pete Smith et al., 'Biophysical and economic limits to negative CO_2 emissions,' *Nature Climate Change* 6 (1), 2016, pp. 42–50.

6 Kevin Anderson and Glen Peters, 'The trouble with negative emissions,' *Science* 354 (6309), 2016, pp. 182–183.

7 Vera Heck, 'Biomass-based negative emissions difficult to reconcile with planetary boundaries,' *Nature Climate Change* 8 (2), 2018, pp. 151–155.

8 Pete Smith et al., 'Biophysical and economic limits to negative CO_2 emissions,' *Nature Climate Change* 6 (1), 2016, pp. 42–50.

9 'Six problems with BECCS,' FERN briefing, 2018.

10 Henry Shue, 'Climate dreaming: negative emissions, risk transfer, and irreversibility,' *Journal of Human Rights and the Environment* 8 (2), 2017, pp. 203–216.

11 Hickman, 'The history of BECCS.'

12 Daisy Dunne, 'Geo-engineering carries 'large risks' for the natural world, studies show,' *Carbon Brief*, 2018.

13 以下を参照。Climate Equity Reference Calculator at calculator.climate-equityreference.org.

14 PwCは、世界のGDPは2050年まで平均で年2.6%ずつ増加すると予測する（その結果、2.15倍の規模になる）。現在のGDPとエネルギーの関係からすれば、これは2050年までにエネルギー需要が1.83倍になることを意味する。もちろん、クリーンエネルギーは化石燃料より効率的なので、2050年までにクリーンエネルギーへの移行によって、通常通りの成長を遂げながら、総エネルギー消費量を増加させない可能性はあるが、それでも、成長がない場合の1.83倍になることに変わりはない（任意のエネルギーの組み合わせにおいて）。

15 これらの脱炭素化の数字は、目標値以下にとどまる可能性を66%とし、世界GDPの年間平均成長率を2.6%と想定する。最良のシナリオで想定される最大の脱炭素化率は、年4%だ。関連文献のレビューについては、以下を参照。Hickel and Kallis, 'Is green growth possible?'

16 Christian Holz et al., 'Ratcheting ambition to limit warming to 1.5℃ : trade-offs between emission reductions and carbon dioxide removal,' *Environmental Research Letters* 13 (6), 2018.

17 IPCCの2018年報告書に含まれる、BECCSを使用せず1.5℃以下を保つシナリオは、一つだけだ。そのシナリオを機能させるには、エネルギー・資源の消費量を大幅に削減しなければならない。根拠となる論文は以下。Grubler et al., 'A low energy demand scenario for meeting the 1.5℃ target.' 議論のために、Hickel and Kallis, 'Is green growth possible?' を参照のこと。

18 World Bank, *The Growing Role of Minerals and Metals for a Low-Carbon Future*, 2017.

19 'Leading scientists set out resource challenge of meeting net zero emissions in the UK by 2050,' Natural History Museum, 2019.

20 www.miningdataonline.com のデータによる。

21 Amit Katwala, 'The spiralling environmental cost of our lithium battery addiction,' *WIRED*, 2018.

22 Jonathan Watts, 'Environmental activist murders double in 15 years,' *Guardian*, 2019.

23 Derek Abbott, 'Limits to growth: can nuclear power supply the world's needs?' *Bulletin of the Atomic Scientists* 68 (5), 2012, pp. 23–32.

24 この二つの引用は以下より。Kate Aronoff , 'Inside geo-engineers' risky plan

to block out the sun,' *In These Times*, 2018.

25 Trisos, C. H. et al., 'Potentially dangerous consequences for biodiversity of solar geo-engineering implementation and termination,' *Nature Ecology & Evolution*, 2018.

26 以下を参照。Hickel and Kallis, 'Is green growth possible?'; Haberl et al., 'A systematic review of the evidence on decoupling'; and Vadén et al., 'Decoupling for ecological sustainability'.

27 International Resource Panel, *Decoupling 2* (UN Environment Programme, 2014).

28 Guiomar, Calvo et al., 'Decreasing ore grades in global metallic mining: A theoretical issue or a global reality?' *Resources* 5 (4), 2016.

29 Monika Dittrich et al., *Green Economies Around the World?* (SERI, 2012).

30 Heinz Schandl et al., 'Decoupling global environmental pressure and economic growth: scenarios for energy use, materials use and carbon emissions,' *Journal of Cleaner Production* 132, 2016, pp. 45–56.

31 International Resource Panel, *Assessing Global Resource Use* (UN Environment Programme).

32 Tim Santarius, *Green Growth Unravelled: How Rebound Effects Baffle Sustainability Targets When the Economy Keeps Growing* (Heinrich Boll Stiftung, 2012).

33 一部の食物は、堆肥化や栄養回収によって循環が可能ではある。

34 W. Haas et al., 'How circular is the global economy? An assessment of material flows, waste production, and recycling in the European Union and the world in 2005,' *Journal of Industrial Ecology*, 19 (5), 2015, pp. 765–777.

35 *The Circularity Report* (PACE, 2015).

36 このアイデアは、Herman Dalyが最初に提案した。

37 Kallis, *Degrowth* の最終章を参照のこと。

38 Beth Stratford, 'The threat of rent extraction in a resource-constrained future,' *Ecological Economics* 169, 2020.

第4章　良い人生に必要なものとは何か

1　以下を参照。Szreter, 'The population health approach in historical perspective'; Simon Szreter, 'Rapid economic growth and 'the four Ds' of disruption, deprivation, disease and death: public health lessons from nineteenth-century Britain for twenty-first-century China?' *Tropical Medicine & International Health* 4 (2), pp. 146–152.

2　Simon Szreter, 'The importance of social intervention in Britain's mortality decline c. 1850–1914: A re-interpretation of the role of public health,' *Social history of medicine* 1 (1), pp. 1–38.

3　Simon Szreter, 'Rethinking McKeown: The relationship between public health and social change,' *American Journal of Public Health* 92 (5), pp. 722–725. 正式には、公共財とコモンズは同じではない（コモンズは共同管理されるが、公共財は例外はあるものの通常、中央管理される）が、どちらも共同管理の形態をとるため、ここでは同等に扱う。

4　David Cutler and Grant Miller, 'The role of public health improvements in health advances,' *Demography* 42 (1), 2005.

5　Chhabi Ranabhat et al., 'The influence of universal health coverage on life expectancy at birth (LEAB) and healthy life expectancy (HALE): a multi-country cross-sectional study,' *Frontiers in Pharmacology* 9, 2018.

6　Wolfgang Lutz and Endale Kebede, 'Education and health: redrawing the Preston curve,' *Population and Development Review* 44 (2), 2018.

7　Samuel Preston, 'The changing relation between mortality and level of economic development,' *Population studies* 29 (2), 1975.

8　UNDP, 'Training material for producing national human development reports,' UNDP Human Development Report Office, 2015. 以下も参照。UNDP, 'Understanding performance in human development,' Human Development Research Paper 42, 2010, pp. 28–32.

9　Szreter, 'The population health approach in historical perspective.'

10　以下を参照。Shirley Cereseto and Howard Waitzkin, 'Economic development, political-economic system, and the physical quality of life,' *American Journal of Public Health* 76 (6), 1986, and Amartya Sen, 'Public Action and the Quality

of Life in Developing Countries,' *Oxford Bulletin of Economics and Statistics*, 43 (4), 1981.

11 Julia Steinberger and J. Timmons Roberts, 'From constraint to sufficiency: The decoupling of energy and carbon from human needs, 1975–2005,' *Ecological Economics* 70 (2), 2010, pp. 425–433.

12 このデータは以下による。Center on International Education Benchmarking.

13 Juliana Martínez Franzoni and Diego Sánchez-Ancochea, *The Quest for Universal Social Policy in the South: Actors, Ideas and Architectures* (Cambridge University Press, 2016).

14 Amartya Sen, 'Universal healthcare: the affordable dream,' *Guardian*, 2015.

15 Cereseto and Waitzkin, 'Economic development, political-economic system, and the physical quality of life,' 1986; Amartya Sen, 'Public Action and the Quality of Life in Developing Countries,' 1981; Vicente Navarro, 'Has socialism failed? An analysis of health indicators under capitalism and socialism,' *Science & Society*, 1993.

16 Jason Hickel, 'Is it possible to achieve a good life for all within planetary boundaries?' *Third World Quarterly* 40 (1), 2019, pp. 18–35（この研究は以下に基づく。Daniel O'Neill et al., 'A good life for all within planetary boundaries,' *Nature Sustainability*, 2018, p. 88–95); Jason Hickel, 'The Sustainable Development Index: measuring the ecological efficiency of human development in the Anthropocene,' *Ecological Economics* 167, 2020.

17 Ida Kubiszewski et al., 'Beyond GDP: Measuring and achieving global genuine progress,' *Ecological Economics* 93, 2013, pp. 57–68. この論文の著者たちはMax-Neefに従って、この閾値をGDP成長の社会的・環境的コストが消費による利益を打ち消す点として解釈した。以下を参照。Manfred Max-Neef, 'Economic growth and quality of life: a threshold hypothesis,' *Ecological Economics* 15 (2), 1995, pp. 115–118. 以下も参照のこと。William Lamb et al., 'Transitions in pathways of human development and carbon emissions,' *Environmental Research Letters* 9 (1), 2014; Angus Deaton, 'Income, health, and well-being around the world: Evidence from the Gallup World Poll,' *Journal of Economic Perspectives* 22 (2), 2008, pp. 53–72; Ronald Inglehart, *Modernization and Postmodernization: Cultural, Economic, and Political Change*

in 43 Societies (Princeton University Press, 1997).
18 Tim Jackson, 'The post-growth challenge: secular stagnation, inequality and the limits to growth,' CUSP Working Paper No. 12 (Guildford: University of Surrey, 2018).
19 Mark Easton, 'Britain's happiness in decline,' BBC News, 2006.
20 Richard Wilkinson and Kate Pickett, *The Spirit Level: Why Equality is Better for Everyone* (Penguin 2010).（『平等社会――経済成長に代わる、次の目標』リチャード・ウィルキンソン／ケイト・ピケット著、酒井泰介訳、東洋経済新報社、2010年）
21 Lukasz Walasek and Gordon Brown, 'Income inequality and status seeking: Searching for positional goods in unequal US states,' *Psychological Science*, 2015.
22 Adam Okulicz-Kozaryn, I. V. Holmes and Derek R. Avery, 'The subjective well-being political paradox: Happy welfare states and unhappy liberals,' *Journal of Applied Psychology* 99 (6), 2014; Benjamin Radcliff, *The Political Economy of Human Happiness: How Voters' Choices Determine the Quality of Life* (Cambridge University Press, 2013).
23 国連のWorld Happiness Reportによる。
24 Dacher Keltner, *Born to be Good: The Science of a Meaningful Life* (WW Norton & Company, 2009); Emily Smith and Emily Esfahani, *The Power of Meaning: Finding Fulfilment in a World Obsessed with Happiness* (Broadway Books, 2017).
25 60歳のニコヤ半島の男性の余命中央値は84.3歳（日本人男性より3年長い）で、女性は85.1歳。以下を参照。Luis Rosero-Bixby et al., 'The Nicoya region of Costa Rica: a high longevity island for elderly males,' *Vienna Yearbook of Population Research*, 11, 2013; Jo Marchant, 'Poorest Costa Ricans live longest,' *Nature News*, 2013; Luis Rosero-Bixby and William H. Dow, 'Predicting mortality with biomarkers: a population-based prospective cohort study for elderly Costa Ricans,' *Population Health Metrics* 10 (1), 2012.
26 Danny Dorling, *The Equality Effect* (New Internationalist, 2018).
27 Wilkinson and Pickett, *The Spirit Level*.（『平等社会』）
28 *Confronting Carbon Inequality*, Oxfam, 2020.

29 Yannick Oswald, Anne Owen, and Julia K. Steinberger, 'Large inequality in international and intranational energy footprints between income groups and across consumption categories,' *Nature Energy* 5 (3), 2020, pp. 231–239.

30 Thomas Piketty, 'The illusion of centrist ecology,' *Le Monde*, 2019.

31 World Happiness Report.

32 CFO Journal, 'Cost of health insurance provided by US employers keeps rising,' *Wall Street Journal*, 2017.

33 David Ruccio, 'The cost of higher education in the USA,' *Real-World Economics Review* blog, 2017.

34 平均賃金は1973年の時給23ドルをピークとして減少し、1995年に最低の時給19ドルを記録したが、2018年には時給22ドルに回復した（US Bureau of Labour Statistics）。貧困率は、1973年では11％、2017年では12.3%だった（US Census Bureau）。

35 World Inequality Database.

36 www.goodlife.leeds.ac.uk/countries を参照。

37 Hickel, 'Is it possible to achieve a good life for all?' この研究は以下に基づく。Kate Raworth, "A safe and just space for humanity: can we live within the doughnut?" *Oxfam Policy and Practice* 8 (1), 2012. コスタリカはこのデータセットで最高の成果を挙げた国の一つだが、所得格差は比較的著しい。これが意味するのは、同国は成長することなく、社会的成果を改善できたということだ。なお、これらの研究における所得貧困指標は世界銀行の貨幣尺度に依拠しており、必需品の価格の差を十分に考慮したものではない。

38 Joel Millward-Hopkins et al., 'Providing decent living with minimum energy,' 2020.

39 Frantz Fanon, *The Wretched of the Earth* (Grove Press, 1963).

40 以下を参照。Ashish Kothari et al., *Pluriverse: A Post-Development Dictionary* (Columbia University Press, 2019).

41 Dorninger et al., 'Global patterns of ecologically unequal exchange.'

42 David Woodward, 'Incrementum ad absurdum: global growth, inequality and poverty eradication in a carbon-constrained world,' *World Economic Review* 4, 2015, pp. 43–62.

43 3セントという数字はPovcalNetに掲載されている世界銀行の貧困に関する

データによる。東アジアは含まない。

44 World Inequality Database.

45 世界銀行のデータによると、貧困レベル以下のすべての人を7.40ドル／1日のレベルに上げるのに必要な費用は年間6兆ドルで、低・中所得国で国民1人当たりの医療支出をコスタリカのレベルに上げるのに必要な資金は4兆ドルである。

46 この数字は以下より引用。Credit Suisse Global Wealth Report, 2019.

47 Zak Cope, *The Wealth of (Some) Nations: Imperialism and the Mechanics of Value Transfer* (Pluto Press, 2019).

48 この数字はGlobal Financial Integrityによるさまざまな報告書による。

49 この数字は1999 UN Trade and Development Reportの試算に基づく。同報告書は、潜在的な収入のうち毎年7000億ドルが工業輸出部門で失われ、農業輸出部門における損失はこれを上回ると指摘する。

50 この洞察はDan O'Neillより得た。たとえば以下を参照。Rob Dietz and Daniel W. O'Neill, *Enough is Enough: Building a Sustainable Economy in a World of Finite Resources* (Routledge, 2013).

51 世界の化石燃料助成金のデータは IMF、世界の軍事費に関するデータは世界銀行による。

52 Mariana Mazzucato, 'The entrepreneurial state,' *Soundings* 49, 2011, pp. 131–142.

第5章　ポスト資本主義への道

1 International Resource Panel, *Global Resources Outlook* (United Nations Environment Programme, 2019).

2 Bringezu, 'Possible target corridor for sustainable use of global material resources.' 各国は、1人当たりのマテリアル・フットプリントを最大8トンにまで下げる必要がある（Bringezuは2050年までの1人当たりの削減目標として、3～6トンを示している）。それを達成するには資源の消費量を、アメリカは75%、イギリスは66%、ポルトガルは55%、サウジアラビアは33%削減しなければならない（materialflows.netの2013年のデータより）。さまざまな影響指標で必要とされる削減の規模については、以下を参照。

Hickel, 'Is it possible to achieve a good life for all?'

3 Joel Millward-Hopkins et al., 'Providing decent living with minimum energy'; Michael Lettenmeier et al., 'Eight tons of material footprint'.

4 Markus Krajewski, 'The Great Lightbulb Conspiracy,' *IEEE Spectrum*, 2014.

5 機器の寿命に関するデータは 'How long should it last?' Whitegoods Trade Association（WTA）より。WTAによれば、「以前は10年以上あった平均寿命が7年以下になり、安価な機器では、わずか数年しか持たないことも珍しくない」。National Association of Home Builders は 'Study of Life Expectancy of Home Components' において、計画的陳腐化がなければ、主要な機器の寿命は2年から5年延びる可能性がある、と指摘する。

6 世界のスマートフォンの売上と普及率に関するデータは、statista.com による。

7 Alain Gras, 'Internet demande de la sueur,' *La Decroissance*, 2006.

8 Andre Gorz, *Capitalism, Socialism, Ecology*, trans. Chris Turner（London: Verso, 1994）.

9 Robert Brulle and Lindsay Young, 'Advertising, individual consumption levels, and the natural environment, 1900–2000,' *Sociological Inquiry* 77（4）, 2007, pp. 522–542.

10 世界の広告支出に関するデータはstatista.comによる。

11 Elizabeth Cline, 'Where does discarded clothing go?' *The Atlantic*, 2014.

12 1980年から2011年までのヨーロッパ27か国によるデータは、広告費と市民の幸福感・満足感は反比例することを示している。Nicole Torres, 'Advertising makes us unhappy,' *Harvard Business Review*, 2020.

13 この洞察は、2013年のMichael S. WilsonによるNoam Chomskyへのインタビューから得た。

14 *Global Food: Waste Not, Want Not*, Institute of Mechanical Engineers, 2013.

15 これらの計算は、農業排出量の合計（世界合計の26%）と土地利用（49億ヘクタール）が半減すると単純に仮定している。'Food is responsible for one-quarter of the world's greenhouse gas emissions,' Our World in Data, 2019; 'Land use,' Our World in Data, 2019.

16 'Grade A Choice?' Union of Concerned Scientists, 2012.

17 わたしが「ほとんどの場合」と述べたのは、牛肉の大半は商品として消費

されているが、一部の先住民や伝統的な牧畜コミュニティ（ケニアのマサイ族など）は牛に生計を頼っているからだ。

18 Elke Stehfest et al., 'Climate benefits of changing diet,' *Climatic Change* 95 (1-2), 2009, pp. 83-102.

19 Joseph Poore and Thomas Nemecek, 'Reducing food's environmental impacts through producers and consumers,' *Science* 360 (6392), 2018, pp. 987-992.

20 Marco Springmann et al., 'Health-motivated taxes on red and processed meat: A modelling study on optimal tax levels and associated health impacts,' *PloS One* 13 (11), 2018.

21 アメリカの住宅のサイズは1973年には1人当たり551平方フィートだったが、2015年には1058平方フィートになった。US Census Bureauより。

22 Fridolin Krausmann et al., 'Global socioeconomic material stocks rise 23-fold over the 20th century and require half of annual resource use,' *Proceedings of the National Academy of Sciences* 114 (8), 2017, pp. 1880-1885.

23 Bringezu, 'Possible target corridor for sustainable use of global material resources.'

24 アメリカの複数の世論調査によると、国民の大半が連邦政府による雇用保障を支持している。イギリスでは72%（YouGov, 2020）。

25 雇用保障の仕組みと財源の詳細は、以下を参照。Pavlina Tcherneva, *The Case for a Job Guarantee* (Polity, 2020).

26 この研究は、以下で報告されている。Kyle Knight, Eugene Rosa and Juliet Schor, 'Could working less reduce pressures on the environment? A cross-national panel analysis of OECD countries, 1970-2007,' *Global Environmental Change* 23 (4), 2013, p. 691-700. 興味深いことに、収入がもたらす幸福と違って、余暇がもたらす幸福の上乗せは地位とは無関係なので、恩恵が永続する。この記事は、労働時間が短い人は長い人より幸福度が高いことを示す研究についても報告している。

27 Anders Hayden, 'France's 35-hour week: Attack on business? Win-win reform? Or betrayal of disadvantaged workers?' *Politics & Society* 34 (4), 2006, pp. 503-542.

28 この研究は以下による。Peter Barck-Holst et al., 'Reduced working hours and stress in the Swedish social services: A longitudinal study,' *International*

Social Work 60 (4), 2017, pp. 897–913.
29 Boris Baltes, et al., 'Flexible and compressed workweek schedules: A meta-analysis of their effects on work-related criteria,' *Journal of Applied Psychology* 84 (4), 1999.
30 Anna Coote et al., '21 hours: why a shorter working week can help us all flourish in the 21st century,' New Economics Foundation, 2009.
31 François-Xavier Devetter and Sandrine Rousseau, 'Working hours and sustainable development,' *Review of Social Economy* 69 (3), 2011, pp. 333–355.
32 週35時間労働にシフトしたフランスの事例については、以下を参照。Samy Sanches, 'Sustainable consumption à la française? Conventional, innovative, and alternative approaches to sustainability and consumption in France,' *Sustainability: Science, Practice and Policy* 1 (1), 2005, pp. 43–57.
33 David Rosnick and Mark Weisbrot, 'Are shorter work hours good for the environment? A comparison of US and European energy consumption,' *International Journal of Health Services* 37 (3), 2007, pp. 405–417.
34 Jared B. Fitzgerald, Juliet B. Schor and Andrew K. Jorgenson, 'Working hours and carbon dioxide emissions in the United States, 2007–2013,' *Social Forces* 96 (4), 2018, pp. 1851–1874.
35 この考えは、Theodor Adorno と Max Horkheimerが *Dialectic of Enlightenment* (New York: Herder and Herder, 1972) で明確に述べている。
36 Lawrence Mishel and Jessica Schieder, 'CEO compensation surged in 2017,' Economic Policy Institute, 2018.
37 Sam Pizzigati, *The Case for a Maximum Wage* (Polity, 2018).
38 Pizzigati, *The Case for a Maximum Wage.*
39 World Inequality Database.
40 YouGov, 2020.
41 'Social prosperity for the future: A proposal for Universal Basic Services,' UCL Institute for Global Prosperity, 2017.
42 Frank Adloff はこれを「自立共生のインフラ」(infrastructure of conviviality) と表現する。*Resilience*の彼の論文 'Degrowth meets convivialism' を参照のこと。

43 Walasek and Brown, 'Income inequality and status seeking: Searching for positional goods in unequal US states'.

44 音楽、整備、食物の栽培、家具の製作といった新しいスキルを学び磨く機会は、地域の自給自足を助けるだろう。Samuel Alexander と Brendan Gleeson は、著書 *Degrowth in the Suburbs: A Radical Urban Imaginary* (Springer, 2018) でその仕組みを明らかにする。

45 Kallis, *Limits*, p. 66.

46 これについては、カナダ、イタリア、イギリスで行われた研究による証拠があり、Stratford, 'The threat of rent extraction' で報告されている。

47 Graeber, *Debt*. (『負債論』)

48 Graeber, *Debt*, p. 82. (『負債論』)

49 Johnna Montgomerie, *Should We Abolish Household Debts?* (John Wiley & Sons, 2019).

50 この歴史については自著 *The Divide* で詳細に検討している。

51 いくつかの都市と地域政府は「市民の債務監査」に関する実験を行い、どの借金が社会を破綻させることなく帳消しにできるか、どれを返済すべきかを人々が集団で決定できるかどうかを調べている。危機を回避するために、債務の帳消しは段階的に行われるべきであり、仮に過剰な債権を抱えた銀行が破綻しても、貸付と信用を維持できるよう、公的銀行制度を構築すべきだ。

52 Graeber, *Debt*, p. 390. (『負債論』)

53 この喩えついて、Charles Eisenstein に感謝する。

54 Louison Cahen-Fourot and Marc Lavoie, 'Ecological monetary economics: A post-Keynesian critique,' *Ecological Economics* 126, 2016, pp. 163–168.

55 Mary Mellor, *The Future of Money* (Pluto Press, 2010).

56 *Escaping Growth Dependency* (Positive Money, 2020); Stephanie Kelton, *The Deficit Myth: Modern Monetary Theory and How to Build a Better Economy* (Hachette UK, 2020) (『財政赤字の神話—— MMTと国民のための経済の誕生』ステファニー・ケルトン著、土方奈美訳、早川書房、2020年); Jason Hickel, 'Degrowth and MMT: A thought experiment', 2020 (www.jasonhickel.org/blog/2020/9/10/degrowth-and-mmt-a-thought-experiment).

57 Oliver Hauser et al., 'Co-operating with the future,' *Nature* 511 (7508), 2014,

pp. 220-223.

58 このロビー活動に関するデータは、Center for Responsive Politics による。

59 Raquel Alexander, Stephen W. Mazza, and Susan Scholz, 'Measuring rates of return on lobbying expenditures: An empirical case study of tax breaks for multinational corporations,' *Journal of Law & Politics* 25, 2009.

60 Martin Gilens and Benjamin I. Page, 'Testing theories of American politics: Elites, interest groups, and average citizens,' *Perspectives on politics* 12 (3), 2014, pp. 564-581.

61 Simon Radford, Andrew Mell, and Seth Alexander Thevoz, ''Lordy Me!' Can donations buy you a British peerage? A study in the link between party political funding and peerage nominations, 2005-2014,' *British Politics*, 2019, pp. 1-25.

62 Ewan McGaughey, 'Democracy in America at work: the history of labor's vote in corporate governance,' *Seattle University Law Review* 697, 2019.

63 'Media Ownership Reform: A Case for Action,' Media Reform Coalition, 2014.

64 Ashley Lutz, 'These six corporations control 90% of the media in America,' *Business Insider*, 2012.

65 Elinor Ostrom, *Governing the Commons: The Evolution of Institutions for Collective Action* (Cambridge University Press, 1990).

66 わたしはこの着想を、ギリシャ出身のフランスの哲学者 Cornelius Castoriadis から得た。

第6章　すべてはつながっている

1 民族誌学者 Knud Rasmussen による20世紀初めのインタビュー。

2 Lourens Poorter et al., 'Biomass resilience of Neotropical secondary forests,' *Nature* 530 (7589), 2016, pp. 211-214.

3 Susan Letcher and Robin Chazdon, 'Rapid recovery of biomass, species richness, and species composition in a forest chronosequence in northeastern Costa Rica,' *Biotropica* 41 (5), pp. 608-617.

4 以下では、Philippe Descola が *Beyond Nature and Culture* (University of

Chicago Press, 2013)(『自然と文化を越えて』フィリップ・デスコラ著、小林徹訳、水声社、2020年)で考察した民族誌学の資料を利用した。

5 Graham Harvey, *The Handbook of Contemporary Animism* (Routledge, 2014).

6 Graham Harvey に倣って、わたしはここで、Martin Buber の「我—あなた」と「我—それ」の区別を用いる。

7 これに関しては、Eduardo Viveiros de Castro の著作とその「パースペクティヴィズム」(観点主義)を参考にした。たとえば、以下を参照。'Cosmological deixis and Amerindian perspectivism,' *Journal of the Royal Anthropological Institute*, 1998.

8 Hannah Rundle, 'Indigenous knowledge can help solve the biodiversity crisis,' *Scientific American*, 2019.

9 Spinoza の自然主義の詳細については、以下を参照。Hasana Sharp, *Spinoza and the Politics of Renaturalization* (University of Chicago Press, 2011).

10 David Abram, *The Spell of the Sensuous: Perception and Language in a More-Than-Human World* (Vintage, 2012). (『感応の呪文——「人間以上の世界」における知覚と言語』デイヴィッド・エイブラム著、結城正美訳、論創社、2017年)

11 この研究は、以下で報告されている。Carl Zimmer, 'Germs in your gut are talking to your brain. Scientists want to know what they're saying,' *New York Times*, 2019.

12 Jane Foster and Karen-Anne McVey Neufeld, 'Gut–brain axis: how the microbiome influences anxiety and depression,' *Trends in Neurosciences* 36 (5), 2013, pp. 305–312.

13 John Dupré and Stephan Guttinger, 'Viruses as living processes,' *Studies in History and Philosophy of Science Part C: Studies in History and Philosophy of Biological and Biomedical Sciences* 59, 2016, pp. 109–116.

14 Ron Sender, Shai Fuchs and Ron Milo, 'Revised estimates for the number of human and bacteria cells in the body,' *PLoS Biology* 14 (8).

15 John Dupré, 'Metaphysics of metamorphosis,' *Aeon*, 2017.

16 Robert Macfarlane, 'Secrets of the wood wide web,' *New Yorker*, 2016.

17 Brandon Keim, 'Never underestimate the intelligence of trees,' *Nautilus*, 2019. 植物の学習と記憶については、以下を参照。Sarah Lasko, 'The hidden mem-

ories of plants,' *Atlas Obscura*, 2017.

18 Andrea Morris, 'A mind without a brain. The science of plant intelligence takes root,' *Forbes*, 2018.

19 Josh Gabbatiss, 'Plants can see, hear and smell and respond,' *BBC Earth*, 2017.

20 Keim, 'Never underestimate the intelligence of trees.'

21 Chorong Song et al., 'Psychological benefits of walking through forest areas,' *International Journal of Environmental Research and Public Health* 15 (12), 2018.

22 Jill Suttie, 'Why trees can make you happier,' *Thrive Global*, 2019. 本書が言及する研究の多くは、Suttie の著作を通じて知った。

23 Ernest Bielinis et al., 'The effect of winter forest bathing on psychological relaxation of young Polish adults,' *Urban Forestry & Urban Greening* 29, 2018, pp. 276–283.

24 Geoffrey Donovan et al., 'Is tree loss associated with cardiovascular-disease risk in the Women's Health Initiative? A natural experiment,' *Health & Place* 36, 2015, pp. 1–7.

25 Bum-Jin Park et al., 'The physiological effects of Shinrin-yoku (taking in the forest atmosphere or forest bathing): evidence from field experiments in 24 forests across Japan,' *Environmental Health and Preventive Medicine* 15 (1), 2010.

26 Bing Bing Jia et al., 'Health effect of forest bathing trip on elderly patients with chronic obstructive pulmonary disease,' *Biomedical and Environmental Sciences* 29 (3), 2016, pp. 212–218.

27 Qing Li et al., 'Effect of phytoncide from trees on human natural killer cell function,' *International Journal of Immunopathology and Pharmacology* 22 (4), 2009, pp. 951–959.

28 Omid Kardan et al., 'Neighbourhood greenspace and health in a large urban center,' *Scientific Reports* 5, 2015.

29 Robin Wall Kimmerer, *Braiding Sweetgrass: Indigenous Wisdom, Scientific Knowledge and the Teachings of Plants* (Milkweed Editions, 2013).(『植物と叡智の守り人——ネイティブアメリカンの植物学者が語る科学・癒し・伝承』ロビン・ウォール・キマラー著、三木直子訳、築地書館、2018年)

30 Marcel Mauss の著書 *The Gift*（『贈与論――他二篇』マルセル・モース著、森山工訳、岩波文庫、2014年）は、脱成長の考えの基本となる。

31 Rattan Lal, 'Enhancing crop yields in the developing countries through restoration of the soil organic carbon pool in agricultural lands,' *Land Degradation & Development* 17 (2), 2006, pp. 197–209.

謝辞

1 「我を忘れ」という表現と砂漠を渡る物語は、Tara Brachの著作物から引用した。

【著者・訳者紹介】

ジェイソン・ヒッケル
Jason Hickel

経済人類学者。英国王立芸術家協会のフェローで、フルブライト・ヘイズ・プログラムから研究資金を提供されている。エスワティニ（旧スワジランド）出身で、数年間、南アフリカで出稼ぎ労働者と共に暮らし、アパルトヘイト後の搾取と政治的抵抗について研究してきた。近著 *The Divide: A Brief Guide to Global Inequality and its Solutions*（『分断：グローバルな不平等とその解決策』、未訳）を含む3冊の著書がある。『ガーディアン』紙、アルジャジーラ、『フォーリン・ポリシー』誌に定期的に寄稿し、欧州グリーン・ニューディールの諮問委員を務め、「ランセット 賠償および再分配正義に関する委員会」のメンバーでもある。

野中香方子
のなか　きょうこ

お茶の水女子大学文教育学部卒業。主な訳書にアイザックソン『コード・ブレーカー（上下）』（共訳、文藝春秋）、サイクス『ネアンデルタール』（筑摩書房）、ヴィンス『進化を超える進化』（文藝春秋）、ウィルミア／トーランド『脳メンテナンス大全』（日経BP）、ブレグマン『Humankind 希望の歴史（上下）』（文藝春秋）、シボニー『賢い人がなぜ決断を誤るのか？』（日経BP）、ズボフ『監視資本主義』（東洋経済新報社）、イヤール／リー『最強の集中力』（日経BP）、メディナ『ブレイン・ルール 健康な脳が最強の資産である』（東洋経済新報社）ほか多数。

資本主義の次に来る世界

2023年5月4日　第1刷発行
2024年8月20日　第8刷発行

著　者――ジェイソン・ヒッケル
訳　者――野中香方子
発行者――田北浩章
発行所――東洋経済新報社
〒103-8345　東京都中央区日本橋本石町 1-2-1
電話＝東洋経済コールセンター　03(6386)1040
https://toyokeizai.net/

装　丁………橋爪朋世
ＤＴＰ………アイランドコレクション
印　刷………TOPPANクロレ
編集担当……九法　崇
Printed in Japan　　ISBN 978-4-492-31549-1